本书系国家社会科学基金项目"北洋政府时期京直地区八旗土地研究"（批准号：15CZS050）成果。

# 北洋政府时期京直地区八旗土地研究

The Eight Banners' Land in Jingzhao District and Zhili Province during the Period of Northern Warlords Government

王立群 著

人民出版社

# 序　言

刘小萌

日前,立群请我为她的新著《北洋政府时期京直地区八旗土地研究》作序。对做学问的人来说,作序从来是一件需要认真对待的事。蔡美彪师在给周清澍先生《元蒙史札》一书所作序言的开头,曾引顾炎武之言:"人之患在好为人序",并自叙"平居以此自警,不敢为人作序"。但蔡师与周清澍先生结识40年,相交无间,还是破例为周先生作了序。接着,蔡师又引章学诚《文史通义》说:"书之有序,所以明作书之旨也,非以为观美也。"并就此写道:"要为别人的著作写序言,就必须对著作的旨趣有深切的了解,对著作中研究的问题也做过相当的研究。否则只说些浮泛的空谈,言不及义,便不免令方家见笑,读者生厌。"揣摩蔡师之意,受邀作序,也并非一概推辞,关键还是要遵守书序的基本规则,即从学术角度对书的价值、特点加以概括,为读者提供一些便利,而不作浮泛溢美之词。我想,这就是序言格调高下的区别。

我生也晚,当然达不到蔡师那种曲高和寡的境界。过去虽为朋友作序,还只限于"中国知青史"之类。一则此类书籍并非严格的学术著作;二则请我作序者均为多年好友,在我撰写《中国知青史——大潮》《中国知青口述史》的过程中,曾得到他们的鼎力支持和热情鼓励。"投桃报李",本为人之常情,而如果"敬谢不敏",不仅于情于理不合,实有悖交友之道。故凡有发声的机会,我从来不会错过，更不会推辞。这是责任，也是义务。

相比之下，为学术书作序则难得多，必须慎之又慎。这些年来，多次婉辞书序之请。所以，这次为立群的专著书序，在我还是头一遭。之所以欣然允诺，一则立群于 2011 年 7 月到中国社会科学院近代史所从事博士后研究，迄今整整 10 年。10 年间，几易其稿，从当初一册红皮的博士论文，到如今的一部成熟专著，其间的甘苦，恐怕也只有她自己知道。做学问讲究厚积薄发，"十年磨一剑"，立群此书庶可当之。二则立群 2014 年出站后继续执教于天津工业大学，我则于次年从近代史所退休，到京外大学兼职。最初几年，她相夫育子，在教学间隙继续从事既定研究，我亦置身于教学科研，忙忙碌碌，彼此鲜有交集。以后，立群的研究日益精进，我们的交流也逐渐增多。她偶有新作，邮件传我，我亦不揣谫陋，妄加点窜。看到立群多年努力终成硕果，不能不由衷为她感到高兴。三则立群研究的民国年间旗地问题，是一个长期被学界忽视的研究专题。如果不是她独具慧眼并长期耕耘，这样一个重要课题，恐怕仍处于鲜有人问津的窘地。一个重要的研究专题，何以受到不应有的忽视？究其原因，很大程度上与目前学科规划的此疆彼界有关。清朝为满洲人（满族先民）所建，八旗是其特有的组织，旗人土地称旗地。旗地出现于清太祖努尔哈赤建国（明万历四十四年，1616 年）前夕，中经清朝 268 年统治，约到民国二十三年（1934 年）归于终结。也就是说，旗地的发展演变前后 300 余年，经历了明朝、清朝、民国三个历史时代。而如今的学术研究多限于断代，如果面对时间跨度较长的历史问题，难免出现前后研究不贯通，或有头无尾，或有尾无头，或关注点失衡，或顾此而失彼的情况。具体到旗地研究，以往成果主要局限于清代前中期，就是一个很典型的事例。清史研究者一般不关注晚清以后的问题，近代史（包括民国史）学者也很少过问八旗制度、旗地诸问题。立群从攻读硕士学位起即专注于民国旗地专题，20 年间踽踽独行，不改初衷。这种治学态度，实在值得推扬。以上便是我欣然为立群书序的初衷。

关于民国时期的旗地形态与衰亡过程，除 20 世纪 30 年代《河北旗地之研究》一书外,几无后续成果。立群研究民国旗地有年,重点包括:八旗土地问题、旗地庄头问题、旗地管理制度问题、清理旗地过程中的拨补租地问题等。为此,她大量搜集京津冀等地档案资料,复结合田野调查,为本书研究奠定了坚实基础。

本书之特点:一、内容,清朝旗地,是旗人衣食住行、养赡家口的基础,其盈亏对旗人生计所关甚巨。而旗人生计的荣枯,又直接关系到八旗制度的损益、清朝统治的兴衰。对清朝统治者而言,旗地问题从一开始就不单单是一个经济问题,还是一个重要的政治问题。正是基于旗地在清朝统治中的重要性,才有中外学界有关清代旗地研究的丰硕成果。但如前所述,长久以来,学界却疏于对民国年间旗地问题的考察。因此,本书既是对清代旗地史研究的重要补充,又把北洋政府时期旗地史研究向前推进了一大步。二、切入点,以北洋政府"旗地变民"政策的实施与调整为主线,对民国年间旗地衰亡过程进行了系统梳理。三、方法,对旗地变民过程中的相关各方——旗人地主与庄头、佃户,官府与庄头、佃户,庄头与佃户,佃户与佃户——围绕各自利益展开的博弈,进行了动态研究。四、视野,本书并未局限于有关旗地史的叙事,而是进而探究掩蔽其后的国家权力与地方政府、基层社会的互动关系,从而加深了对这一历史现象的理解。

立群的新著为自己的治学之路开启了一个新的起点。希望她继续努力,执着前行。一不辜负父母,二不辜负自己,三不辜负老师。以上发自肺腑的几句话,权作为结语。

2021 年 5 月 6 日

# 目　　录

# 绪　　论

## 一、引子

### （一）从 1892 年的一桩旗、民纠纷案件看曾经的特权阶层——旗人

张之洞就任湖广总督期间，曾碰到这样一桩令其非常为难的案件：

1892 年初，一场演戏娱神正在荆州城附近草市的村庙中进行。其间，一些漕运旗丁想到戏台之上观戏，但看管戏台的民人不允，于是导致当时观戏的旗人与民人互殴。后来，漕运旗丁多次向当地民人挑衅，共导致两名民人死亡并多人受伤。事发后，当地地方官在处理此案过程中遇到了诸多困难。譬如，受伤较轻的民人，害怕被官司拖累，于是隐瞒自己的伤情；旗丁们则夸大自己所受到的伤害，妨碍了此案的正常审讯。不仅如此，一些草市的民人在路过荆州城东门时又受到了驻扎于此的旗兵们的无故殴打。

在此种情况之下，江陵县令龙兆麟只好把此案上报给荆州知府舒惠，而舒惠也颇感为难，就又将此案上报给湖广总督张之洞。张之洞在参考道光年间荆州驻防旗人因观划龙舟而与当地民人发生纠纷的案件之后，一面下令地方官提审该案的重要人犯和证人，一面要求荆州将军祥亨予以配合[①]。最后，这

---

[①]　张之洞：《会奏查讯旗民命案折》，载苑书义等主编：《张之洞全集》第 2 册第 31 卷，河北人民出版社 1998 年版，第 837 页。

起发生在荆州的旗人与民人之间的纠纷案件终于得到了较好的解决。不过此案所暴露出来的问题,却是不可小觑的。

少数民族建立的清朝,与之前的元朝相比,民族政策无疑要高明很多。因此,清朝的统治时间不仅长于元朝很多,甚至也长于很多汉族人建立的王朝。但清朝的很多统治策略中仍带有民族歧视的色彩,譬如旗民分治。清朝入关之初,满洲壮丁总共只有5万5千人,男女老幼全部加起来也不过二三十万人。① 而他们所面对的,却是人口上亿的以汉族人为主体的民人。为了有效地维护统治,只依靠这些数量极少的满洲人显然是不够的,于是清政府便把"从龙入关"的旗人②作为立国的根本,并赋予他们相应的特权。譬如在经济上,除了建立俸饷制度,对于民人要缴纳的差徭、粮草、布匹等,旗人则免于承担,不仅如此,清廷还将在京直地区圈占的土地分给八旗人丁,并禁止旗民交产(实际上仅仅禁止民人购买旗地,并不禁止旗人购买民地);在法律上,对于旗人和民人也实行不同政策,如旗人与民人发生纠纷,地方官是无权审判的,需要按照旗人和民人分别治理的原则,由各旗和地方特设的理事同知审理,同时旗人犯法之后所受到的刑罚也明显轻于民人。

清朝初期和中叶,这些旗人明显优于民人的不平等政策在施行过程中并未遇到多少阻碍。但到了清王朝统治的后期,随着太平天国爆发后汉族地主势力急剧上升、民族危机的不断加剧以及近代民族主义的兴起,这一统治策略开始遭遇强有力的挑战,平满汉畛域问题可谓势在必行。

但通过发生在1892年的这桩旗民纠纷案件,我们可以发现旗人的特权心理比时依旧明显,而很多民人在面对旗人挑衅时仍自觉卑微,一些地方官员也

---

① 允祥:《为报顺康年间编审八旗男丁事奏本》雍正元年五月初四日,《历史档案》1988年第4期。

② 旗人的主体是满人,但还包括蒙古八旗、汉八旗以及一些鄂温克、达斡尔、锡伯、朝鲜族、维吾尔族、俄罗斯旗人。在清代,"不分满汉,但问旗民",旗人与民人是社会成员的基本分野。民人隶属于省府州县,旗人隶属于八旗。除了行政隶属不同,旗人与民人在政治地位、经济来源上也相互有别,就连居住的地域(旗城、旗屯)、占有的土地(旗地),也是与民人泾渭分明。

将其视为烫手山芋、进退维谷。虽然张之洞借助自身影响,力求公平处理案件,但其中费去的周折和苦心却表明若要真正消除这种壁垒,非真正实现旗人与民人间的平等不可。但当这种平等真正得以实现时,旗人的命运又将面临怎样改变呢?

### (二) 旗人平民化,曾经的特权——旗地何去何从?

荆州旗民纠纷案件发生 20 年之后的 1912 年,清帝逊位,民国肇建。按照《清室优待条件》,八旗制度暂时得以保留,但旗人的社会地位却一落千丈。不仅如此,从清末即有的"排满风潮"到民国建立后愈演愈烈,社会上对旗人的歧视屡见不鲜。因此,旗人的命运随着清政府的倒台发生了翻天覆地的变化。政治特权的丧失,无须赘言;经济生活的改变,则更关乎真人生存的关键。

清朝初年,旗人被分别划拨了清廷强行从民人那里圈占而来的土地,"以资养赡",而且不用缴纳粮赋。旗地制度的施行,不仅是出于解决旗人生计问题的考虑,更是清代统治政策的重要组成部分。因此,旗人所享有的这项经济特权一直延续到清廷覆灭。辛亥革命后,由于《清室优待条件》的签订,民初政府也允诺保障旗人的原有私产,但民间有关无偿收回旗地的运动却开始发轫并愈演愈烈。清帝刚刚逊位,临近京畿的大兴、宛平、通县、涿县、永清、武清和天津等七县的旗地佃户不仅拒绝向旗人缴纳旗租,而且成立了七县收回产权联合会,向民国政府声请收回旗地的所有权,并受到了当时许多社会团体的同情与支持。不过,旗地佃户所开展的这一运动并未得到民初政府的支持。

客观而言,旗人手中的旗地是借助于强权从民人手中劫掠而来,而且在民国肇建初期,人们对民主共和充满了期待,因此从表面看来民人要求将其无偿收回似无不妥。但在清廷存续的 260 余年间,这些被冠之以"旗"的土地已与旗人深深的裹挟在一起。而这一点在清廷灭亡之后,似乎愈加凸显。对于已经丧失其他经济来源且没有什么生存技能的旗人而言,旗地收入成为旗人生存下去的重要依靠。直隶巡按使朱家宝在调查直隶民情后曾指出:"溯查旗圈性质,原系民产,与祖遗产业迥异。民地被圈以后,地主变为佃种,纳租而不纳粮,是移国家之粮赋拨予旗人食租,略如前代食邑之例,故前清定例不准无故增租夺佃,一地二养具有深意。"①确实,二百余年间,旗人靠旗地收取租金;民人虽因土地被圈而沦为佃户,但仅需向旗人缴纳旗租而无须如从前一般向国家缴纳粮赋。旗地之上这种特殊的"一地二养"形式就决定了其不可能像其他政治特权那样被遽然从旗人身上拿走。因此,对于民国政府而言,如何处置这种产生于旗民之间的"新"纠纷,确实是个难题。

清朝时,弱小的漕运旗丁都敢随意欺压民人;民国时,很多曾经气盛的旗人在收取旗租时都常常会受到各种阻抗。在这种情况下,很大一部分旗人都请求"当局准援旗民交产旧制,由官勘丈出售,愿以所得地价提出一部报效国家",急于卖出旗地以获得生活来源。1913年7月,在更多旗人的声请下,直隶省财政厅制定旗圈售租办法②,开启了北洋年间京直地区③政府许可下的"旗地变民"之路。

由此可见,关于旗地的处置,旗人与民国政府一拍即合,而广大佃农虽感利益受侵、屡屡抗议,并使得京直地区旗地的清理留置进程延续了20余年④,但"旗地变民"这一总体趋势还是被确定了下来。

## 二、研究范围

本书所要研究的正是北洋政府时期的京直地区旗地变迁史。

以京直地区作为研究对象很具有典型意义。无论清代还是北洋时期,由

---

① 胡国宾编:《直省旗租案文汇编》上卷,首都图书馆藏,民国十四年铅印本,第2页。

② 《财政厅饬发旗圈售租章程》,河北省档案馆藏,656-1-399。参见王立群:《民国时期河北旗地政策述略》,《满学论丛》2011年第一辑。

③ 北洋时期袭用清时旧例,将今日之河北地区沿称"直隶省",并于1914年划大兴、宛平等二十余县与顺义府为一独立行政区,名曰"京兆区"。从此,直隶、京兆分治。1928年北伐成功后,南京国民政府复将二省区合并,改名"河北省"。

④ 民国时期这一地区的旗地清理工作从1912年始,一直延续到1934年。

于京直地区环绕京畿,因此该地区的旗地政策都直接反映着国家政府的意志,而旗地在实际生活中的变动也会很快反馈到国家,进而引发国家与基层社会间就这一问题进行进一步的互动。此外,旗地在清代时就被按地域划分为三类:畿辅旗地、盛京旗地和直省驻防旗地。畿辅旗地是坐落在顺天、保定、河间和永平等府的旗地;盛京旗地是坐落在盛京、热河、锦州和归化等处的旗地;直省驻防旗地是旗兵驻扎各直省所圈占的土地,主要有西安、宁夏、太原、荆州、成都、广州、福州、江宁、杭州、开封、青州和德州等驻防旗地。① 本书所述及之京直旗地,便大抵相当于畿辅旗地。因此,以京直地区旗地作为一个整体进行研究,也有利于接续清代的畿辅旗地,以便于从更长的历史脉络中观察它的发展变化。

　　关于旗地概念的界定,最为关键。旗地形态相当复杂,以性质而言,可划分为皇庄、王庄、一般旗地;以来源而言,可分为老圈、价买、典置、赏赐、置换、回赎(这几类旗地可统称为旗圈地亩)以及存退、另案、庄头、屯庄、三次、四次、奴典、公产(这几类地亩可统称为八项旗租地亩或旗租地亩);以用途而言,又可分为农庄、茔地和祭田。本书进行研究时,主要是以来源划分的旗地形态进行探讨,即旗圈地亩和旗租地亩。原因有以下三点:第一,旗圈地亩是旗人的私有土地,而旗租地亩是清政府所掌握的各类"公产"旗地的总称。民国建立后,旗圈地亩作为旗人的私产,是受到当时北洋政府的保护的。但是对于旗租地亩,北洋政府认为其既然属于前清的公产,随着政权转换,自然应由其进行接收,并下令旗租地亩所在各县分别进行管理。因此,对于北洋政府而言,旗地的主要区别就在于它是旗人私有还是国家公有。这一点决定了北洋政府插手这两种旗地程度和时间的不同。第二,历届北洋政府所颁布的旗地政策,都是以权属为划分,分别旗圈地亩和旗租地亩的不同处分方法,但并未因性质或用途不同而制定以皇庄地亩、王庄地亩、一般旗地或农庄、茔地和祭

---

　　① 姚文燮:《圈占记》,《皇朝经世文编》第31卷,载沈云龙主编:《近代中国史料丛刊》正编第14辑,台湾文海出版社1966年版,第1156页。

田为名的处分章程。第三,无论在清代还是北洋时期,有关旗地的统计数据也多以旗圈地亩和旗租地亩为划分。鉴于以上三点,本书在论及旗地问题本身时,也将以旗圈地亩和旗租地亩分而论之。

关于研究时段的节点,本书将定位在1912—1928年。1912年,中华民国建立,但因清帝逊位而有了《清室优待条件》的产生。按照《清室优待条件》,前清皇室和王公贵族乃至普通旗人的私产都是受到新政府的承认并保护的,而旗圈地亩正是属于旗人的私产范畴。同时,对于旗租地亩,北洋政府以其属于前清"公产"为理由,全盘接收,开始进行清丈和留置工作。1913年,旗人为维持生计而向北洋政府提出出售旗圈地亩并愿以售地价款的一部分报效国家,这一提议得到了北洋政府的允许,旗圈地亩也由此开启了留置进程。此后,虽然北洋政府的主政者频繁更迭,但是对于京直地区旗地的清理却从未停滞。因此,旗租地亩和旗圈地亩的清理留置工作贯穿着北洋时期的始终。

当然,本书研究北洋时期的旗地变迁史,就不应仅限于论述旗地问题本身。因为"旗地变民"所涉及的,不仅是一种地权的变动,而且包括了由此牵动的社会关系的变迁。而对后一点的挖掘和分析,将成为笔者努力的重点。

## 三、学术回顾和意义

旗地是清朝统治的重要基础,作为一种特殊的土地制度,16世纪初随着满洲人的崛起首先出现在辽东。① 有清一代,在东北地区、京直地区和一些八旗驻防地得以大面积发展,其中京直地区旗地始终具有举足轻重的地位。民国时期,京直地区旗地在经历一系列演变之后归于终结。因此,旗地问题是跨越清代、民国的一个研究课题。然而,以往的旗地研究,长期偏重清初时期且成果斐然,但乾隆以降已少有问津,民国时期更是极为薄弱。

---

① 参见王立群:《清代直隶旗地考述》,《黑龙江史志》2014年第5期。

　　1935 年由中国地政研究所刊行的《民国二十年代中国大陆土地问题资料》①中的《河北旗地之研究》②是唯一就这一地区旗地进行专门论述的调查报告。该报告共四编。第一编,对河北旗地的起源以及在清代的沿革进行了叙述;第二编,对河北旗地的分布、数量及种类做了说明;第三编,对民国成立后各时期河北旗地的整理及政策进行了梳理;第四编,从地政的角度对河北旗地在清代和民国时期的措置不当分别进行了剖析,并探讨了旗地清理未竣对国民生计的影响③。可以说,该报告是从地政的角度出发研究河北旗地问题的流变,即着重于探讨旗地问题对国家整理土地问题的意义。叶志如的《辛亥革命后原清室皇庄土地占有关系的变化》④,是从中国第一历史档案馆所藏《清废帝溥仪档案》内,拣选出来的有关清逊民建之后前清内务府庄地的档案资料,这些资料中包括佃户罢不交租、庄头私卖旗地、逊清皇室竭力维持局面并催缴旗租、庄头和佃户之间相互控诉、旗地所在地方当局推诿息事等。这组史料,为还原民国初年因旗地问题所引发的逊清皇室、地方政府、庄头和佃户之间的不同形式的博弈提供了翔实的史料来源。衣保中的《民国时期八项旗租地的丈放》⑤对旗租地在民国各时期的丈放政策、升科规则进行了大体阐述,并利用数据具体说明了历届政权对佃农的剥削之重。准确地说,该文是从革命史的角度探讨了民国时期旗租地的丈放及其影响。张丽娜的《杨春霖与玉田反"旗地变民"斗争》⑥和肖桂林等的《浅析京东反"旗地变民"运动》⑦也

　　①　从 1932 年起,国民党中央政治学校地政学院师生对中国 19 省 180 余县市的田赋、土地整理等问题进行了大量调研,集成论文 166 篇,其中专论田赋的文章计有 36 篇,均辑录于萧铮主编的《民国二十年代中国大陆土地问题资料》一书中。
　　②　鞠镇东:《河北旗地之研究》,载《民国二十年代中国大陆土地问题资料》,中国地政研究所 1935 年版。
　　③　参见王立群:《民国时期河北旗地变革研究(1912—1934)》,博士学位论文,首都师范大学历史系,2009 年,第 5 页。
　　④　叶志如:《辛亥革命后原清室皇庄土地占有关系的变化》,《历史档案》1983 年第 2 期。
　　⑤　衣保中:《民国时期八项旗租地的丈放》,《吉林师范学院学报》1993 年第 2 期。
　　⑥　张丽娜:《杨春霖与玉田反"旗地变民"斗争》,《党史博采》1998 年第 4 期。
　　⑦　肖桂林等:《浅析京东反"旗地变民"运动》,《党史博采》2006 年第 1 期。

是从革命史的角度论述了民国政府通过旗地变民对农民进行的盘剥以及农民在当地中国共产党党员带领下的反抗措施。日本学者江夏由树的《旗产:清末奉天地方精英的崛起》①指出:清朝末年时,奉天省的一些汉军八旗庄头的崛起与旗地的私有化紧密联系在一起。具体而言,其认为:有清一代,奉天的旗地并不是由旗人地主经营,而是凭庄头掌控,随着时间流逝,庄头便日益操控了旗地的实际经营。1905 年日俄战争结束后,奉天推行土地改革,推进官地向民地的转化。在这个过程中,部分八旗汉军庄头凭借自己积累的经济实力和在当地的社会关系,大量购置自己经管的旗地,成为真正意义上的大地主,并由此进一步跃升为当地的核心人物,为日后参与政治奠定了基础。该书考察的虽是东北旗地私有化与地方政治的关系,却对透视北洋时期京直地区旗地变迁提供了新的视角。笔者的博士论文《民国时期河北旗地变革研究(1912—1934)》②主要从制度史层面对民国时期河北旗地清理丈放制度的流变进行了介绍,其中重点叙述了旗地政策出台及其在各地的推行进度,以及旗地管理机关的设置与工作效能。在博士论文中,笔者也试图将旗地变革过程中相关各方人员与政府的互动博弈层层铺开,但是由于时间和能力等方面的限制,研究工作并未尽如人意。

上述成果或对北洋时期的旗地政策进行了初步考察,或对旗地地权变动引发的社会变迁做了一定探讨,对本书均有重要的参考意义。但也要看到,关于北洋时期的京直旗地研究仍有诸多亟待解决的问题:(1)缺乏长时段连续性的纵向梳理,尤其是对清逊民建这一新旧交替之际与旗地相关的人群及地域在剧烈的政治、经济与社会转型中所发生的深刻变化关注不够,而这恰是认识北洋时期京直地区旗地问题的切入点;(2)以往研究多注重对于官方相关政策的解读,而忽视了对官方政策到达基层社会时推行方法和实际效果的考

---

① [日]江夏由树:《旗产:清末奉天地方精英的崛起》,密歇根大学出版社 2004 年版。
② 王立群:《民国时期河北旗地变革研究(1912—1934)》,博士学位论文,首都师范大学历史系,2009 年。

察;(3)对依存于旗地的各利益集团的历史命运与相互关系的变迁尤其缺乏研究。

因此,在前述研究基础上,本书试图在几个方面有所推进:

第一是研究时段。刘小萌在《清代北京旗人社会》一书中指出:"旗地是旗人衣食住行、养赡家口的依托,其盈亏对旗人生计所关甚巨。在清代,旗人生计的荣枯,又直接关系八旗制度的损益、清朝统治的兴衰。对清朝统治者而言,旗地问题从一开始就不是一个简单的经济问题,还是一个重要的政治问题。"①正是鉴于旗地在清王朝统治中的重要性,于是有了以往中外学界对清代旗地研究的丰硕成果。但实际上,民国年间的旗地问题也涉及了经济、政治乃至社会的诸多方面。而长久以来,学界却疏于对民国以降旗地变迁乃至终结的考察。整体研究呈现有头无尾的状况。因此,本书既是对清代旗地史研究的重要补充,又把民国旗地史研究向前推进了一步。

第二是研究资料。首先,本书采用的主体资料是藏于各档案馆中的档案资料:(1)现藏于河北省档案馆、北京市顺义区档案馆和中国第二历史档案馆的民国官方档案中,关于北洋时期京直地区旗地的档案资料不仅数量众多而且内容广泛,这是本书最主要的资料来源;(2)现藏于中国第一历史档案馆的清代内务府档案(清帝逊位后,内务府仍继续存在直至 1924 年溥仪被驱逐出宫)中,有关旗地、庄头及北洋时期逊清内务府就旗地问题与各级政府交涉的档案也为本书提供了重要的史料支撑。挖掘并综合运用上述档案资料,对于深化研究旗地问题,重要性不言而喻。其次,笔者查阅了大量的民国报刊和时人的社会调查报告,用以弥补官方档案资料的不足。由于民国时期京直旗地变迁延续 20 余年之久,因此今日所能见到的报纸史料具有相当规模。同时,当时从事地政研究者以地政研究为目的进行的调查写作和一些社会工作者所作的调查,也为今日研究者提供了时人对于有关旗地问题的不同论述。而且

---

① 刘小萌:《清代北京旗人社会》,中国社会科学出版社 2008 年版,第 100 页。

这些报纸和调查报告也使得许多无缘于官方文本的"琐碎"故事得以留存于世,对这些枝叶进行整理,也将有助于更好地恢复北洋时期京直地区旗地变迁的原貌。再次,是地方志的使用。旗地所在各县的地方志是探讨旗地在各地情形的主要史料来源,可以与官方档案资料形成非常良好的互补。综观这些地方的县志,它们大都对本地的旗圈地和旗租地有所记载,只不过有的记载十分详细,有的比较简单。但正如梁启超称先秦史料"片纸只字皆为瑰宝"那样,各县地方志之于京直地区旗地研究的意义就值得当此称谓。最后,是各种资料汇编和一些地方的革命简史、文史资料。《中华民国史档案资料汇编》《满族历史档案资料选辑》《直省旗租案文汇编》《房地契约文书》等资料也与档案史料互相补充,有利于笔者对清末民初的京直地区旗地问题做出更加全面的探讨。新中国成立后,迁安、滦县、玉田等县的革命简史和文史资料中论及旗地问题时,有些是时人的回忆,有些则参考了时人的回忆。因为这类史料多为回忆性资料,因此笔者在选用时格外注重对其的考察和甄别。

第三是研究角度。本书关注的重点,并非北洋政府出台的一系列旗地政策及为了推行旗地政策而成立的一套管理体系,而是这些行为背后的结构。实际上,旗地政策从制定到施行的过程中,牵扯到了旗人地主与佃户的关系、佃户与北洋政府的关系以及民国中央政府与地方政府的权力关系等诸多元素。举例言之,民国时期,京直地区的乡村依然处于典型的农业社会,村庄内部的权力关系都是以土地为基础形成的。而在旗地所在的村庄,其内部的各种权力关系以及国家权力到达村庄时的各种运作,也正是环绕着旗地及其之上的各种利益的占有和分配这一中心问题而扩展开来。通过考察和分析这些因"旗地变民"而引发的权力分配,无疑将有助于丰富对这一时期华北乡村的认识。因此,本书希望能够以这样一种以小明大的切入式研究,挖掘北洋时期京直地区旗地变迁中的更多元素。

第四是研究观点。如前一点所言,本书并非传统意义上的制度史或政治史,而是更接近于一般意义上的社会史。笔者希望本书能如陈平原所说的那样："借助细节,重建现场;借助文本,钩沉思想;借助个案,呈现进程",以达到"触摸历史"①的目的。一直以来,关于北洋时期旗地变民的研究本就鲜见,仅有的学术成果也多为建构某种历史意义而存在,而始终无人"触摸"旗地变民在当时的真正意义所在。不可否认,旗地变民这一政策加诸在民众身上,无疑是一种新的经济负担。尤其是一些地方革命简史在描述到当地反旗地变民的运动时,常常力陈广大佃农的贫苦、旗地清理人员的贪婪无厌。笔者并不否认这样的描述是建立在一定的事实基础之上,但我们也不能忽略这样一个问题,就是曾经只有这样的描述才符合国人的感情、想象和心理期待,才符合有关封建军阀统治下剥削与反剥削的宏大历史叙事逻辑。改革开放后,虽然学术氛围日渐浓厚,但是这种描述方式却依旧惯性前进,在仅有的研究中被简单复制。笔者希望通过本书的研究,能够明确这样一个观点:"旗地变民"虽然为广大耕种旗地佃农带来了负担,并被历届北洋政府视为一条弥补财政的重要途径,进而引发了政府经管中的种种舞弊现象,但它确实在一定程度上缓解了旗人的生计问题,而且为明晰这些土地的产权结构、实现"耕者有其田"迈出了也许并不踏实但确为前进性的一步。这是考察北洋政府时期京直地区旗地问题的一条基本线索,也是本书立论的一个重要基础。

---

①　陈平原:《触摸历史与进入五四》,北京大学出版社 2005 年版,第 5 页。

# 第一章　清代的畿辅旗地

旗地是清朝统治的重要基础,作为一种特殊的土地制度,16 世纪初随着满洲人的崛起首先出现在辽东。本章首先就旗地的早期历史进行追溯,然后对清代京直地区旗地的产生原因、构成及演变进行研究,进而揭示清末这一特殊土地形式地权属性变化的必然性。

## 第一节　旗地的建立

满族历史的确切记载,始于明代初叶,那时他们被泛称为女真,已经处在氏族社会末期阶段。根据分布的地域和不同的经济发展情况,又可被细化为建州女真、海西女真和野人女真①。自此到 16 世纪初,在氏族部落的频仍迁徙和不断增加的军事活动中,满族开始逐步从部落制向国家制过渡。1583年,建州女真部落的努尔哈赤召集子弟数十人从长白山脉南段的苏子河畔(今辽宁省新宾县境)起兵,并在此后长期的军事征服中兼并其他女真各部,建立起强大的汗政权,满族国家的雏形开始出现。在这个过程中,努尔哈赤以满族人原有的牛录制为基础,创建了八旗制度。

---

① 刘小萌:《明代女真社会的酋长》,《中国史研究》1995 年第 2 期。

八旗制度是以牛录制度为基础建立起来的。牛录是氏族时代的生产和军事组织,在外出狩猎和打仗时,人们都是以自己所隶属的族或寨进行活动,每十个人中推出一人作为首领,称牛录额真①。值得注意的是,这一时期的牛录还只是自愿结合的临时性组织。后来随着社会形势的发展,当然主要是为了更好地对各部落进行统治,努尔哈赤将以前的十人之制改为三百人,其首领仍称为牛录额真,但此时的牛录已由之前的临时性组织向集政治、经济和军事为一体的常设性组织演变,而牛录额真也成为高出于一般牛录成员之上的贵族,且子孙可以世袭此职。牛录内的一般成员,即诸申,被束缚在牛录内承担徭役、课赋和兵役②。到了建立后金政权前夕,努尔哈赤再次对牛录组织进行了改造:在牛录组织基础上按五进位原则编设五牛录为一个甲喇,首领称为"甲喇额真";五甲喇为一个固山,首领称为"固山额真"③。满语中,"固山"的原意为"部落","甲喇"的原意为"关节"的"节",这意味着甲喇是固山与牛录的中间环节。

1601 年,努尔哈赤编成四个固山。这四个固山分别以黄、红、蓝、白四个颜色旗为标志,于是改用旗色指称,称为黄旗、红旗、蓝旗和白旗四旗;1615 年又增设镶黄旗、镶红旗、镶蓝旗和镶白旗,全称八旗。

八旗是牛录组织的扩大,也继承了它"出则为兵,入则为民,耕战二事,未尝偏废"④的组织特点。即战争期间,调动其所有力量,平时则主要从事生产。这种兵民合一是部落时代的普遍制度,但满族在建立后金政权以后一段时间内仍保持了这种传统。因为像满族这样一个早期以渔猎为主要经济形式的少数民族,它不会具备农业社会雄厚的物质力量和取之不尽的人才,所以粮食等

---

① 满语"牛录"是箭的意思,"额真"是主的意思。
② 转引自刘小萌:《满族从部落到国家的发展》,中国社会科学出版社 2007 年版,第 127 页。
③ 转引自刘小萌:《满族从部落到国家的发展》,中国社会科学出版社 2007 年版,第 128 页。
④ 《清太祖实录》卷七,中华书局 1986 年版,第 5 页。

农产品与手工业品的匮乏,就导致其无力供养一支完全脱离生产领域的职业军队,也就无法实现兵与民的分离。这种情况,直到清朝入关后满族成为农业社会之上的统治民族之后,才开始改变。因为那时开始建立粮饷制度,正是由此八旗组织的兵民分离才逐步实现。

1616年,努尔哈赤在赫图阿拉(今辽宁省新宾县老城)称"汗",建立大金国(史称后金)。后金建立后,努尔哈赤将国家所掌控的土地分配给旗人,从而开始出现大规模的旗地。1621年,努尔哈赤为了解决八旗人丁的生计问题,发布了《计丁授田令》,强行征取辽阳、海州等地约30万垧①的土地,"分给我驻扎此地之兵马",即分配给旗人作为旗地。并规定,每个八旗人丁授以田地6垧,其中的5垧用来种植粮食,1垧用来种植棉花。以后来的记载看,每丁种棉1垧的计划虽未实现,"计丁授田"(后改5垧)却作为八旗的一项经济制度建立起来。从此,满族以土地为主要经济来源,很快过渡为农业民族。

旗地,是满族特殊的土地制度。计丁授田的结果,进一步强化了普通旗人的依附民地位。领受份地的旗人,除有当兵(披甲)的义务,还必须承担修城、筑路、造船、熬盐、运输、守台、牧马、为汗或贝勒家当差等徭役。根据《满文老档》记载,普通旗人从未脱离农业生产,与汉民的差别在于它的生产通常在牛录官员的组织下进行。除满族贵族、官员依地位高下优免一定数额的丁粮外,就普通旗人范围来考察,每牛录下仅巴克什、工匠、台丁、养猪人、披甲等各种承差人得免本身粮赋,其余人丁均需向国家缴纳粮赋。

在旗地上,与普通旗人的小农经济并行而且不断壮大的庄园经济逐渐成为决定满族社会性质的主导力量。在16世纪晚期的时候,一些实力强大的部落首领已经设立了拖克索(即农庄)。每个农庄都设立了专门的管理人,并将掠夺来的人口作为庄丁。尤其是在17世纪初期的萨尔浒战争里,后金俘获了大量的战俘,使得拖克索得到了迅速的发展。"奴婢耕作,以输其主",后金政

---

① 1垧合5亩。

权的贵族、官员和一些比较富庶的平民通过剥削这些奴仆在庄园中的生产物获得财富。在这之后，随着后金政权的不断扩张，落后的庄园制经济被逐步强行植入汉族地区。

1626年，清太宗皇太极继承汗位后，对八旗继续实行按人丁进行授田，并对加入八旗的蒙古人和汉人也都按人口授予旗地。1633年，编成汉军一旗；1642年，扩编为汉军八旗；1644年，编成蒙古八旗。这样，随着八旗人口的持续增长，旗地面积也不断扩大。

皇太极在即位后的十年里，对明朝的作战连连告捷。1636年，皇太极在诸贝勒和满、蒙、汉官共同举行的隆重典礼上，接受了"宽温仁圣皇帝"的尊号，宣布改汗称帝，更定国号为大清。

1643年，皇太极病殁。第二年，其第九子福临即位，改年号顺治。顺治帝即位时年仅六岁，由亲叔多尔衮和堂叔济尔哈朗共同辅政。1644年4月，在明朝降将吴三桂的配合下，多尔衮率领八旗劲旅闯入山海关，攻占北京。接着，清廷从沈阳迁至北京，很快建立起对全中国的统治。

# 第二节　清代畿辅旗地的出现及演变

1644年入关之初，清政府就已经非常清醒地意识到，旗地是旗人赖以生存的重要生产和生活资料。维护旗人的这项权利，不仅对保持八旗的作战能力具有举足轻重的作用，甚至对他们能否牢固地掌握关内政权也是至关重要的。所以清政府在入关之后，一方面开始在八旗官兵中推行粮饷制度，一方面继续推行在关外时已然形成的土地制度，即在今天的北京、天津、河北地区圈占大量的优质土地，分发给八旗人口为业，这就是畿辅旗地。

## 一、畿辅旗地的出现

1644年，清政府迁都北京，八旗官兵及其家属"从龙入关"，这样他们就因离开原先赖以维持生计的辽东旗地而失去了最基本的生存资源。这一问题的解决与否将事关清政府能否筑牢自己的统治根基,因此清政府当然会竭力解决这一难题。最终,清政府决定既对八旗官兵发放粮饷,又在近畿地区大肆圈地以解决八旗官兵的土地需求。①

## (一) 圈占旗地

清朝统治者自 1644 年入关以后,先后三次大规模地在畿辅地区圈占土地。

第一次是 1644 年 12 月。清政府颁发"圈地令":"我朝定都燕京,期于久远。凡近畿各州县无主荒田,及前明皇亲驸马、公伯、内监,没于寇乱者,无主庄田甚多。尔部清厘,如本主尚存及有子弟存者,量口分给。其余尽分给东来诸王、勋戚、兵丁人等。"②在"圈地令"发布之后,清廷先是在近京 300 里之内,然后接着在近京 500 里之内随意圈占普通百姓的田地。而清廷所圈占的土地,当然并不是真的如其在"圈地令"中所说的都是没有主人的荒废土地及前明王朝时的庄田。就在清廷"圈地令"颁布的同时,顺天府尹柳寅东出于讨好统治者的目的,以所谓满人和汉人混居在一起容易引发纠纷为基础,上书论述满人与汉人分别居住可带来的五种便利,甚至提出将近畿一带的土地,尽可能多的由八旗人口进行占有,以利于统一管理,而对于那些失去土地的汉人,则以一些无主的荒地和他们本来的土地进行交换。下面来看一下柳寅东所说的五种便利:第一种便利是满洲人住在一起"阡陌在于斯,庐舍在于斯",可有利于彼此之间互相帮扶;第二种便利是满人和汉人界限分明,不会产生纠纷;第三种便利是满人和汉人分别承担自己的"里役田赋",出现问题,则由满人官员

---

① 参见王立群:《清代直隶旗地考述》,《黑龙江史志》2014 年第 5 期。

② 鄂尔泰等修:《八旗通志》卷十八,东北师范大学出版社 1986 年版,第 310 页。参见王立群:《民国时期河北旗地的管理(1912—1934)》,硕士学位论文,河北大学历史系,2006 年,第 3 页。

和汉人官员分别办理,既可互不干涉,也有利于找清责任;第四种便利是满汉之间界限分明,汉人就不用担心自己的产业受到侵犯,便可安心耕种,从而有利于国家粮赋的收取;第五种便利是汉人也乐意与满人分开居住,而且有利于查清近畿一带无主的荒田。① 在这种霸道的借口之下,清朝皇室更是广泛地强行占有近京一带老百姓的优质土地。

第二次是 1645 年 10 月。这次圈占范围已经从近京各州县扩大到河间、遵化、滦州等府,声称凡是查明为没有主人的田地,均可丈量后分别授予八旗人丁为业。同年 12 月,经过户部满洲尚书英俄尔岱等人的奏请,又宣称将易州等地有主人的田地也可酌情授予八旗人丁,然后再将更远处的满城等地方的无主田地查明后兑换给易州等地被剥夺了田地的民人,这就是"拨补地"。②

第三次是 1647 年旧历正月。清政府以前一年八旗圈地之后的"薄地甚多,以致秋成无望"和这一年从东北地区新近迁来的八旗人丁没有土地进行耕种为借口,下令更大规模地在顺天、保定、河间、易州、遵化、永平等四十二府州县内圈占土地,而这一次不管是无主的土地还是有主的土地都要进行圈占。③

关于圈地的方法,清廷规定,在近畿一带圈占土地时,必须先向朝廷报告,经同意后会有户部派出满人官吏率领笔帖式和拨什库等人员,去到欲行圈占的村庄丈量地亩,具体是由两人骑着马"牵部颁绳,以记周四围而总积之",每次圈地大概在几百垧左右。④ 户部官员在丈量完毕之后,回到京城上报给朝廷,然后对授予土地的八旗人丁颁发龙票(即土地管业执照,俗称租照。盖以只准食租,不准出卖)。旗人在得到租照之后,再通知各催头、庄头和园头等,这些土地都可以由其以前的主人获得优先租佃的权利,在原先的主人声明放弃之后,才可另外招纳佃户。佃户在领种之后,旗人都会发给他们佃契,然后

① 鄂尔泰等修:《八旗通志》卷十八,东北师范大学出版社 1986 年版,第 311 页。
② 《清世祖实录》卷十四,中华书局 1985 年版,第 6 页。
③ 《清世祖实录》卷三零,中华书局 1985 年版,第 2 页。
④ 姚文燮:《圈占记》,《皇朝经世文编》卷三一,载沈云龙主编:《近代中国史料丛刊》正编第 14 辑,台湾文海出版社 1966 年版,第 1156 页。

每年按上忙、下忙进行收租。

　　根据《石渠余纪》的记载，顺治时期清廷在近京地区所圈占的土地多 159900 余顷①，圈占的范围包括 77 个州县卫，东起山海关、西至太行山、北自长城、南抵顺德府。因此，经过清朝初年的历次圈占，"直省九府，除广平、大名二府，远处京南，均有旗庄坐落，共计七十七州县，广袤二千余里"布满了各类旗地庄园②，而在被圈占的州县之中，普通民粮地在该地区土地总量中占的比重变得极低。经过统计，直隶省的旗地占顺治末年全国土地 5493576 顷的 4.32%，占当时直隶全省土地 159772 顷的 52.59%③。如，根据 1929 年修纂的《雄县新志》记载，雄县在前明时期，民地数量为 4456 余顷，但到了清朝初年，被圈占了 3056 余顷，又有民人带地投充到旗下 618 余顷，这样各类旗地地亩共计 3675 余顷，因此《雄县新志》的修纂者称"雄县虚存版籍"，实在不算妄言④；根据 1931 年编纂的《满城县志略》记载，满城县在前明时期，民地数量为 2290 余顷，但到了清朝初年，连圈占民地及带地投充竟然使得该县各类旗地多达 2177 余顷，而民粮地则只剩下 112 顷余⑤；根据《宝坻县志》记载，宝坻县在前明时期，民地数量为 6890 余顷，经过顺治二年、三年、四年的圈地，被圈占了 4417 余顷，又经过顺治三年、四年和六年、七年的带地投充风潮，又有 1515 余顷的土地变为旗地，这样该县民地只剩下 57 顷余⑥；根据 1914 年编纂的

　　① 王庆云:《石渠余纪》卷四,北京古籍出版社 1985 年版,第 195 页。参见王立群:《清代直隶旗地考述》,《黑龙江史志》2014 年第 5 期。
　　② 鄂尔泰等修:《八旗通志》卷十八,东北师范大学出版社 1986 年版,第 313 页。参见王立群:《清代直隶旗地考述》,《黑龙江史志》2014 年第 5 期。
　　③ 高宗敕:《清朝文献通考》卷五,商务印书馆 1936 年版,第 4904 页。参见王立群:《清代直隶旗地考述》,《黑龙江史志》2014 年第 5 期。
　　④ 秦廷秀修,刘崇本纂:民国《雄县新志》卷七,台湾成文出版社 1969 年版,据民国十八年铅字重印本影印,第 191 页。
　　⑤ 陈宝生修,陈昌源纂:《满城县志略》卷六,台湾成文出版社 1969 年版,据民国二十年铅印本影印,第 5 页。
　　⑥ 洪肇林修,蔡寅斗纂:乾隆《宝坻县志》卷五,台湾成文出版社 1969 年版,据民国六年石印本影印,第 260 页。

《密云县志》记载,密云县在前明时期,民粮地数量为691顷,但经过顺治二年后的历次圈地运动再加之带地投充等情况,使得该县的各类旗地达到了584顷余,而民田则只剩下106顷余①;根据1944年修纂的《民国蓟县志》记载,经过顺治年间的历次圈占和带地投充,各类旗地多达8347顷,而民地的数量则为2115顷余,这样该县的旗地和民地比值就达到了4∶1②;根据1935年编纂的《东安县志》记载,东安县在前明时期的民粮地数量为3242顷,经过顺治年间的历次圈占,被圈土地多达2700顷,带地投充之土地则多达353顷余。③

为了更加清晰地展示清朝初年旗地在直隶各县土地总量中所占的比重,本书引用赵令志所绘制的"清初直隶省七十二州县圈占旗地一览表"予以说明。

表1-1　清初直隶省七十二州县圈占旗地一览表

| 州县 | 原有土地（顷） | 圈占（顷） | 投充（顷） | 合计（顷） | 剩余（顷） | 圈充比重 | 依据 |
|---|---|---|---|---|---|---|---|
| 大兴县 | 1021.04 | 993.83 | | 993.83 | 28.64 | 97.3% | 《康熙大兴县志》第3卷 |
| 宛平县 | 2193.43 | 1808.22 | | 1808.22 | 385.21 | 82.4% | 《康熙宛平县志》第3卷 |
| 顺义县 | 2486.86 | 2407.82 | | 2407.82 | 79.70 | 96.8% | 《康熙顺义县志》第2卷 |
| 通州 | 5731.76 | 4222.74 | 1448.58 | 5671.32 | 60.44 | 99% | 《光绪通州志》第4卷 |
| 平谷县 | 1124.31 | 1064.82 | | 1064.82 | 59.51 | 94.7% | 《民国平谷县志》第1卷 |
| 怀柔县 | 1392.22 | 745.36 | | 745.36 | 646.86 | 55.7% | 《康熙怀柔新志》第4卷 |

---

① 臧理臣修,宗庆煦纂:《密云县志》卷五,台湾成文出版社1969年版,据民国三年铅印本影印,第432页。
② 徐葆莹修,仇锡廷纂:《民国蓟县志》卷五,台湾成文出版社1969年版,据民国三十三年铅印本影印,第489页。
③ 李光昭修,周琰纂:《东安县志》卷六,台湾成文出版社1968年版,据民国二十四年铅印本影印,第118、127页。

续表

| 州县 | 原有土地（顷） | 圈占（顷） | 投充（顷） | 合计（顷） | 剩余（顷） | 圈充比重 | 依据 |
|---|---|---|---|---|---|---|---|
| 密云县 | 2733.43 | 2151.41 | | 2151.41 | 542.02 | 78.7% | 《雍正密云县志》第四卷 |
| 房山县 | 1767.37 | 1045.43 | 210.85 | 1257.28 | 357.33 | 71.1% | 《民国房山县志》第4卷 |
| 昌平州 | 2888.70 | 2584.06 | | 2584.06 | 304.66 | 89.4% | 《光绪昌平州志》第11卷 |
| 延庆州 | 4673.95 | 3408.28 | | 3408.28 | 1265.67 | 72.9% | 《乾隆延庆州志》第3卷 |
| 良乡县 | 2918.24 | 2918.24 | | 2918.24 | 0 | 100% | 《光绪良乡县志》第3卷 |
| 固安县 | 4081.77 | 3615.36 | | 3615.36 | 472.21 | 88.6% | 《咸丰固安县志》第3卷 |
| 永清县 | 4911.20 | 4121.26 | | 4121.26 | 789.94 | 83.9% | 《乾隆永清县志》第2卷 |
| 霸州 | 2658.19 | 2299.95 | | 2299.95 | 358.24 | 86.5% | 光绪《畿辅通志》第94卷 |
| 新城县 | 9088.85 | 8654.70 | | 8654.70 | 434.15 | 95.2% | 同上 |
| 唐县 | 2655.29 | 1053.10 | | 1053.10 | 1602.19 | 39.7% | 同上 |
| 博野县 | 3297.56 | 424.56 | | 424.56 | 2873 | 12.9% | 同上 |
| 完县 | 3218.57 | 2259.25 | | 2259.25 | 959.32 | 70.2% | 同上 |
| 蠡县 | 6366.68 | 3288.36 | | 3288.36 | 3078.32 | 51.7% | 同上 |
| 安州 | 4561.55 | 3696.13 | | 3696.13 | 865.42 | 81% | 同上 |
| 高阳县 | 3595.45 | 2785.45 | | 2785.45 | 810.17 | 77.5% | 同上 |
| 阜城县 | 2134.66 | 588.60 | | 588.60 | 1546.06 | 27.6% | 同上 |
| 任丘县 | 8870.60 | 8254.94 | | 8254.94 | 615.66 | 93% | 同上 |
| 献县 | 9296.07 | 3335.92 | | 3335.92 | 5960.15 | 35.9% | 同上 |
| 景州 | 4273.05 | 474.92 | | 474.92 | 3798.13 | 11% | 同上 |
| 吴桥县 | 4069.97 | | 11.52 | 11.52 | 4058.45 | 0.3% | 同上 |
| 交河县 | 12706.91 | 5987.47 | | 5987.47 | 6419.44 | 47.1% | 《民国交河县志》第2卷 |
| 河间县 | 15300 | 6200 | 2375.29 | 8575.29 | 6724.71 | 56.1% | 《乾隆河间县志》第2卷 |

续表

| 州县 | 原有土地（顷） | 圈占（顷） | 投充（顷） | 合计（顷） | 剩余（顷） | 圈充比重 | 依据 |
|---|---|---|---|---|---|---|---|
| 祁州 | 3371.83 | 568.56 | 34.51 | 603.07 | 2768.76 | 17.8% | 《乾隆祁州志》第3卷 |
| 东安县 | 3242.85 | 1947.45 | 357.73 | 2305.18 | 508.31 | 71% | 《康熙东安县志》第4卷 |
| 三河县 | 6412.69 | 5214.47 |  | 5214.47 | 1198.22 | 81.3% | 《乾隆三河县志》第5卷 |
| 玉田县 | 5216.89 | 4599.38 | 372.59 | 4971.97 | 617.51 | 95.3% | 《光绪玉田县志》第13卷 |
| 武清县 | 10765.40 | 7669.91 | 1266.53 | 8936.44 | 167.81 | 83% | 《乾隆武清县志田赋志》 |
| 宝坻县 | 6890.65 | 5817.37 | 1515.32 | 7332.69 | 57.95 | ? | 《乾隆宝坻县志》第5卷 |
| 香河县 | 3162.14 | 3093.67 |  | 3093.67 | 68.47 | 97.8% | 《光绪畿辅通志》第94卷 |
| 蓟州 | 5500.28 | 2322.67 | 190.73 | 4378.05 | 70.64 | 79.6% | 《道光蓟州志》第5卷 |
| 遵化州 | 3772.68 | 3742.29 |  | 3742.29 | 25.35 | 99.2% | 《乾隆直隶遵化州志》第7卷 |
| 乐亭县 | 8047.55 | 6759.58 | 1265.57 | 8025.16 | 22.39 | 99.7% | 《嘉庆乐亭县志》第4卷 |
| 滦州 | 8794.68 | 7590.06 | 1817.96 | 9405.02 | 1179.49 | ? | 《嘉庆滦州志》第3卷 |
| 昌黎县 | 3897.27 | 1259.59 |  | 1259.59 | 2638.68 | 35% | 《光绪畿辅通志》第94卷 |
| 丰润县 | 11509.64 | 6049.52 | 4748.60 | 10798.12 | 711.54 | 93.8% | 《乾隆丰润县志》第2卷 |
| 抚宁县 | 2867.36 | 1207.92 |  | 1207.92 | 1659.44 | 42% | 《光绪畿辅通志》第94卷 |
| 宁河县 | 1528.74 | 1521.53 |  | 1521.53 | 7.21 | 99.5% | 《光绪宁河县志》第5卷 |
| 迁安县 | 2315.41 | 1131.07 | 861.75 | 1982.82 | 332.59 | 85.6% | 《同治迁安县志》第12卷 |
| 卢龙县 | 1655.52 | 253.26 |  | 253.26 | 1412.26 | 15.2% | 《光绪畿辅通志》第94卷 |

续表

| 州县 | 原有土地（顷） | 圈占（顷） | 投充（顷） | 合计（顷） | 剩余（顷） | 圈充比重 | 依据 |
|---|---|---|---|---|---|---|---|
| 临榆县 | 1670.69 | 1670.69 | | 1670.69 | 1670.69 | 100% | 《光绪临榆县志》第15卷 |
| 涞水县 | 4281.45 | 3168.24 | | 3168.24 | 398.47 | 74% | 《乾隆涞水县志》第3卷 |
| 易州 | 5640.11 | 3554.40 | 193.55 | 3759.91 | 1844.21 | 67% | 《乾隆易州志》第7卷 |
| 定兴县 | 5613.54 | 5413.83 | | 5413.83 | 207.43 | 96.4% | 《乾隆定兴县志》第3卷 |
| 满城 | 2290.44 | 2121.33 | 56.51 | 2177.81 | 112.58 | 95% | 《乾隆满城县志》第5卷 |
| 安肃县 | 5575.17 | 5023.11 | | 5023.11 | 552.06 | 90% | 《嘉庆安肃县志》第3卷 |
| 涿州 | 5273.03 | 4329.61 | 276 | 4605.60 | 667.43 | 87% | 《同治涿州志》第7卷 |
| 雄县 | 4405.78 | 3056.39 | 618.39 | 3674.78 | 731 | 84% | 《民国雄县志》第3册 |
| 保定县 | 555.33 | 348.87 | | 348.87 | 206.46 | 63% | 《光绪畿辅通志》第94卷 |
| 清苑县 | 6479.58 | 3528.30 | 937.32 | 4465.62 | 1422.39 | 69% | 《同治清苑县志》第6卷 |
| 望都县 | 1115.28 | 433.67 | | 433.67 | 681.61 | 39% | 《民国望都县志》第4卷 |
| 容城县 | 2262.72 | 488.22 | | 488.22 | 744.50 | 22% | 《乾隆容城县志》第4卷 |
| 大城县 | 7244.91 | 318.78 | 3.57 | 1321.64 | 1434.70 | 22% | 《光绪大城县志》第3卷 |
| 文安县 | 3766.66 | 1746.82 | 85.95 | 1832.77 | 1591.31 | 49% | 《民国文安县志》第12卷 |
| 肃宁县 | 5633.33 | 1997.99 | | 1997.99 | 3635.34 | 35% | 《乾隆肃宁县志》第3卷 |
| 天津县 | 9202.44 | 6995.96 | | 6995.96 | 2206.48 | 76% | 《光绪畿辅通志》第94卷 |
| 青县 | 7284.87 | 6546.05 | | 6546.05 | 738.82 | 90% | 同上 |
| 沧州县 | 4776.05 | 2203.55 | | 2203.55 | 2572.50 | 46% | 同上 |
| 南皮县 | 5964.08 | 1554.27 | | 1554.27 | 4409.81 | 26% | 同上 |

| 州县 | 原有土地（顷） | 圈占（顷） | 投充（顷） | 合计（顷） | 剩余（顷） | 圈充比重 | 依据 |
|---|---|---|---|---|---|---|---|
| 盐山县 | 4105.88 | | 840.29 | 840.29 | 3265.59 | 20% | 同上 |
| 宣化县 | 15042.11 | 5127.36 | | 5127.36 | 9914.75 | 34% | 同上 |
| 赤城县 | 3415.01 | 759.81 | | 759.81 | 2655.20 | 22% | 同上 |
| 万全县 | 6413.03 | 2308.57 | | 2308.57 | 4104.46 | 36% | 同上 |
| 怀来县 | 6868.94 | 3318.91 | | 3318.91 | 3350.03 | 48% | 同上 |
| 西宁县 | 10819.10 | 5536.86 | | 5536.86 | 5282.24 | 51% | 同上 |
| 怀安县 | 9292.15 | 4865.17 | | 4865.17 | 4435.98 | 52% | 同上 |
| 保安州 | 2179.68 | 846.61 | | 846.61 | 1333.07 | 39% | 同上 |
| 合计 | 364886.88 | | | 244201.39 | | 67% | |

资料来源：赵令志：《清前期八旗土地制度研究》，民族出版社 2001 年版，第 344—348 页。

由此可以看出，京直地区的大部分土地被皇室、八旗贵族和八旗官兵所占，而越是近京地区圈充率则越高，有的地方甚至高达 100%。

## （二）投充旗地

投充旗地，是清代旗地的第二大来源。

清廷在入关后所推行的暴力圈占土地政策，使得很多近畿民众担心自己的土地被旗人任意圈占而去，因此携带土地投到各类旗人门下。因此，投充不仅成为旗地的第二大来源，同时也为八旗带去了众多旗下奴仆，增加了旗人数量。

对于带地投充这一问题，清廷先后做出了如下规定。顺治元年（1644 年）时规定，凡是八旗下的各汉人，如果其父母、兄弟和妻、子也愿意一起投到各旗之下的，可以允许，但禁止借此机会带地投到各旗之下。到了顺治三年（1646 年）时再次规定，自顺治四年（1647 年）开始，禁止汉人带地投充到各旗之下①。

---

① 《清世祖实录》卷二十五，中华书局 1985 年版，第 20 页。

也就是说,清廷是禁止带地投充的。但这些谕令不过是掩耳盗铃,带地投充之事络绎不绝。

对于人丁投充者,大体可分为两类:

第一类是地主或有小块土地的自耕农希望通过投到旗人门下来免除粮赋徭役。康熙四十年(1701年)编纂的《怀柔县新志》中就有相关的记载:自从顺治初年的圈占之后,怀柔县的普通民粮地本就所剩无几,而一些汉人又希望借着旗地名号能免除粮赋徭役,因此便带地投充到各旗门下;这些带地投充之人本来以为依旧可以以这些土地来维持生计,不过是把向国家缴纳田赋改为向旗人交纳旗租,但没有想到他们所投的旗主竟然将这些土地完全看作自己的产业,或是卖给他人,或是另派其他人去管理土地(也就是另派庄头),使得怀柔县一些本来拥有不少土地的人却变得无立锥之地,虽然后悔但却没有办法改变。①

第二类是一些地方的地痞流氓希望借投充之机来霸占别家的人口和土地,而旗人则不会管顾个中缘由,而只想尽可能多地在近畿一带占有土地和奴仆。顺治三年(1646年)时,御史苏京就曾根据这一情况上奏称:“投充名色不一,率皆无赖游手之人,身一入旗,夺人之田,攘人之稼;其被攘夺者愤不甘心,亦投旗下。争讼无已,刁风滋甚,祈敕部严禁滥投。”②顺治四年(1647年)时,清廷曾基于近畿一带的投充乱象,宣布禁止投充,“前令汉人投充满洲者,诚恐贫穷小民失其生理,困于饥寒,流为盗贼,故谕愿投充满洲以资糊口者听。近闻汉人不论贫富,相率投充;甚至投充满洲之后,横行乡里,抗拒官府,大非轸恤穷民初意。自今以后,投充一事,著永行停止”③。但是清廷的这一谕令不过是掩人耳目,因为正是以多尔衮为首的满洲权贵们在乐此不疲地接受带地投充。比如,多尔衮本人接受的投充人数达到最高限之后,又以其子多尔博

---

①　吴景果修:《怀柔县新志》卷四,台湾成文出版社1968年版。

②　《清世祖实录》卷二十五,中华书局1985年版,第21页。

③　《清世祖实录》卷三十一,中华书局1985年版,第10页。

的名义接受 680 余名投充人丁,而且这些人都是家财田产颇为丰厚之人。①
顺治九年(1652 年)12 月,户部左侍郎王永吉等奏称,近来投充到八旗门下中
的很多人,除了带本人之地投充外,还有任意将自己投充土地附近的属于他人
的土地谎报为自己的土地一并投充等情况,而被侵占的民人们既无处控诉,也
导致国家的财政收入大受影响。②

　　基于上述投充制度带来的诸多社会问题,清廷从顺治四年(1647 年)起,
就曾颁布"投充一事,著永行停止"的谕令,但实际上投充这个问题一直延续
到嘉庆年间。

　　据《直隶通省赋役全书》记载,清朝初年畿辅地区投充到八旗的地亩为
3276463 亩,投充到内务府的地亩为 678503 亩,合计为 3954966 亩。因此,在
近畿地区,投充旗地的数量也是非常巨大的。③　而在投充旗地中,又以顺天府
所占比例最大,永平府和保定府分列其后。一般而言,民地被圈占较多的地区
带地投充的地亩也是较多的,这显然是汉人畏惧土地被圈占而不得不带地投
靠旗人的结果。


(三) 退出旗地

　　在前述圈占和投充的旗地中,有些土地因为地力贫瘠影响旗人生计而被
退出,然后清政府再为这部分旗人另行圈占分配地质更为丰沃的土地。退出
旗地中,有的直接退还给民人,让民人耕种,向国家缴纳钱粮,回归到普通的民
粮地;有的招收民人耕种,收取租银,这就是"旗退输租地",仍然属于旗地的

---

① 《清世祖实录》卷五十九,中华书局 1985 年版,第 28 页。
② 《清世祖实录》卷七十,中华书局 1985 年版,第 19 页。
③ 各旗的旗地与内务府的皇庄是分开的,内务府皇庄当时由三旗庄头处管理,三旗庄头处
原属于内务府会计司,在雍正元年(1723 年)始另设衙门,初名"管理三旗纳银庄",后改"三旗庄
头处",或称"管理三旗银两庄头处",一般称"钱粮衙门"。内务府三旗与八旗中的镶黄、正黄、正
白旗有别,不能将二者混淆。投充到八旗中的旗地与投充到内务府的旗地是分开的,如《畿辅通
志》所记:"投充旗地达三万三千六百三十二顷有奇,内务府官庄尚在此外。"

范畴。

顺治四年(1647年)以后,退出地质贫瘠旗地的现象在畿辅比较普遍。如在昌平,"顺治五年,退出小营等内满洲圈内荒薄地四十六顷六亩"[①];在宝坻,"顺治十年分,退出八旗下壮丁荒地一百四十七顷六亩"[②]。在退出地质贫瘠旗地的同时,清政府又继续圈占附近民人较好地质的土地作为补充。因此,退出地质贫瘠旗地是与复行圈占民地同时进行的。根据《八旗通志初集》土田志记载,因退出薄地而复圈的旗地为684270亩;《直隶通省赋役全书》所记载的数目则为1610915亩。关于统计数字的差异,赵令志在《清前期八旗土地制度研究》中指出,《直隶通省赋役全书》更为准确。这两书的差异在于,《直隶通省赋役全书》所记载的地亩数包括八旗圈占的牧场等地亩在内,而《八旗通志初集》中记载的八旗地亩数则不包括八旗牧场。[③]

同时,在投充旗地中也有退出地,这主要是因为官员犯罪或超额冒收、隐占而被谕令退出的。如顺治七年(1650年)12月多尔衮死后,以济尔哈朗为首的多尔衮的对立派首先起来,将多尔衮及其余党英王阿济格所占的投充人发还该州县为民,投充人所带田地全部退出。此后被治罪的八旗官员,也同样将其投充人口和投充地亩退出。投充地亩中,一部分被退还所在州县回归为普通民粮地,一部分入官成为内务府之庄田。

此外,在康熙中叶以后,个别八旗兵丁因病故、绝嗣等原因,其旗地被收回;有些庄头不能完纳粮租,而将该庄头革退,旗地收回,也成为退出旗地的一部分。但这些退出的旗地,并未退还给地方州县,而仍将其基本保留于各旗,成为各旗之下的"存退余绝"之地("存"指的是圈地分配后存剩的田地,"退"指的是因为各种原因退还政府的地亩,"余"指的是丈出的余地,"绝"指的是

① 《直隶通省赋役全书》之《顺天府昌平州赋役全书》,转引自赵令志:《清前期八旗土地制度研究》,民族出版社2001年版,第141页。
② 《直隶通省赋役全书》之《顺天府宝坻县赋役全书》,转引自赵令志:《清前期八旗土地制度研究》,民族出版社2001年版,第141页。
③ 赵令志:《清前期八旗土地制度研究》,民族出版社2001年版,第152页。

因为绝户而入官的地亩）的一部分。① 因此,这部分退出地仍属于旗地。

## 二、畿辅旗地的演变

从乾隆时期开始,旗地内部逐步发生了一些变化:一方面,越来越多的旗地被旗人私典给民人,旗地制度开始逐步瓦解;另一方面,大量私典给民人的旗地被清廷以国帑赎回,变成八旗公产,清政府在总体上对旗地的控制不断加强。

这里需要对旗地的"典卖"进行一下说明。"典"本身并无"卖"的含义,与卖合在一处,成为一种附加条件的出卖。换而言之,"典"是只有使用权改变,但所有权和回赎权不会被改变的财产交易形式。但因为民人典买旗地时一般规定的回赎期限很长,所以也就等同于变相的买卖行为。诚如时人所称的那样:"名曰老典,其实与卖无异。"②但由于旗民交产并不受到清廷的认可,属于违背法律的行为,因此民间只能采取"典"的方式。

旗地典卖现象的出现,与清廷及旗人自身均不无关系:第一,满洲八旗兵丁每当遇到调遣出征,都要由自己来准备服装、马匹甚至器械,加重了旗人的负担,有时甚至需要通过借贷来解决问题,而很多人最终还不上借贷,越来越潦倒。③ 第二,清政府为保持八旗兵丁的战斗力,规定旗人必须聚集居住在北京城里或是各个直省驻防地,而且没有命令是不能随意离开的,又不允许他们从事工商业活动,也不利于旗人的生计。第三,清政府以旗人为统治根基,便对他们实行了非常优厚的恩养政策,除了圈占土地交予旗人,还不断完善旗人的粮饷制度④,甚至一般八旗兵丁所拿到的粮饷还要高于朝廷的七品或八品

① 劳乃宣:《直隶旗地述略》旗租第二·八项旗租,国家图书馆藏。

② 琴川居士编:《皇朝名臣奏议》第 45 卷,赫泰疏语,清末刻本。转引自刘小萌:《清代北京旗人社会》,中国社会科学出版社 2008 年版,第 145 页。

③ 《清圣祖实录》卷一四九,台湾华文书局 1964 年版,第 3—4 页。

④ 每丁每月赐予口粮:米二斗四升,柴、煤零用等项,折银二两六钱;七岁以上食全俸,六岁以下食半口。

官员。同时,清廷允许旗地完全招佃来承种,而旗人上至官员下至普通士兵,越来越不懂得稼穑之事。在上述环境中,多数旗人不仅养成了游手好闲的坏习惯,甚至连自己的生计都无力维持。第四,有清一代,规定"添丁不增地,减丁不退地",八旗兵的编制既不能没有限度地扩大,而新增加的旗人也不能分得旗地或是当兵领饷,再加之清政府限制他们的地域流动以及不允许他们从事工商业活动,就造成了很多八旗"余丁"陷入根本不能维持生计的困境。如沈起元在《拟时务策》中所说,"甲不能遍及,而徒使之不士、不农、不工、不商、不兵、不民,而环聚于京师数百里之内,于是其生日蹙,而无可为计"①。沈起元认为,旗人的这种困境,并不是旗人自身造成的,而是由于统治者制定的制度所导致的。因此,八旗体制下的生计问题日趋严重。当一些贫困的旗人遇到家中有急事或经济拮据时,他们只能将土地典卖与普通民人,用以换取自己的生活之资,而随着时间推移,旗地可能会再次发生私相典卖的情况,于是日益变得与普通民粮地差异不大。②

其实,根据有关资料显示,清初时就已经出现旗人典卖旗地的现象。而且既有旗人内部的交易,也有旗民之间的交易。

如中国社会科学院近代史研究所藏康熙四十八年(1709 年)的一份白契:

康熙四十八年九月十一日,阿比达佐领闲散五十八所有平子[则]门(平子[则]门为元代旧称,明正统年间改称阜成门,清代沿袭明代称谓,但民间仍有称平则门者。——引者注)外桥东北墙根处十一间瓦房,同参领阿拉纳佐领闲散海潘儿给四百二十两银买了。此十一间房内所有之拦柜二、排子三,屋内隔断用的木板都不能挪动。

---

① 沈起元:《拟时务策》,《皇朝经世文编》卷三五,载沈云龙主编:《近代中国史料丛刊正编》第 74 辑,台湾文海出版社 1966 年版,第 1285—1287 页。
② 李鸿章修:《畿辅通志》卷九五,商务印书馆 1934 年版,据光绪十年刻本影印,第 7 页。

此系小领催孟衣特、兔拉孙等保了。①

这件契书本身虽未说明契约双方的旗属,但刘小萌师据《八旗通志初集·旗分志》的考证认为,这是一份蒙古旗人间的契书。

下面是一份满洲、汉军之间的契书:

镶白旗富尔布佐领下闲散富绅的十间房,同旗高朝柱佐领下候国用用纯银二百五十两典了,三年过后才准赎。

此系护军校富尔虎,骁骑校索太,小领催韩班同保。

康熙五十三年十月初八②

从这两份满文契书可以看到,旗人内部互典旗产时有发生。这虽然是清廷所允许的,但也反映出旗人内部贫富分化日益严重。

当然,更为严重的还是发生在旗人与民人之间的典卖旗地现象。

譬如在河北省的周家庄,从清朝初年开始,这里就已经发生了旗人将旗地私自典给民人的情况。③ 还可以再来看一份康熙年间旗人将旗地私典给民人的契书:

立退坟地人系厢红旗下钮钮牛录下李八郎等,原有穆弘德祖坟地一块,在李八郎等地圈内,今有说合人将此坟地一块情愿赎讨归于坟主,言定赎坟银拾两正。

两家情愿,不许反悔。恐后无凭,立此永远存照。

康熙二十一年二月卅日　立退坟地人李八郎等(押)④

在清朝的前期和中期,清廷一直是禁止旗民交产的,但在民间,旗人与民人典卖典买旗地的现象则是屡禁不止,朝廷的禁令并没有起到真正阻止的作

---

① 转引自刘小萌:《清代北京旗人社会》,中国社会科学出版社2008年版,第106页。
② 转引自刘小萌:《清代北京旗人社会》,中国社会科学出版社2008年版,第109页。
③ 《民族问题五种丛书》辽宁省编辑委员会编:《满族社会历史调查》,辽宁人民出版社1985年版,第232页。
④ 刘小萌:《清代北京旗人的房地契书》,载阎崇年主编:《满学研究》第5辑,民族出版社2000年版,第177页。

用。如到乾隆四年(1739年)时,户部根据统计指出,民人典买旗地的数量已经在百万亩之上,而由此涉及的民人,更是多达数十万户①;到乾隆二十二年(1757年)时,户部则进一步根据统计指出,清朝立基开国百年以来,近畿地区的15万余顷旗地,除了内务府庄田和王公庄田,其余几乎全被民人典买而去。②

为了解决旗地流向民人的问题,清朝统治者多次动用国库银两进行回赎。对于这些回赎的旗地,清廷将其中的一部分作为八旗公产,交由户部管理,具体到各个地块,也是分别设立庄头,然后由原佃进行佃种,发给佃契,然后每年庄头收缴旗租之后交给地方官,再由地方官层层上缴给户部;另一部分,则可由圈占或投充之前的原土地主人进行备价重新获得土地所有权,如果原土地主人不想买回的话,则可由各旗下愿意承买者或交纳银两购买或从日后俸饷中扣除相应价款。③

在真正操作的过程中,对于前述后一种情况,虽然有些八旗兵丁愿意购买回赎旗地,但因为一次性拿不出价款,因此大都是从日后俸饷中扣除价款。而这些八旗兵丁本来就不富裕,再加之俸饷被扣,所以往往坚持不了多长时间就又会把旗地卖出,这样就导致旗地日益集中到富裕旗人手中,使得富者愈加富裕,而贫穷者愈加贫穷。④

光绪十八年(1892年),户部对于回赎旗地作为八旗公产的那一部分,做出了分门别类的清理,最终将其命名为八项旗租地;并把八项旗租地所在各地每年收取租金的情况,列为考察该地区地方官的一项重要标准。具体而言,八项旗租地是指存退、另案、公产、庄头、奴典、三次、四次、屯庄。

这样,经过清朝初期的圈占、中叶之后的演变,清末时旗地基本分为两类:

---

① 鄂尔泰等修:《八旗通志》卷十八,东北师范大学出版社1986年版,第1页。

② 李鸿章修,黄彭年纂:《畿辅通志》卷九五,商务印书馆1934年版,第16页。

③ 李鸿章修,黄彭年纂:《畿辅通志》卷九五,商务印书馆1934年版,第6页。

④ 孙嘉淦:《八旗公产疏》,《皇朝经世文编》卷三五,载沈云龙主编:《近代中国史料丛刊》正编第74辑,台湾文海出版社1966年版,第1278页。

一类是作为旗人私产的旗圈地亩,一类是作为八旗公产的旗租地亩。①

## 第三节　清代畿辅旗地的构成

鉴于本书主要探讨北洋时期的京直地区旗地问题,而京直地区旗地在民国的处理主要是根据不同权属分阶段、分政策展开的,因此本书有必要对清代京直地区旗地按不同权属进行简要概述,以利于后述的展开。

### 一、旗圈地亩

旗圈地亩,按照其隶属关系,可以分为皇室庄田、王庄和一般旗地,即分别属于皇室、王公贵族大臣以及普通八旗官员兵丁。除了由皇室任意挑选的圈地设立皇庄外,八旗王公贵族等分给庄地、园地,官员分给园地、壮丁地,兵丁则只分给壮丁地。

由于畿辅旗地的坐落处所,“一州一县之内,有一二处以至百余处者;即一村一庄,有二三旗分之人居住者;亦有只地亩坐落者,而无旗人居住者;又有此州县旗庄虽多,而界址实与别府州县地相辐辏者”,因此清政府又将畿辅旗地按照旗地庄园的多少和距离北京城的远近为基础,大概以“三百里内外分作一路”,共分为八路:以顺天府所属的通州、武清县、香河县、宝坻县,以及天津州与所属的静海县,永平府所属的玉田县等 7 个州县为京东路;以顺天府所属的宛平县、良乡县、房山县、涞水县、易州、涿州、新城县、雄县、容城县、定兴县和安肃县等 11 个州县为京西路;以顺天府所属的大兴县、顺义县、三河县、蓟州、平谷县、密云县、怀柔县、昌平县、延庆县等 9 个州县为京北路;以顺天府所属的固安县、东安县、永清县、霸州、保定、文安县、大城县,河间府所属的任丘县,保定府所属的新安县、安州、高阳县等 11 个州县为京南路;以顺天府所

---

① 《清理旗产事务局布告第三号》,河北省档案馆藏档案,656-2-826。

属的遵化州,永平府所属的丰润县、迁安县、滦州、卢龙县、乐亭县、昌黎县、抚宁县、山海卫等9个州县卫为京北东路;以宣化府所属的宣化县、怀来县、万全县、保安县、赤城县等5个州县为京北西路;以河间府所属的河间县、肃宁县、献县、交河县、景州、南皮县、沧县、故城,正定府所属的衡水县、武强县和深州等11个州县为京南东路;以保定府所属的清苑县、蠡县、博野县、满城县、完县、唐县、庆都、定州、祁州,正定府所属的无极县、获鹿县和顺德府所属的沙河县等12个州县为京南西路。①

## (一) 皇室庄田

皇室庄田,顾名思义,是属于清朝皇室的私有财产,其收入主要是供给皇室及与其有关的部门支配使用。有清一代,负责管理国家财政的为户部,负责管理皇室财政的为内务府。从地域而言,皇室庄田又可进一步划分为畿辅皇庄和关外、口外皇庄。因此,畿辅皇庄又称为畿辅内务府官庄。从类型上而言,皇室庄田可分为:(1)纳粮庄,又称大粮庄、皇粮庄等;(2)纳银庄,又称银庄、钱粮庄;(3)瓜、果、菜园;(4)豆秸庄;(5)棉靛庄;(6)盐庄;(7)各种户,如蜜户、苇户、猎户等。

畿辅皇庄按照不同类型分别由各司管理,如前述的纳粮庄、纳银庄由会计司管理,后清廷于雍正年间又设立了"管理三旗银两庄头处"来主管纳银庄,瓜果菜园由掌仪司管理,棉靛庄、盐庄等由广储司管理,蜜户、苇户和猎户等各种户由都虞司管理。其中,会计司设郎中3人、员外郎6人、主事1人、笔帖式21人、催总8人,由他们来负责纳粮庄的地亩、户口、徭役等事项。② 雍正年间设立的管理三旗银两庄头处,设郎中1人、员外郎6人、笔帖式9人。此外,会计司和管理三旗银两庄头处还设领催,人数根据形势可随时调整,由他们专门

---

① 鄂尔泰等修:《八旗通志》卷十八,东北师范大学出版社1986年版,第26—27页。
② 《雍正大清会典》卷二二八,内务府三,会计司。

负责督催钱粮的催缴。① 掌仪司,设掌果 4 人、司果执事 12 人、领催 9 人,由他们来专门管理各类果园。② 都虞司,在各地设捕牲千总、把总等若干人,专门管理鹌鹑户、鹰户等各种户。③ 这些司、处所管理事项,主要是负责编审皇庄的户口,督促粮、钱、果、棉靛、牲畜等的征收。具体到各个庄园的生产事务,是由各庄园的庄头、园头等来负责的。这些负责直接管理的庄头、园头的来源基本分为三类:(1)八旗各佐领下挑选出的庄头,这部分庄头大多是清朝初年"从龙入关"的,一般是在圈占地亩上形成的庄园充当庄头,被称为老圈庄头;(2)带地投充的民人成为庄头,他们一方面带地投充到内务府,成为旗下奴仆,但是可以保有在其带来土地上充当庄头的权利,这类庄头一般被称为投充庄头;(3)自愿在新设立的庄园上充当庄头,这部分一般是从庄头的亲丁中拣选而来。至于庄园中的壮丁,来源则更为复杂,主要包括:(1)在圈占地亩形成的庄园里,主要是"从龙入关"的旧有壮丁;(2)在投充形成的庄园里,主要是投充壮丁;(3)还有一些是由于获罪被发遣的犯人和入官的奴仆及庄头私买的奴仆。在壮丁的构成中,前两类占主体。

　　由于旗地在入关前的辽沈地区采取的是农奴制,所以畿辅皇庄的生产关系中也就带有了农奴制的色彩。同时,由于畿辅皇庄设立在生产力较为发达的直隶地区,这里主要采用租佃制,因此畿辅地区设立的皇庄也会不可避免地受到影响。因此,畿辅地区的皇庄中,农奴制与租佃制并存。其中,在由暴力圈占而形成的旗地中,农奴制的成分会更多一些,而在由带地投充情况下形成的旗地中则是以租佃制的成分多一些。当然,在租佃制已占据社会绝对统治地位的前提下,农奴制尽管有清皇室强权的保护,但由于其劳动生产率低下,再加之广大壮丁的各种反抗,这种生产方式最终在乾隆年间基本解体。不过,农奴制在此后仍有少量遗存。比如清朝末年,这种经营方式在宝坻、玉田等县

① 《嘉庆大清会典事例》卷八八六,内务府,官制,管理三旗银两庄头处。
② 《光绪大清会典事例》卷一九七,内务府,官制,管理三旗银两庄头处。
③ 《康熙大清会典》卷一五三,内务府五,都虞司。

的皇室庄田中仍有存在。①

畿辅皇庄的发展规模在乾隆年间达到顶峰,从乾隆末嘉庆初开始急剧缩小,至光绪年间基本还原到清初时规模。李帆在《论清代畿辅皇庄》一文中,根据《雍正大清会典》《乾隆大清会典》《嘉庆大清会典》《光绪大清会典》《大清会典则例》《八旗通志》以及咸丰《总管内务府现行则例》等进行统计,指出畿辅皇庄的演变基本如下:

表 1-2　清代畿辅皇庄数量演变表

| 年份 | 皇庄面积(顷) |
|---|---|
| 顺治初到康熙八年 | 22550.82 |
| 康熙八年到二十四年 | 22678.59 |
| 康熙二十四年到雍正七年 | 24678.59 |
| 雍正七年后 | 26907.06 |
| 乾隆年间 | 28594.44 |
| 嘉庆年间及其后 | 19774.44 |
| 光绪年间 | 22623.56 |

资料来源:李帆:《论清代畿辅皇庄》,《故宫博物院院刊》2001 年第 1 期。

## (二) 王公庄田

清代的王公贵族包括宗室贵族和异姓贵族。宗室贵族,指的是清太祖努尔哈赤及其弟兄的子孙后代。有清一代,宗室贵族可以划为十个等级:第一个等级,为和硕亲王;第二个等级,为多罗郡王;第三个等级,为多罗贝勒;第四个等级,为固山贝子;第五个等级,为镇国公;第六个等级,为辅国公;第七个等级,为镇国将军;第八个等级,为辅国将军;第九个等级,为奉国将军;第十个等级,为奉恩将军。② 异姓贵族,指的是皇室以外的八旗贵族,包括元勋、功臣和

---

① 《民族问题五种丛书》辽宁省编辑委员会编:《满族社会历史调查》,辽宁人民出版社1985 年版,第 92 页。
② 杨学琛:《清代的王公庄园》,《社会科学辑刊》1980 年第 2 期。

皇亲国戚。

　　王公庄园的主要来源是圈占地和投充地。圈占地主要分为两种：首先是按照爵位来分给土地。顺治二年（1645年）规定，赏赐给各个王、贝勒和贝子等的旗地，如果是大庄，赏赐土地的规模为 420 亩至 720 亩，如果是半庄，赏赐土地的规模为 240 亩至 360 亩，如果是园地，赏赐土地的规模为 60 亩至 120亩。顺治五年（1648年）规定，亲王授予园地为 10 所，郡王授予园地为 7 所，每所的土地规模为 180 亩。其次是按照壮丁来分给土地。顺治二年（1645年）规定，王以下所属的壮丁，每丁分给土地为 36 亩，后来调整成每丁分给土地为 30 亩。[①] 这种方式为王公贵族扩展自己的土地提供了一条重要途径。因为许多八旗王公贵族通过多年征战，占有了大量人丁。比如在清军还未进入山海关时，代善的正红旗下就有包衣[②]佐领 18 个，济尔哈朗的镶蓝旗下也有 10 个佐领。依照每个佐领下有 200 个壮丁来计算，那么每旗可领的地亩就已经为数甚巨了。再算上入关之后这些王公贵族在畿辅地区新掠夺的人丁和投充到他们门下的民人，这部分地亩则更会大幅增加。

　　关于王公贵族庄园的规模，可举例说明。和硕庄亲王一支，共有庄田547610 亩。[③] 其中，在畿辅地区的良乡、通州、房山、宛平、大兴、昌平、延庆、宝坻、武清、永清、固安、霸州、涿州、迁安、滦州、安州、肃宁、沧州、安肃、河间、新城、雄县等 22 个州县中，分布有庄亲王府地亩 7 万 8 千余亩，在张家口、承德等地分布有庄亲王地亩 4000 余亩，在独石口分布有庄亲王地亩 7 万 1 千余亩。由此，就可以想象出当时王公庄园规模之大。

　　根据清朝官书记载，八旗王公庄园土地总量为 13 万 3 千余顷，分布在近畿一带的为 23338 余顷。[④] 随着时间的流逝，很多王公贵族又通过自行圈占、

---

① 杨学琛：《清代的王公庄园》，《社会科学辑刊》1980 年第 2 期。

② 包衣，是满语"家仆"的音译，是对清代旗人中居于依附地位的旗下人群的总称。

③ 乌廷玉等：《清代满洲土地制度研究》，吉林文史出版社 1993 年版，第 228—230 页。

④ 托津等修：《钦定大清会典事例》嘉庆朝，卷一三五，载沈云龙主编：《近代中国史料丛刊》三编第 66 辑，台湾文海出版社 1966 年版，第 6049—6052 页。

领置赎回旗地及购买或以权势侵占普通民粮地等形式,使得王庄数量不断增加,到了清朝末年,这类土地的数量达到了 5 万顷至 6 万顷之间。①

关于王庄的生产关系,与皇庄大体相同。即清初,在分配的圈占地中,农奴制为主要形式;在民人带地投充的庄地中,则以租佃制为主流。总体说来,在清初的王公庄园中,租佃制处于从属的地位;不过在租佃制的包围及广大壮丁的不断反抗下,清朝中叶以后,王公庄园的生产关系也最终走向了普遍采用租佃制的道路。

### (三) 一般旗地

一般旗地由两个部分组成:第一是官庄,是指由清廷授予八旗官员的旗地;第二是份地,是指由清廷授予一般旗人兵丁的旗地。

顺治二年(1645 年)清廷规定,王以下的各级官员所属的壮丁,每丁授予土地六垧,不再发放口粮。② 顺治六年(1649 年)规定:"新来壮丁,每名给地五垧。"③但是由于旗地数量不够进行分配,因此新来的壮丁分得的地亩比之前先来的壮丁要少一亩。但顺治七年(1650 年)又做了调整,由先来的壮丁之下,每人"撤出地一垧",拨给新来的壮丁④。从此之后,每名八旗壮丁地均为5 垧。

关于八旗各级官员应分地亩数,规定屡有变化。赵令志《清前期八旗土地制度研究》对刘家驹以《八旗通志初集》和《嘉庆大清会典事例》为基础绘制的"八旗宗室及畿辅官兵给地表"进行了修补,来说明八旗分拨地亩定制的变化,现援引如下:

---

① 萧铮主编:《民国二十年代中国大陆土地问题资料》,台湾成文出版社、美国中文资料中心合作 1977 年版,第 39629 页。参见王立群:《南京国民政府时期河北旗地管理考述》,《燕山大学学报》2008 年第 2 期。
② 鄂尔泰等修:《八旗通志》卷十八,东北师范大学出版社 1986 年版,第 311 页。
③ 鄂尔泰等修:《八旗通志》卷十八,东北师范大学出版社 1986 年版,第 314 页。
④ 鄂尔泰等修:《八旗通志》卷十八,东北师范大学出版社 1986 年版,第 314 页。

表 1-3 八旗宗室及畿辅官兵给地表

| 定制年月 | 职别 | 地别 | 授田亩数 | 备注 |
|---|---|---|---|---|
| 顺治二年 | 亲王府总管 | 园地 | 48 亩 | 1. 诸王、贝勒、贝子、公等大庄，土地数量为 420—720 亩；半庄，土地数量为 240—360 亩；园，土地数量为 60—120 亩。<br>2. 每名壮丁给拨旗地。不再发放口粮。 |
| | 亲王府总管 | 园地 | 36 亩 | |
| | 郡王以下府管领 | | 36 亩 | |
| | 各官所属壮丁 | 地 | 36 亩 | |
| | 各府执事人员 | | 皆给地有差 | |
| 顺治五年 | 亲王 | 园 | 10 所（每所土地为 180 亩） | 1. 除拨应得地外（袭祖先所遗园地），多余的地亩不必撤除，仍留于本家。<br>2. 加封贝勒公等各照本爵拨给园地。 |
| | 郡王 | 园 | 10 所（每所土地为 180 亩） | |
| 顺治六年 | 袭封王贝勒贝子公 | 园地 | | 3. 亲王、郡王、贝勒、贝子、公等所授园地，每所的土地数量为 180 亩。 |
| | 加封王贝勒贝子公 | 园地 | | |
| 顺治七年 | 公主 | 园地 | 360 亩 | 顺治七年后，凡初封王、贝勒、贝子、公等均照前例拨给土地。 |
| | 郡主 | 园地 | 280 亩 | |
| | 县主、郡主、县君 | 园地 | 150 亩 | |
| | 亲王 | 园地 | 8 所（1440 亩） | |
| | 郡王 | 园地 | 5 所（900 亩） | |
| | 贝勒 | 园地 | 4 所（720 亩） | |
| | 贝子 | 园地 | 3 所（540 亩） | |
| | 公 | 园地 | 2 所（360 亩） | |
| | 镇国将军 | 园地 | 240 亩 | |
| | 辅国将军 | 园地 | 180 亩 | |
| | 奉国将军 | 园地 | 120 亩 | |
| | 奉恩将军 | 园地 | 60 亩 | |
| 顺治元年 | 壮丁 | 地 | 36 亩 | 京师内无主园地，酌量拨给诸王府。 |
| 顺治三年 | 副都统以上官员 | 园 | 180 亩 | |
| | | 地 | 60 亩 | |

| 定制年月 | 职别 | 地别 | 授田亩数 | 备注 |
|---|---|---|---|---|
| 顺治四年 | 参领以下官员 | 地 | 60亩（合二名壮丁地） | 从顺治四年开始，规定之后再不得圈占拨给民间田产。拨给地亩均以现有为准，之后即使人丁增加也不再拨给旗地，人口即使减少也不需要退出旗地。各级官员即使升迁也不增补旗地，死亡、降职和革职也不用退出旗地。 |
| 顺治五年 | 南苑海户 | 地 | 18亩 | 每名佐领下再拨给10名壮丁地。 |
| 顺治六年 | 致仕督、抚、布、按、总兵 | 园地 | 36亩 | 此为致仕后所给地亩，原按品级所得地亩仍为其所有。 |
| | 致仕道员、副将、参将 | 园地 | 24亩 | |
| | 致仕府州县游击、守备等官员 | 园地 | 18亩 | |
| | 公、侯、伯 | 园地 | 300亩 | 1. 改拨官员园地。2. 八旗新来壮丁，每名给地30亩。 |
| | 子 | 园地 | 240亩 | |
| | 男 | 园地 | 180亩 | |
| | 都统、尚书、轻车都尉 | 园地 | 120亩 | |
| | 副都统、侍郎、骑都尉 | 园地 | 60亩 | |
| | 一等侍卫、护卫、参领 | 园地 | 42亩 | |
| | 二等侍卫、护卫 | 园地 | 30亩 | |
| | 三等侍卫、护卫、云骑尉 | 园地 | 24亩 | |
| | 新来壮丁 | 地 | 30亩 | |
| 顺治七年 | 旧壮丁 | 地 | 30亩 | 从原来36亩中撤出6亩给新来壮丁。 |
| 顺治十年 | | | | 此后圈占民间房地，永行停止。 |
| 康熙二年 | 新来佐领 | 地 | 30亩 | 此后守卫各陵官兵，奉祀执事官员皆按例拨给地亩，主事副内管领与员外郎同，骁骑尉与笔帖式同。 |
| | 新来领催 | 地 | 18亩 | |
| | 守卫孝陵大臣 | 园地 | 90亩 | |

| 定制年月 | 职别 | 地别 | 授田亩数 | 备注 |
|---|---|---|---|---|
| 康熙三年 | 守卫孝陵总管 | 地 | 72 亩 | 其员外郎、尚茶、尚膳、读祝官、赞礼郎、笔帖式、内务府执事人、骁骑、礼、工二部执事人及内监,均指守卫陵寝者。 |
| | 守卫孝陵翼领 | 地 | 60 亩 | |
| | 守卫孝陵防御 | 地 | 36 亩 | |
| | 守卫孝陵郎中 | 地 | 36 亩 | |
| | 员外郎、尚茶、尚膳、读祝官、赞礼郎并内监 | 地 | 30 亩 | |
| | 笔帖式、内务府执事人 | 地 | 24 亩 | |
| | 骁骑、礼、工二部执事人 | 地 | 6 亩 | |
| 康熙六年 | | | | 八旗地有坍塌成河者,准予换给,其出碱或被涝地,不准换给。 |
| 康熙八年 | | | | 1. 将本年所圈房地给还民间,并谕令永行停止圈占民间房地。<br>2. 令八旗到口外开垦荒地。 |
| 康熙二十年 | | | | 满洲新归旗者,停给圈地。 |
| 康熙二十四年 | | | | 直隶州、县百姓垦荒田地,停止圈给。 |

资料来源:赵令志:《清前期八旗土地制度研究》,民族出版社 2001 年版,第 230—233 页。

因此,根据八旗地亩的分拨规定,八旗官兵实际占有地亩 14012871 亩,约占《直隶同省赋役全书》所记圈占地亩总数的 62%,《八旗通志初集》所记旗地总数的 70% 左右,所以八旗官兵占有的旗地是旗地的主要部分。

虽然清政府在入关之后通过"计丁授田"的方式为旗人解决了土地问题,但是由于八旗官兵依然需要四处征战或被派驻到京畿附近和全国一些重要城市及军事要塞,所以他们开始与农业生产分离,而是把一些八旗闲散余丁和多数八旗的奴仆安置到各庄园经营旗地。

因此，在畿辅地区，八旗兵丁的旗地经营形式一般采取以下两种方式：第一，八旗官员兵丁将其属下的奴仆派到旗地上为其耕种。八旗官兵如其所属人丁较多，那么分得旗地面积也就大一些，于是他们设置了庄园，派庄头带领奴仆耕种，"耕种收获，供送本主"①。所以，旗地上的庄园并非只有皇室庄田和王公贵族庄田，部分八旗官兵也因其所拥有旗地的面积较大，而且拥有不少奴仆，有的也以庄园的形式经营旗地。第二，采用租佃方式经营。由于八旗官员兵丁远离分拨地亩而无暇进行经营，就造成有地无人耕种的局面。而在旗人有地无人耕种，汉人又有人无地可耕的情况下，就产生了八旗兵丁采用租佃方式经营旗地的现象。这种现象在清朝入关之初即已出现。直隶总督孙嘉淦就曾向乾隆皇帝上书说道，自从大清入主中原，虽然在近畿一带将民人的土地圈占而去分给八旗兵丁，但这些土地仍然是由民人进行耕种，然后交租子给八旗兵丁，因此民人还可以耕种自己原先的土地，而八旗兵丁又可以收取租金，达到了"一地二养"的效果。② 在这种情况下，以租佃制的方式经营旗地，一方面能够使得八旗兵丁的旗地不会因无人耕种而荒芜，另一方面也解决了被占去土地的民人依靠土地生活的问题。同时也要注意到，民人租种八旗兵丁的旗地，只是向旗地主人纳租，而不用向国家缴纳田赋。比如良乡的土地皆被圈占，民人皆以租种旗地为生，他们不需要向国家缴纳田赋，而只向旗人交旗租，"民间每年交纳之旗租，至数十万缗之多"③。但是，由于收取旗租需要"差人讨租，往返盘费，所得租银，随手花消"④，所以八旗兵丁在实际上得到的旗租并不多。为了扭转这种有损经济利益的情况，普通八旗兵丁开始逐渐改变

---

① 王益朋：《全地利重根本疏》，《皇朝经世文编》卷三五，载沈云龙主编：《近代中国史料丛刊》正编第 74 辑，台湾文海出版社 1966 年版，第 862 页。

② 孙嘉淦：《八旗公产疏》，《皇朝经世文编》卷三五，载沈云龙主编：《近代中国史料丛刊》正编第 74 辑，台湾文海出版社 1966 年版，第 876 页。

③ 中国人民大学清史研究所、档案系中国政治制度史研究室合编：《清代的旗地》（上册），中华书局 1989 年版，第 88 页。

④ 孙嘉淦：《八旗公产疏》，《皇朝经世文编》卷三五，载沈云龙主编：《近代中国史料丛刊》正编第 74 辑，台湾文海出版社 1966 年版，第 876 页。

收取租金的方式,比如有的八旗兵丁通过旗地所在地的地方官员代为征收,有的八旗兵丁令租种旗地的民人预交旗租。不过,预交旗租的数目又各有不同,有提前缴纳一年租银的,民间称之为"压季";有提前缴纳三年甚至五年租银的,民间称之为"两不来"①。而其中这种提前缴纳多年旗租的现象,正是典当和买卖旗地的先兆。同时,由于八旗官兵占有的旗地数量为旗地的大宗,所以当他们的旗地采用租佃经营方式后,租佃制就愈益成为旗地的主要经营方式。

## 二、旗租地亩②

如前所述,到了清朝中后期,八旗官员和兵丁所属的一般旗地数量发生了很大变化。由于包括生计日艰等在内的各种原因,越来越多的一般旗地被典卖给民人。这又形成了一种恶性循环,使得旗人的生活进一步恶化。同时,由于这些被私自典卖给民人的旗地又不用向清廷缴纳田赋③,而清廷却需要对那些失去旗地的旗人提供资助,这就增加了清政府的财政负担。在这种情况之下,为了解决失去旗地的旗人生计问题并增补政府收入,清廷便出资逐渐将这类由旗地私自典与民人的旗地进行回赎。这类回赎的旗地,就被命名为旗租地。

具体而言,清廷主要是通过下述三类方法设立旗租地:

(一)旗地的存退。在入关之初圈占的旗地中,清廷曾经将一些旗地退出,如地质贫瘠的下等之地,或是由于病故、绝户、革退等各类原因退出的土地。这些土地,一些给予被占去土地的民人形成了"拨补地",剩下的就为

①　中国人民大学清史研究所、档案系中国政治制度史研究室合编:《清代的旗地》(下册),中华书局1989年版,第1255页。

②　由于八项旗租地亩属于官产,所以清廷专门在户部下设立了管理旗租地亩的机构——井田科,并相应制定了一系列的规章制度。由地方官招民承种旗租地,征收旗租,具体由各地方藩台衙门按照征收民田钱粮的办法统一办理。

③　李鸿章修,黄彭年纂:《畿辅通志》卷九五,商务印书馆1934年版,第12页。

清廷收归公有、招民承种。收回之初,清廷曾将这些土地再次进行拨划,但是从康熙中期开始,清廷开始将一些土地招徕当地民人进行佃种缴纳租银。① 从此,有关这类土地的称呼,开始逐渐出现在各地的赋役全书里,譬如"旗退输租地亩""各旗退交输租地"……这些主要形成了八项旗租地中的存退地和余绝地。随着时间的流逝,不断有旗地因为地质不好、旗人绝户等原因被陆续收归公有。雍正三年(1725年)时,清廷又将这些新收归公有的土地与一些因庄头拖欠钱粮被收回的土地一起,设立了八项旗租地亩中的"另案"地。同时,清廷在直隶永清等地设立的屯庄地,也由于旗人不擅稼穑等原因,被清廷收回后招徕当地民人进行佃种,这类土地后来被称为"屯庄"。

(二)旗地的没收。这种情况可以分成三种类型:第一种,抵帑入官。很多普通旗人因为不善生产等原因生计日艰,于是经常向清廷进行借贷。当这些旗人最终没有办法清偿借贷时,他们的旗地就被清廷收走以抵贷款。再如,一些旗人官员在因贪污等原因被查办却又不能补回贪污款项时,清廷也会将其旗地收走用于抵偿。第二种,缘事入官。一些八旗贵族或者官员由于获罪被抄家,旗地也被重新收回公有。这两种地亩,也成为"另案"地的重要来源。第三种,违例入官。很多旗人由于生计原因而违背"旗民交产"的谕令,这种情况一旦发生,最终土地即使被清廷赎回,也会被收归公有,这就形成了旗租地的又一个类型"公产"。

(三)旗地的回赎。从雍正年间开始,清廷就开始使用国帑从民人手中赎回旗人私典的旗地。乾隆时期,清廷曾经多次动用国帑赎回典与民人的旗地。同时,清廷也多次赎回了大量的奴典旗地。这些旗地,有些由原旗人赎回,有些由其他的旗人进行购置,剩余的就都被清廷收归公有。

由于上述旗地的存退、没收和回赎等原因,就先后形成了存退、另案、庄

---

① 　高宗敕:《清朝文献通考》卷五,商务印书馆1936年版,第4896页。

头、屯庄、公产、三次、四次、奴典等旗租地,它们被统称为"八项旗租地"。这类八项旗租地亩的数量在道光末年达到了最高峰,总数为 46409 顷①,而由这类地亩收上来的旗租更是占到当时直隶田赋总收入的 20.35%②。但从咸丰朝以后,八项旗租地亩的总量开始下降,主要原因有:1. 乾隆朝以降,八项旗租地的主要来源是通过没收的方法将大量典卖与民的旗地收归公有。但到了咸丰年间,清政府一方面要镇压各地接连不断的农民起义,一方面又要应对第二次鸦片战争的发生,因此再也无力赎回典卖与民的旗地。同时,民人在典买旗地之后,有的不敢将所买之土地向地方政府申请升科为普通民地,有些则是为了不缴田赋,于是这类土地便形成了既不用交旗租又不用交田赋的"黑地",并呈愈演愈烈之势。从这个意义而言,清政府禁止"旗民交产"的规定,直接阻碍了这类土地的升科③。正是基于此,清廷于咸丰二年(1852 年)颁布《旗民交产章程》,第一次做出了取缔旗民交产禁令的尝试。在这种情况下,清廷就不能再像从前那样以所谓"违例典卖"的罪名来没收直隶地区的被典卖于民人的旗地,这就使得八项旗租地亩失去了一个重要土地来源。2. 由于耕种旗租地佃户所进行的各种形式的斗争,使得大量旗租地或被弃种或被流失。与普通民地所缴纳的国家田赋相比,八项旗租地的地租要高出许多。同时,旗租地亩又往往被一些包揽交租的"二地主"所把持,这些人在好收入的年景里"贪图利润",而一旦碰到不好的年景,佃种旗租地的民人经常逃到其他地方,于是这些包揽交租的"二地主"就收取不到租子,于是就以"逃亡具报"。这些"二地主"虽然想再招租给其他民人,但因为这些旗租地还有之前累欠的旗租,所以那些想要承租的民人最后也往往因为这种压力而放弃。在这种情况下,这些地亩最后就成了抛荒地。此外,耕种旗租地的佃户们还常常受到胥吏

---

① 李鸿章修,黄彭年纂:《畿辅通志》卷九五,商务印书馆 1934 年版,第 22 页。参见王立群:《南京国民政府时期河北旗地管理考述》,《燕山大学学报》2008 年第 3 期。

② 李鸿章修,黄彭年纂:《畿辅通志》卷九五,商务印书馆 1934 年版,第 25 页。参见王立群:《南京国民政府时期河北旗地管理考述》,《燕山大学学报》2008 年第 3 期。

③ 如松:《户部井田科奏咨辑要》上卷,北京师范大学图书馆藏,第 1 页。

的勒索,使"民佃辄多散去,以致地亩成荒"①。由于上述各种原因所导致的八项旗租地亩的流失,当然就会影响清政府的财政收入。因此,从光绪初年开始,清廷采取区分民荒、官荒和旗荒以及重新制定升科办法,规避了之前民人典买到旗地之后不敢升科等情况,这就使得旗租地的数量开始重新增长。到光绪十四年(1888 年)时,旗租地数量为 40234 顷,到光绪十九年(1893 年)时,则增至 43341 顷。与旗圈地的分布类似,旗租地也是遍布京畿地区。其中,又以顺天、保定、永平、天津四府和遵化州的八项旗租地规模数量为最大。② 到清朝末年时,经过不断变化,清廷官方记载的旗租地数量为 3 万 9 千顷左右。

综上所述,到清末时,直隶地区的旗地共 16 万顷左右。其中,旗圈地亩为 12 万余顷,旗租地亩为 3 万 9 千余顷。

## 第四节　清末畿辅旗地的开放之路

如前所述,生计日艰的普通旗人由于生活所迫而不得不将他们占有的小块旗地典卖与民人,于是旗地不许买卖的禁令逐渐被破坏。从雍正朝、乾隆朝开始,清政府曾经多次动用国库银两回赎典卖与民的旗地,再次交给旗人,但要从这些旗人的俸饷中扣除赎回旗地的费用。由于俸饷被扣,旗人的生活依旧艰难,所以他们不得不再度将回赎的旗地典卖与民,由此而形成恶性循环。康熙、雍正和乾隆三位皇帝都曾多次向八旗人丁发给巨额银两,希冀能够通过此举维持他们的生计,从而确保八旗兵的兵源。譬如,康熙皇帝曾一次性从国库中调取 655 万两白银发给八旗兵丁,让他们还债;雍正皇帝在位时,也曾多次向八旗兵丁发放赏银,而且每次发放的数量都多达

---

① 席裕福:《皇朝政典类纂》卷十七,载沈云龙主编:《近代中国史料丛刊》续编第 18 辑,台湾文海出版社 1974 年版,第 458 页。

② 李鸿章修、黄彭年纂:《畿辅通志》卷九五,商务印书馆 1934 年版,第 32—35 页。

数十万两。① 但这些赏银并不能从根本上改变底层旗人日益贫困的趋势，"旗民交产"的现象不减反增，越来越普遍。可以说，禁者自禁，卖者自卖，买者自买。到了咸丰朝尤其是同治朝以后，内忧外患下的清政府财政愈加困难，最后只能因势利导，开始取消"旗民交产"的禁令。清廷虽然希望通过售卖旗地来增加财政收入，但由于旗地问题不仅是一个经济问题，更是涉及维护旗人地位、巩固清朝统治的重要政治问题，所以清朝晚期的旗地开放政策也是经历了多次反复。

1852年，户部提议，除了奉天之外，顺天和直隶地区的旗地，不管是哪种类型的旗地，都可以开放卖与民人，然后税契升科成为普通民地；同时，对于之前私典旗地的旗人与民人也不追究罪责，但也要进行税契升科。② 清朝统治者谕准了这一提议，由此开放了政府允许下的旗民交产。清廷统治者同意旗民交产的最主要目的当然是为了增加政府的财政收入，但在这之后，由此派生的产权纠纷却层见叠出。因此，准许旗地买卖合法化的措施实行了7年之后，户部于1859年又提出恢复旧禁，并得到了清廷最高统治者的同意。③

但清廷内部很多人都反对1859年的禁止旗民交产的决定，就在4年之后的1863年，御史裴德俊向两宫太后进谏：旗人、汉人"遐迩一体"，如果仅仅允许旗人典买旗地，而不允许汉人典买旗地，就会有畛域之分。因此，他建议恢复1852年的旧案。经过朝堂讨论，旗地在旗、民之间的买卖再次被开放，并有十六项相关章程先后出台。④ 其实，由于旗地是不需要向政府缴纳田赋的，所以对于民间那些在禁令下置买旗地的民人而言，他们等于享有了旗人本有的这项特权，而且对政府收入也无益处；反之，将旗人与民人之间的旗地买卖合

① 鄂尔泰等修：《八旗通志》卷六七，东北师范大学出版社1986年版，第1291页。参见王立群：《清代直隶旗地考述》，《黑龙江史志》2014年第5期。
② 如松：《户部井田科奏咨辑要》上卷，北京师范大学图书馆藏，第1页。
③ 如松：《户部井田科奏咨辑要》上卷，北京师范大学图书馆藏，第13—14页。
④ 如松：《户部井田科奏咨辑要》上卷，北京师范大学图书馆藏，第1—9页。

法化,即以报备于政府的正常买卖取代民间的私行典当,显然是前者对于政府更有裨益。当然,随着旗民交产,原属特殊性质的旗地也就转化为一般土地了。1863年后的20余年间,由于旗民交产政策的推行,民间的旗地交易量越来越大,先后有50余万亩的旗地通过买卖成为普通民粮地。清廷也注意到了这一问题,有人提出如果这样下去,旗地的数量剧减,而八旗人口则日益繁茂,但他们除了俸饷之外并无其他恒产,因此生活日渐艰难,这样对维护清王朝的统治根本是非常不利的。于是,清廷于1889年再次恢复旧制禁止旗民交产。这样,旗地的合法买卖再一次被中止了。

不过,虽然旗民交产被再次禁止,但是民间私相典当之风却仍然盛行,这对于政府收入而言显然是不利的。1907年经度支部奏准,清廷第三次放开了旗民交产,并允许外出居住营生的旗人,可以在各省随便置买产业。这样,自清初以来的"旗民交产"禁令终于被完全放开。可以说,这样一个结果,是经过清政府与民间的不断互动和博弈才达成的。最终,逆历史发展而建立的旗地制度还是向着更加合理的土地私有制不断转变着。

其实,从历史发展大势而言,清朝统治者在立国之初所确立的八旗土地制度必然会失败,这一点已经随着时间的流逝日益明显。只有实行土地私有制,才是符合历史和社会发展规律的长久之策。除了位于社会顶端的极少数皇室及贵族阶层,数量更为庞大的普通中下层旗人自清朝中叶以后生计愈加困难,再加之清廷愈来愈窘迫的财政状况而不能有效救助贫困旗人,因此由旗人生计问题而导致的旗民交产愈演愈盛,特殊性质的旗地在经过清末的三度开禁之后终于向具有完整产权结构的方向前进着,并在民国时期最终完成了其私有化的进程。

# 第二章　清逊民建之际的京直旗地

从嬴政称帝到清朝灭亡,中国走过了两千多年的帝制时代。随着 1912 年清政府宣布逊位、民国宣布建立,民主共和的观念开始逐步深入人心。虽然这个过程是缓慢的,但是延续清末即已开始的排满风潮,曾经作为清朝特权阶层的旗人(尤其是普通旗人)从此受到了更加猛烈的冲击,他们的命运在之前已经日益贫困的基础上发生了愈加剧烈的变化。这一时期,大多数旗人为了维持生计开始更加大规模地出卖旗地。同时,曾经作为旗人特权表现并支撑他们重要生活来源的旗地,在此时也日益脱离旗人的掌控。

## 第一节　清末民初的旗人生活状况

### 一、皇室生活奢侈依旧

清朝末年,虽然内外交困,普通百姓甚至一般旗人生活日益艰难,但是作为清廷核心的皇室依旧保持着往日的生活标准。即使在 1912 年退位之后,借助于《清室优待条件》,逊帝溥仪等人依旧可以居住于紫禁城之中,而宫中大部分原有人等,也可仍旧留用。可以说,直至 1924 年被冯玉祥部驱逐出紫禁城,末代皇帝溥仪仍旧享受着与前清时期差异不大的奢侈生活。①

---

① 溥仪:《我的前半生》(上),群众出版社 1983 年版,第 46 页。

紫禁城里,爱新觉罗·溥仪与其他皇室成员依旧保持着往日的皇家生活。根据溥仪在《我的前半生》中的记述,每日用膳时间一到,"一个犹如过嫁妆的行列已经走出了御膳房。这是由几十名穿戴整齐的太监们组成的队伍,抬着大小七张膳桌,捧着几十个绘有金龙的朱漆盒,浩浩荡荡地直奔养心殿而来"①。根据溥仪的回忆,每个月他们"要用掉肉近 4000 斤,鸡鸭近 400 只"②。据称,逊清内务府在 1915 年的支出款项为 279 万两,是慈禧掌权时期的 4 倍③;1916 年紫禁城中取暖的煤炭木柴费用为 7 万 5 千余两④。而在紫禁城中,一年的"钟表传报费"也多达 1 万 3 千余元。⑤ 在溥仪于 1922 年 12 月大婚之后,他的皇后婉容、妃子文绣等人每年使用的衣料也数量庞大,"缎 136 匹、绸 169 匹、纱 81 匹、绫 4 匹、布 234 匹、绒和线 100 斤、棉花 180 斤、金线 106 绺、貂皮 400 张"⑥。

由此可见,退位后的前清皇室,较之在位时期并不逊色。

## 二、贵族、官僚之间经济差距日益明显

辛亥革命后,前清的贵族和官僚们在社会地位和生活水平上日益分化。少数王公贵族可以被惠及得到一部分清室优待费用,譬如醇亲王府每年可领到银 4 万 2 千余两。

民国初年,少数前清贵族和官僚因从事各种经商活动而愈加富有。如总管内务府大臣增崇的后人在天津经营着 3 个当铺,每年的利润收入高达 3 万余元,后来的规模更是发展到 40 余家,而其后人的房产则遍布北京、天津、上

---

① 溥仪:《我的前半生》(上),群众出版社 1983 年版,第 50 页。
② 溥仪:《我的前半生》(上),群众出版社 1983 年版,第 52 页。
③ 溥仪:《我的前半生》(上),群众出版社 1983 年版,第 55、154 页。
④ 秦国经:《逊清皇室轶事》,紫禁城出版社 1985 年版,第 80 页。
⑤ 吴稚晖:《溥仪先生》,转引自吴景洲:《故宫五年记》,上海书店出版社 2000 年版,第 39 页。
⑥ 溥仪:《我的前半生》(上),群众出版社 1983 年版,第 53 页。

海和沈阳等地①;末代庆亲王载振在 1924 年溥仪被驱赶出紫禁城后,远离政治,迁居天津庆王府,创立了"龙泉澡堂",并投资 30 万元参与创办天津劝业商场②;军机大臣那桐的后人,曾出任北平银行的董事和盐业银行的董事,并且创办了 3 个颇具规模的当铺,到了 20 世纪 40 年代,其家族还在北京拥有 800 多间房屋③。

但是,像上述三例这样的前清贵族、官僚的情况毕竟只是凤毛麟角,而大多数则只能依靠典当珍奇古玩、金银首饰甚至旗地为生。

其实早在清末时期,一些皇室贵族的生活已经捉襟见肘。光绪年间,御史英震曾上书光绪皇帝,描述了当时很多宗室的窘迫境地:

> 宗室文武仕途,设立员缺无几,且多系京职。以前人数尚少,似觉道路甚宽,今则人数日盛,有志上进者每因入仕艰难,不能不退而思转。其闲散宗室养赡钱粮,年至十岁始食二两,年至二十岁始食三两。后复改为十五岁始食二两。当初食饷者有限,各府之甲亦足分赡宗族;今则红名不下数千余人,钱粮按现放章程,食二、三两者仅得一两有余,虽养一身不足。况谁无父母,谁无妻子,更何所赖。是以宗室案件层出不穷。④

从这段文字可以看出,随着时间的推移,清朝宗室人数日益增加,但可以享受的钱粮却不断减少,因此生活日益窘迫。时人何刚德在其《春明梦录》中也曾对此做出描述:

> 尝见满员进署,半多徒步,其官帽怕尘土,罩以红布,持之以行。

---

① 《民族问题五种丛书》辽宁省编辑委员会编:《满族社会历史调查》,辽宁人民出版社 1985 年版,第 95 页。

② 《民族问题五种丛书》辽宁省编辑委员会编:《满族社会历史调查》,辽宁人民出版社 1985 年版,第 95 页。

③ 《民族问题五种丛书》辽宁省编辑委员会编:《满族社会历史调查》,辽宁人民出版社 1985 年版,第 95 页。

④ 朱寿朋编:《光绪朝东华录》第 1 册,中华书局 1958 年版,第 294 页。

> 每遇朝祭,冷署堂官蟒袍,竟有画纸为之者。且闲散王公贫甚,有为
> 人挑水者。虽勋戚世胄席丰履厚不无其人,其穷乏者究属多数。可
> 见食之者不寡,生之者不众。初制之优待满人,亦适以害之也。①

民国建立后,那些本已穷苦的贵族、官僚生活则更是愈加艰难,而那些有着雄厚家底的则仍肆意挥霍,最终导致生活也是无以为继。以庆王府为例。清帝逊位后,庆王府的吃穿用度依然奢华。庆王府的府第由五个院落组成,共计 1000 余间房间,而且每个院落的房间都非常之华丽。而庆王府内连同家属和奴仆就有 100 多人,虽然人口众多,但以房间数量平均来说的话,每个人都可以有房屋 10 间。在饮食方面,王府雇佣厨师及其他副手就有 15 人。在日常生活中,王府每日消费的鸡鸭鱼肉及海鲜就多达 50 余斤;每逢宴会,则花费更巨,一次的消费就相当于当时一个普通人家(以五口之家为计)5 个月的生活费。在服装方面,尽管王府里藏有各式名贵的皮、毛以及绫、罗、绸、缎等,但王府人等还是会时常联系当时知名的瑞蚨祥、丽丰、谦祥益、大纶和同兴长等绸缎店,由他们派人送来最时兴的各种新布料,然后再由王府内专门的成衣处进行制作。同时,府内男、女眷所穿着的鞋子也会在当时各大鞋店送来的最新款中选用。② 正是由于诸如此类的坐吃山空及大肆挥霍,最终导致即使显贵如庆亲王载振也终究难逃落魄命运。除了家中值钱物品,载振最后甚至将祖上遗留下来的旗地也尽数典当。甚至在载振病故后,竟"几至无以为殓",载振之女在万分无奈之际,甚至打算卖身葬父,所幸此事为熊希龄所知晓,熊希龄顾念曾经受过载振的知遇之恩,于是出钱出力亲自帮忙办理了载振的身后之事。③ 此外,睿亲王的后代钟氏兄弟也曾经风光无限,二人不仅各自购置了

---

① 何刚德、沈太侔:《话梦集·春明梦录·东华琐录》,北京古籍出版社 1995 年版,第 103 页。

② 汪荣堃:《记庆亲王载振的家庭生活》,载《文史资料选辑》第 47 辑,文史资料出版社 1964 年版,第 13 页。

③ 朱德裳:《三十年闻见录》,岳麓书社 1985 年版,第 106—107 页。

汽车,还曾给府中每位仆役都买了一辆英国原产的自行车。① 在这种只出不进的情况下,钟氏兄弟最后将祖上遗留产业完全挥霍殆尽。这之中,不仅包括或卖或押的各种房产,甚至荒唐地演出了一幕"移灵"的闹剧,借以刨开祖先坟地而将陪葬品卖掉。可笑的是,祖坟所在地的县政府也想分上一杯羹,因为双方未能达成一致而导致兄弟俩被判刑 7 年。② 甚至还有一些前清贵族官僚窘迫到了卖儿鬻女的程度。根据《民国日报》报道,在南池子住着一位旗人名叫梦元,他在前清时曾任奉恩将军。民国建立后,梦元因为生计所迫,家中值钱物件基本都被典当。在生计难以维持之际,梦元只能将 17 岁的女儿卖与他人为妾,卖女之钱又受到了中间人朱三的各种克扣,最后梦元所真正拿到的不过 170元左右。梦元之女离家时,"全家人抱头痛哭",周围邻居也"多为落泪"③。

### 三、普通旗人生活愈加窘迫

关于清朝末年普通旗人的生活状况,时人多有记载留世。吴趼人根据自身生活经历创作的小说《清末二十年目睹之怪现状》就曾经对底层旗人生活穷困而又极好面子的现实做过辛辣的讽刺:有一天,一位旗人到茶馆喝茶,不过他冲泡的是自己带去的茶叶。当他把自己带去的茶叶冲泡开后,茶馆跑堂质疑旗人的茶叶太少,而旗人却冷哼一声,说自己的茶叶是从法国人那里买来的上好龙井茶,冲泡上三四片就足够了。其实,旗人的茶叶不过是最为普通的香片茶,而且因为茶叶太少,冲泡后的茶水连一丝黄色都没有,更不要说本该有的红色。如果说茶叶还好的话,那接下来关于这位旗人吃烧饼上芝麻的描述就更是令人捧腹:

> 后来又看见他在腰里掏出两个京钱买了一个烧饼,在那里撕着
> 吃,细细咀嚼,像很有味的光景。吃了一个多时辰,方才吃完,忽然又

---

① 蒋芸莘、隋鸿跃:《爱新觉罗氏的后裔们》,上海人民出版社 1997 年版,第 255 页。
② 蒋芸莘、隋鸿跃:《爱新觉罗氏的后裔们》,上海人民出版社 1997 年版,第 255—256 页。
③ 《民国日报》1922 年 8 月 24 日。

伸出一个指头儿蘸些唾沫,在桌子上写字,蘸一口,写一笔。高升(注:小说的主人公)心中很以为奇,暗想这个人何以用功到如此。细细留心去看他写什么字,原来他哪里是写字,只因他吃烧饼时,虽然吃的十分小心,那饼上的芝麻总不免有些掉在桌上,他要是拿手扫来吃了,恐怕叫人家看见不好看,失了架子,所以在那里假装着写字蘸来吃。看他写了半天字,桌子上的芝麻一颗也没有了。他又忽然在那里出神,像想什么似的。想了一会儿,忽然又像醒悟过来似的,把桌子狠狠的一拍,又蘸了唾沫去写字。你道为什么呢?原来他吃烧饼的时候,有两颗芝麻掉在桌子缝里,任凭他怎样蘸唾沫写字,总写它不到嘴里,所以他故意做成忘记的样子,又故意做成忽然醒悟的样子,把桌子一拍,那芝麻自然震了出来,他再做成写字的样子,自然就到了嘴了。①

原来,这位旗人不仅喝的茶叶如此小气,就连吃烧饼时掉落下来的一颗颗小芝麻也要用口水蘸起来吃了,而为了避免别人嘲笑他,却还要装出一副假装写字的样子。可以说,作者吴趼人对这样一个可笑可叹又可悲的旗人形象的塑造,虽然不免有些文学上的夸张之处,但确实道出了清朝末年普通旗人生活状况的贫苦不堪。

1900 年,侵入北京城的十一国侵略者对北京进行了大肆的劫掠,而皇太后和皇帝的出逃所伴随的还有八旗薪俸的中断,因此留在北京的普通旗人的生活更是雪上加霜,很多家庭只能把还能换钱的物件进行变卖。1901 年,八旗人丁终于可以领取粮饷,但由于当时物价走高②,很多旗人依旧生活艰难,

---

① 吴趼人:《清末二十年目睹之怪现状》,大众文艺出版社 1999 年版,第 23 页。
② 根据学者的调查统计,1900 年八国联军迫近京师,粮价陡涨,其后虽有波动,由于 1903 年粮食歉收,1905 年、1906 年江南水灾蔓延,1911 年辛亥革命爆发等原因,此间粮价持续保持在高位,以白面和老米为例,每百斤每年平均价格分别保持在 4.88—6.77 元和 4.27—7.33 元之间。参见甘博、孟天培著,李景汉译:《二十五年来北京之物价工资及生活程度(1900—1924)》,北京大学出版部印行。

难以为继。在这种情况下,畿辅地区 70%—80% 的旗地被卖与民人,而"尚在旗人手内交租者,大抵十无二三"①。

辛亥革命发生以后,普通旗人的命运更是迎来了翻天覆地的变化。虽然此时京畿地区的旗饷仍在发放,但是数额日减,对于旗人维持家庭生活而言杯水车薪。② 其实,民国政府在成立之初就规定,在未能妥筹八旗人丁生计之前,依旧如前清那样向他们发放粮饷。但在实际操作中,民国初年的北洋政府财力紧张,实在不能如其所言那样真正妥善解决旗人的生计问题。对此,时任直隶省巡按使朱家宝就曾明确地指出:各地旗人生活难以为继,虽然民国政府成立之初就开始筹划旗人的生计问题,但却迟迟不见真正实施,其原因就在于八旗人丁不仅数量甚巨而且散居全国各地,如果都等着民国政府替他们谋划生计问题,这是非常不现实的。③ 同时,从清末既有的"排满风潮"到民国建立后愈演愈烈,社会上对旗人的歧视屡见不鲜,这也导致旗人在寻求就业时困难异常。譬如,一位旗人的父亲曾任过开封知府,但在家道没落后,他开始以行医为生。民国成立后,他在当地申请行医执照被拒,而原因就是他的旗人身份。为求生计,他只能向逊清内务府申请放弃满姓瓜尔佳氏,并更名李承荫,才申请到了行医执照。④ 这一现象在当时普遍存在,使得绝大多数旗人开始隐晦自己的真正身份。李景汉先生在当时的社会调查中就发现:如果想要询问这家人是否是旗人,一定要在提问之前,先说些过渡性的话语再不唐突地引导到这个问题上;如果没有铺垫突然就问的话,有些旗人家庭就不会承认自己

---

① 甘厚慈:《北洋公牍类纂》卷 14,天津古籍出版社 2013 年版,第 25 页。

② 京旗的俸米只发放了两年,而饷银虽坚持发放到 1924 年,但是数量逐年减少。袁世凯在位时,旗兵饷银的发放标准大致还和宣统年间差不多。袁世凯去世后,饷银的发放就开始有了拖欠的现象,到 1919 年以后,旗兵一般只在三大节(正月、五月、八月)领些钱,饷银成了变相的救济费。到了最后,甚至只能领几十个甚至十几个铜元而已,1924 年最后一次发放饷银时,一个月饷三两的马甲,只领到了 50 个铜元。参见常书红:《辛亥革命前后的满族研究——以满汉关系为中心》,社会科学文献出版社 2011 年版,第 139 页。

③ 《关于筹划直隶沧县旗民生计有关文书》,中国第二历史档案馆藏档案,1001-1846。

④ 赵书:《北京城区满族生活琐记》,北京出版社 1997 年版,第 55 页。

的真正身份。① 伴随着这种现象而生的,还有很多旗人的改籍更姓。今天当我们查阅当年的民国《政府公报》时,可以看到耐人寻味的《铨叙局汇编直隶等省旗员入籍加姓表》。通过这些,我们可以看到当时生活在北京的很多旗人不仅改了汉姓,如关、刘、傅、李、佟、马等,而且将籍贯也进行了更改,而这样做的目的就是隐蔽自己家庭曾经的旗人身份。甚至在一些需要写联系地址的时侯,他们往往会回避写"营"这个容易暴露身份的字眼而改用其他。②

民国时期旗人生活艰辛,不仅很多男性在街头拉车、女性成为女佣,甚至一些旗人家庭的女子为了最基本的生存沦为妓女。据时人回忆,北平城里的 7000 多名妓女中的大部分来自旗人家庭。③ 不仅如此,旗人妇女在街头拉车的报道也屡见于当时的各大报刊。如《晨报》就刊登过这么一条报道:

> 话说前天午后九时许,有一张某由德胜桥坐车到后鼓楼院,走至三座桥前,车夫喘吁吁的蹒跚难前,张某因有要事,催其速行,车夫说:"要快呀,您另雇一辆车罢"。说着呜呜咽咽的痛哭起来,张某一听好像是女子的声音,仔细一看,果然是一个半老妇人,头上用旧布包着。张某见了这种情形,着实惊讶,忙问她的来历,妇人答道:"我姓阿,我在旗,家在旧鼓楼大街,今年四十五岁,我丈夫正月病故,我有两个儿子,大的叫寿全,在外当兵,一年多没有给家来信,还不定这贼小子是塞了炮眼,或是遭了枪排啊,哼! 先生,一头里我只靠着我二儿海全拉车,挣几个大钱,吃点窝窝头杂活面。谁知现时什么都贵了,饷钱又领不到手,又赶上我二儿病了半个多月,还下不得炕,您瞧

---

① 李景汉:《北平郊外之乡村家庭》,商务印书馆 1929 年版,第 5 页。

② 北京政协文史资料委员会:《辛亥革命后的北京满族》,北京出版社 2002 年版,第 513 页。刘小萌在《清代北京旗人社会》一书中就辛亥革命后的北京旗人冠姓改籍情况进行了专节论述,本部分写作对此进行了参考。

③ 定宜庄:《最后的记忆——十六位旗人妇女的口述历史》,中国广播电视出版社 1999 年版,第 15 页。

这活该不活该呢。我没有法子,只好拿命去拼罢,白天没做点活,晚上赁车来拉,挣一个两个大钱儿,买点吃食,富余的给我儿子买药。唉!这都是我没法子才来现眼,让先生笑话啊"。张某听了这番伤心话,十分难过,觉得在车上坐着不安,连忙跳下车来,给了铜元五十枚,妇人含泪收下,深深道谢而去。①

这位旗人妇女的遭遇令人同情,但即便这样,绝大部分旗人家庭的生计仍旧难以为继。1916 年以后,民初政府允诺的粮饷不能按时发放,很多旗人家庭维持不了生计,有的在将仅有的衣服都典当换取食物后只能以报纸遮住身体,有的全家一起投河自尽,还有一些家庭将所住房屋贱卖而几家人挤在一起最后因疫病致死。② 查阅当时北京发行的报刊,可以看到很多诸如此类的报道。如在蓝甸厂外一带,曾经在 15 天之内就有 5 户旗人家庭全家一起投河自尽的,此外还有十几位旗人或是独自一人投河自尽或是上吊自杀或是服毒自杀。在西直门外一带,有一位已经 60 多岁的旗人名叫玉昌。在拿不到粮饷、全家生计难以维持之际,不得已将 3 个女儿先后卖出用以换取生活之资。玉昌家苟活在一间透风漏雨的房子内,只有每天早晨能喝一顿粥,下午就要到外面讨饭。后玉昌因生病,在家中上吊自尽,而当天晚上他的小女儿也投河自尽。③

总之,通过探讨清末民初旗人的社会地位和生活状况,可以发现,除了前清皇室和极少数善于经营的显贵官僚,绝大多数旗人的生活都陷于困境。因此,对于这些生计无着而又求告无门的旗人而言,如果名下还有旗地,那么将其典卖无疑将成为纾解困境的一条主要途径。但此时的旗地,现实情况又怎么样呢?

---

① 《晨报》1921 年 6 月 10 日。
② 《香山慈幼院院长熊希龄以京师旗民困苦请令各部罢免官产地租有关文件》,中国第二历史档案馆藏档案,1001-4451。
③ 《晨报》1916 年 10 月 22 日。

## 第二节　民国初年的京直地区旗地乱象

有清一代,清朝统治者通过旗民分治的二元结构,将以满人为主体的旗人置于八旗制度统治之下,将以汉人为主体的民人置于各州县管理之下。其中,旗人是清政府的立国之本,是政府恩养的特殊群体。辛亥革命后,作为曾经特权阶层的旗人,此时不但政治特权全失、社会地位下降,经济生活也日益困窘,很多旗人家庭都以卖出旗地作为生计来源。陈伯庄在平汉沿线调查农村经济情况时就明确指出,旗人日益破败,只能以折卖旗地为生。[①] 而想要卖出旗地,旗人又必须通过旗地地亩册、佃户花名册以及实际经管旗地的庄头的协助。但是因为年代久远,旗地地亩册的留存又纷繁复杂,因此民国初年的旗地情况非常杂乱。

一、从旗地的所有者旗人方面来看:(1)皇庄,一直是由内务府来进行专门管理,因此无论是地亩册还是佃户册都保存的比较完善。今天在中国第一历史档案馆所藏的《清代谱牒档案》中我们依旧可以看到保存的较为完整的皇庄地亩册、佃户册。(2)王庄,由于各王公贵族在管理旗地方面并不经心,因此很多实际经管旗地的庄头蓄意隐匿旗地地册来追求个人利益。于是到了民国初年,很多王庄都被隐匿。此外,由于大多数前清宗室并不善于经营之道,也为府中下人肆意蒙混侵占提供了机会。如庆亲王载振的破落,除了其本身的肆意消费外,还有府中管家等人的蒙骗。载振在生活日蹙后,曾让家中管事将祖遗旗地地租凭照及其他动产尽数典押,管事在此间则大肆侵吞,成为幕后的债主和产权人[②]。(3)一般旗地,这类旗地的地亩册、佃户册都由各旗的都统衙门进行管理,但龙票是由旗人地主掌管。清逊民建之后,很多旗人因为生计艰难只能卖出旗地;而各旗都统出于私利而与庄头串通,故意将地亩册和

①　陈伯庄:《平汉沿线农村经济调查》附录一,中华书局1936年版,第6页。
②　朱德裳:《三十年闻见录》,岳麓书社1985年版,第106—107页。

佃户册破坏弄乱。此外，在清代，一般旗地由于旗人地主的病故及无子绝户等原因便被作为退出地亩。在这部分地亩中，除将一部分贫瘠之地或作为被圈民人的拨补地或由清廷招徕民人种植升科为民地或直接拨还民人之外，其余地亩便都由清政府设为八旗公有并命名为"公产"。因此到了民国年间，由于在旗地之上再无统一管理，因此由病故、绝户等原因产生的无主旗地，就会沦为由实际经管庄头私吞，也有一些是被租种的佃户视作自己的土地。

二、从旗地的实际经管者庄头①方面来看：有清一代，王庄、一般旗地乃至皇庄的管理都需要依靠旗地的实际经管人——庄头。特别是一般旗地，首先通过庄头来收取旗租，收齐后缴纳至各旗的都统衙门，然后再由各旗都统衙门转发下去。因此，在旗地的实际经管过程中，庄头是具有非常重要的作用的。清逊民建之后，很多庄头都利用自己家族世代经管旗地的便利，通过各种方式来追求经济利益。在这个过程中，庄头们就会将旗地情况故意紊乱，就导致了旗地乱象更加严重。如有的庄头在旗人的不断催促下，先是尽力欺瞒，不得已才会交给他们部分旗地租金；有的庄头随着政局变换，便将收取的旗地地租全部占有，而对旗人地主避而不见；有的庄头知道旗人地主已经将租照丢失，甚至狡辩称旗地已经被长典与己。②

甚至如肃亲王善耆这样的前清显贵也遇到了这样的情况。1914 年 12 月 15 日，善耆向京师警察厅控诉称，肃亲王府在大城县王家口这一带拥有 1 万 1 千 9 百余亩旗地，一直是由庄头牛长贵负责具体的经管事宜。前清时代，庄头牛长贵都是每年按时向王府上缴旗地租金，从来没有过拖欠等情况。但在清

---

①　庄头，中国封建社会地主阶级所设田庄的管理人。清代之庄头最早出现于皇庄之中。皇庄建立之初，从庄上的劳动壮丁中金拨出庄头，与壮丁的地位相同，都是奴仆。庄头的任务仅是管辖壮丁、催收银谷，汇总上缴。随着时间的推移，庄头在催收和上缴之间得到一定量的庄上的生产物，逐渐积累了财富，从一无所有的管庄奴仆变成了拥有相当财富的管庄人。清中叶旗地普遍实行租佃制后，庄头的职能发生变化，他们除仍然役使少数壮丁外，还有管理土地出租、催租、收租和转送各租主等权利，成了名副其实的二地主。

②　萧铮主编：《民国二十年代中国大陆土地问题资料》，台湾成文出版社、美国中文资料中心合作 1977 年版，第 39676 页。

逊民建的交接之时,京畿地区的社会秩序是比较混乱的,因此肃王府无暇顾及收取旗地租金的问题,而庄头牛长贵也是未再按时到肃王府中主动上缴旗地租金。1913年秋天京畿一带局势稳定之后,善耆曾派人去找庄头牛长贵收取租金,而牛长贵却一味推三阻四。后来经过肃王府多次派人前去交涉,牛长贵才于1914年底来到肃王府,但是牛长贵此来非但没有缴清拖欠的旗地租金,甚至还声称老肃王早就将这1万多亩旗地长典给他家,并据此称此次前来就是为了办理土地的交割手续。善耆一方面痛斥庄头牛长贵为"心肝丧尽无法无天之徒",一方面引用《清室优待条件》,希望京师警察厅能够严惩庄头牛长贵。① 由此便可想见,庄头对于善耆这样的人物都敢蒙混甚至侵占其旗地,那么当他们面对更加弱势的其他旗人时又会是怎样的情形。

三、从旗地的耕种者佃户方面来看:清朝统治结束后,很多承种旗地的佃户认为自己所佃种土地是在清朝初年的圈地运动中被暴力圈走的,为求生计,这些土地的原业主只能承种本来属于自己的地亩而为佃户,因此他们认为这些土地的所有权本来就应该属于自己;对于那些不是原佃的承佃者(这类佃户一般被称为"现佃"),他们也认为自己所承担的推让受让价格,与一般土地的价格相当,因此也都将他们所拥有的旗地佃种权视作产权,即认为自己也拥有这些土地的所有权。于是,当民国成立后庄头再如从前一般去收取租金时,很多佃户都拒绝缴纳,甚至发生了一些极端的案例。如1914年12月7日,正蓝旗的一位庄头费简侯到直隶满城县冯村找旗地佃户们收取租金,当地佃户黄云龙则纠集二百多佃户前往费简侯住的客栈,声称他们都是原佃,因此他们所耕种的旗地所有权都是由其祖先留下来的,值此清廷覆灭之际就应该收回产权。在庄头费简侯与这些佃户进行交涉的过程中,费简侯被佃户一拥而上、

---

① 萧铮主编:《民国二十年代中国大陆土地问题资料》,台湾成文出版社、美国中文资料中心合作1977年版,第39677页。

乱棍打死。① 同时，一些佃户还到当地政府，谎称旗地为荒地、升科为民地，在缴纳相关费用后领取地照；而绝大部分的地方政府为了增加财政收入，根本不会详细询问情况而滥发执照。

此外，清朝末年，八项旗租地所在各县之官吏对于代征之旗租并不严查，致使民国初年各县清查地亩册时往往无从评核或数不相对。如满城县之旗租地据《保定府志》记载，"旗产地十四顷四十一亩八分六厘，征银六十二两三钱八厘，存退地九十顷零六十五亩二分七厘三毫，庄窝地四亩五分，征银九百六十三两零三分四厘；庄头地七顷二十二亩零三厘，征银五十九两三钱五分六厘；另案地一百十六顷二十四亩零三厘一毫，地基五分，征银一千七百五十二两二钱零二厘；三次地十八顷五十一亩二分一厘，征银二百七十四两五钱一分；四次地二百十八顷九十一亩一分五厘一毫；庄园地一顷三十五亩四分五厘，征银三千七百八十六两九钱二分八厘；奴典地二百二十五顷二十八亩七分，庄园地四十二亩五分，征银三千六百三十三两七千二分五厘；公产地六十八顷四十三亩三分六厘九毫，庄窝地三亩一分五厘，征银七百九十五两一钱九分五厘四毫，以上等项共地七百六十一顷五十三亩七分二厘四毫，共银一万一千三百二十七两二钱五分八厘四毫……"但是，根据1913年满城县知事徐德源的调查，满城县的旗圈地和旗租地的租银为"一万零四百四十三两八钱七分七厘四毫"，与之前《保定府志》所记载的数目并不相符，而且只有旗租数目并无地亩数目。徐德源由此怀疑前清时的《保定府志》所记载的数量并不准确，原因就在于各级官吏并不做确切调查，而只是"因循敷衍，沿讹袭谬"②。民国初年的旗地乱象，由此可见一斑。

---

① 萧铮主编：《民国二十年代中国大陆土地问题资料》，台湾成文出版社、美国中文资料中心合作1977年版，第39678页。

② 陈宝生修，陈昌源纂：《满城县志略》卷六，台湾成文出版社1969年版，据民国二十年铅印本影印，第181页。

# 第三节  围绕旗地的各种声音

清逊民建这一剧变之下,旗人的历史命运发生了翻天覆地的变化,作为他们曾经最为倚靠的经济来源——旗地之上也正在酝酿着一场即将发生的深刻变革的序曲。究竟此时的旗地会最终走向怎样的命运,决定其命运的因素又有哪些?

## 一、《清室优待条件》与当权者的心态

1911 年 10 月 10 日,辛亥革命爆发。这场革命虽因"排满"而起,但却是一场流血不多的奇怪革命。而这种"奇怪"性,就为后来的历史走向埋下了种种怪的因子。

辛亥革命爆发后,袁世凯在清廷的三请之下回到政坛,在他所率领的北洋军占领汉口之后,北方和南方陷入胶着状态,并开启了南北和谈。首先,清军方面,尽管在袁世凯的督战下占领了汉口,但袁世凯在给清廷的电报中,一再强调他对军费日绌和兵力不足的担忧。其次,南方的革命党方面,其军费和武器装备其实更逊于清军。当时两军交战正值隆冬,很多南方革命党的士兵却领不到棉衣,只能以单衣御寒,即使有少数幸运的,也不过是在单衣外面罩了一件空心"一口钟"[①]。再次,清廷内部停战议和的呼声日盛。如立宪党人张謇就曾致书劝诫江宁将军铁良审时度势,释干戈而全民命。同时,以袁树勋和岑春煊为代表的一些封疆大吏也表达出速定共和政体、以免生灵涂炭的期望。如袁树勋称,"皇太后皇上既以公天下为心,保全民命为重,应请明降谕旨,早定共和政体,上法唐虞,特界袁世凯以全权,与军民代表组合相当政府"[②]。最

---

① 冯耿光:《荫昌督师南下与南北议和》,载《辛亥革命回忆录》(五),文史资料出版社 1963 年版,第 365—366 页。

② 参见桑兵:《辛亥南北议和与国民会议》,《史学月刊》2015 年第 4 期。

后,清廷虽舍不得放弃政权,期望能够苟延残喘,但在内外各种压力之下,隆裕太后还是最终同意在较为优渥的清室优待条件下可以退位,并于1912年2月12日正式宣布退位。

其实,清廷能够和平逊位,实现较为理想的政权转换方式,建立共和国家,并由袁世凯出任总统,这一系列举措不但同时顾及了各方利益,也减轻了政权变换将会导致的社会动荡,并在一定程度上防止了帝国主义列强的干涉。出于对清廷的回报,清室优待条件自然会得以实现。在各方反复探讨之后,最终签订了《清室优待条件》,具体包括《关于大清皇帝辞位之后优待之条件》《关于清皇族待遇之条件》和《关于满蒙回藏各族待遇之条件》。其中《关于大清皇帝辞位之后优待之条件》第一条就规定清帝逊位之后,"尊号仍存不废",而且中华民国政府会以"待各外国君主之礼相待"。第二条也很重要,就是经费问题,民国政府承诺每年为逊清皇室提供费用四百万两,并将在改铸新币后改为四百万元。① 在其他条款中,对于侍卫和以前宫内所用各项执事人员可照常留用,但不能再招新的太监;对于逊清的宗庙陵寝则永远奉祀,民国政府将会按照具体情况予以维护;对于仍未完工的光绪帝陵寝则按照旧制继续建设,民国政府将支付所有费用;对于原有的禁卫军,将划入民国政府陆军部,额数及俸饷都不改变。并特别指出:民国政府会保护逊清皇室的私产。同时,《关于清皇族待遇之条件》和《关于满蒙回藏各族待遇之条件》也都表明会保护他们的私有财产。

公允地说,清廷的和平逊位举动以及民国政府的《清室优待条件》都是有着积极意义的。但是,原前清内部的一些皇室贵胄却并不甘于此,他们甚至组成了宗社党,明确地以所谓"挽救宗社"为自己的政治目标。早在1912年1月12日,面对愈演愈烈的革命之势,皇室中的青年成员溥伟、载涛、载泽、铁良、良弼和毓朗等人就秘密聚集商讨,7天之后更是以"君主立宪维持会"的名义发布宣言,强烈要求隆裕太后坚持君主政权,夺回袁世凯的内阁总理大权,

---

① 《清实录》(第60册),中华书局1987年版,第1295页。

并与南方革命军死战到底。对此,袁世凯也没有坐以待毙,他通过汪精卫联系同盟会在北京、天津的分会去暗杀宗社党的核心人物。1月26日,良弼被同盟会的彭家珍炸死。这一事件震慑了宗社党的一干人等。但在清廷逊位之后,宗社党的主要成员依然活跃于大连、旅顺、长春、天津、青岛等地。以宗社党为核心,复辟活动接连上演,比如著名的"济南复辟"(1913年)、"丙辰复辟"(1916年)、"丁巳复辟"(1917年)①等。从历史的长河来看,宗社党的复辟活动不仅对当时的北洋政府造成了一定的威胁,而且也是违背历史潮流的。但是,综观北洋政府对于前清皇室贵族成员复辟活动的态度,却以迁就为主流。譬如在袁世凯执政时期,《清室优待条件》就赫然出现于1914年公布的《中华民国约法》中。虽然《清室优待条件》并未列于正文而是属于附则,但也起到了延续其合法性的目的。具体内容为:"中华民国元年二月十二日所宣布之大清皇帝辞位之后优待条件、清皇族待遇条件、满蒙回藏各族待遇条件,永不变更其效力。其与待遇条件有关系之蒙古待遇条件,仍继续保有其效力;非依法律,不得变更之。"②后在复辟帝制之时,袁世凯再次向逊清皇室做出保证将延续《清室优待条件》,虽然他不久就死于复辟的反对浪潮之中,但其继任者徐世昌、冯国璋、张作霖等人出于各种原因也对将《清室优待条件》入宪之事做出了努力。如冯国璋在总统任内就曾对《清室优待条件》入宪的事情这样说道:

> 民国成立后,惟优待条件为有史以来无上之光荣,允宜昭示来兹,传诸万世。现当制宪大法瞬告厥成,若将优待条件加以十分保障,实为全国人民心理所同。……共和肇造六年于兹,遗老不无故主之思,顽民尚有揭竿之举。所赖以杜祸萌者,惟此优待条件。中华民

---

① 溥仪回忆说:"复辟——用紫禁城里的话说,也叫做'恢复祖业',用遗老和旧臣们的话说,这是'光复故物','还政于清'——这种活动并不始于尽人皆知的'丁巳事件',也并不终于民国十三年被揭发过的'甲子阴谋'。可以说从颁布退位诏起到'满洲帝国'成立为止,没有一天停止过。'溥仪:《我的前半生》(上),群众出版社1983年版,第84—85页。

② 张耀曾:《中华民国宪法史料》,载沈云龙主编:《近代中国史料丛刊》续编,台湾文海出版社1978年版,第10页。

国日臻巩固,即清皇室常保其安富尊荣,而足以保障此条件者,莫如宪法。民国三年新约法见有不变效力之条,况属无疆之宪法,不独以答清皇室之请求,亦即以杜倡言复辟者之反侧,此按诸治安之大计,亦应以宪法为之保障者也。或谓优待条件系条约性质,不宜载于对内之宪法,岂不知国际条约各有土地人民,我之优待条件并无两国形式之对待,且此项条件为民国宪法从出之来源,加以保障,期条件之效力益彰,宪法之价值益重,全国人心于以大定,所谓质诸天地而不悖,质诸鬼神而无疑者也。①

虽然袁世凯、徐世昌、冯国璋等人都对此事做出了不小的努力,但是《清室优待条件》最终并未入宪。究其原因,前已述之的以宗社党为核心的各种复辟活动首当其冲。经过革命的冲刷和民国的洗礼,当时的国人对于帝制已不买账,而1917年的张勋复辟则将末代皇帝溥仪亦卷入其中,使人们对帝制复辟由担心变为现实。因此,在《清室优待条件》的入宪问题上,虽然有人支持,但反对者更多。

清帝逊位避免了更大规模的杀戮。杨天石曾高度评价这次逊位为一次胜利迅速、代价很小的人道主义的革命。② 但是,为什么袁世凯、徐世昌、冯国璋等人面对宗社党等复辟帝制的种种危险时还会如此力保逊清皇室呢? 究其原因,就在于"在某种程度上,退位的清室成了袁世凯、冯国璋、段祺瑞等北洋政府当权者维持旧有的大地主大资产阶级阵营的图腾和旗帜",而"清室优待条件的保存意味着封建专制的延续"③。也就是说,逊清皇室既有赖于北洋政府前期的当权者们,而这些人也希望通过逊清皇室的存在为自己的统治寻求正当性。

---

① 《冯国璋请参议院将清室优待条件制入约法函稿》,中国第一历史档案馆藏档案,《清醇亲王府档案》清二。

② 杨天石:《帝制的终结:简明辛亥革命史》,岳麓书社2011年版,第370页。

③ 郭呈才:《试析"丁巳复辟"破产后清室优待条件未遭废除的原因》,《近代中国社会、政治与思潮》,天津人民出版社2000年版,第184页。

由此可见,北洋政府前期的当权者们出于维持自身利益的考虑,一力保护《清室优待条件》的执行,这也就为旗地在民国时期的延续创造了基本前提。

## 二、民众的呼声

随着国体的变更,当时的民众对于社会改革的期望值很高。武昌起义爆发后,在直隶与东北地区,"拒绝交纳旗租、要求收回旗地"的佃户运动已经日益高涨。到了1912年随着清帝退位,租种旗地的佃户们进一步提出既然大清皇帝已经退位了,那么庄头也应该被取消,同时旗地也应像普通土地一样征收钱粮等口号。譬如在直隶省永清县,县议、参两会就在各村庄发布公告,倡议各佃户不交旗租。

为此,逊清内务府多次向时任总统袁世凯申请保护皇庄收租。于是,袁世凯于1913年12月8日下令各地政府严格履行《清室优待条件》并镇压佃户抗租运动,其声称:

> 共和肇造,薄海同麻。回溯改革之初,实由大清孝定景皇后,应天顺人,始臻天下大公之盛。凡属皇族懿亲,自应上体仁慈,优加待遇。本大总统前次颁布优待皇室条件曾申明,清皇族私产,一体保护,自应遵照办理。兹据清礼亲王世铎等呈称,奉天临时省议会,轻徇新民县乡议事会议员,现充辅国公奎瑛府壮丁于景赢等之请,擅将各王公府所属壮丁人地差银,议准一体取消,并组织公民保产会,将应缴各银,抗不交纳。恳请迅赐保护各等情。披阅之余,殊堪骇诧。查大清王公勋戚授田之法,除其赋税,免其差徭,盖以优赉王公,与承种其地之该壮丁等毫无关涉。该壮丁等于各王公府缴纳此项银两,均有历年征收册籍可凭,何得以国体变更意存侵蚀。似此任意违抗,殊失孝定景皇后与民休息之心,益乖本大总统一视同仁之旨。著奉天民政长,将该省议会议决案行知取消,一面饬知地方官谕令各王公府所属各壮丁等,仍照旧缴纳,毋任借词延抗。并著各省民政长饬各

属,嗣后,凡清皇族私产,应遵照前颁优待条件,一体认真保护。并严
行晓谕各处壮丁人等,照旧缴纳丁粮。务期同奠新基,各安旧业,本
大总统有厚望焉。此令。①

可见,袁世凯执政时期的民国政府对于旗地的收租是采取了保护态度的。
同时,这也反映出佃户拒绝缴纳旗租的运动在当时社会影响颇大,以致需要大
总统袁世凯亲自过问。

按照袁世凯要求,直隶都督、顺天府尹命令各州县保护庄头收租。不仅如
此,清代由州县代征的雍和宫香灯地租以及革退庄头地租,民国政府也下令
"今后要继续代征"②。据1912年11月6日《民立报》称:直隶都督冯国璋奉
袁世凯之意,命各州县严厉征收旗租,以致有"恶役四出、十室九空"的情况。
而且,由于"直隶遭严重水灾,有食物尚无,无论如何亦无力纳旗租",因此"被
系狱者多"。③

对此,直隶省旗地所在各县民众发动了反击。应永清县第四乡的要求,县
议事会、参事会于1912年的农历十月在天津召开直隶联合会,上书省议会,要
求暂时延期缴纳旗租,或将旗租改为国家粮赋。其后《北京日报》报道了永清
县议事会、参事会的主张,各州县议事会也上书省议会,要求"取消旗地,暂缓
交租"④。而当时教育界名流马千里认为京畿一带旗地佃户反抗缴租并不彻
底,于是更是联合大兴、宛平、通县、涿县、永清、武清、天津等七县旗地佃户成
立七县收回产权联合会,向政府呈递请愿书。其声称:

---

① 《袁世凯关于严格履行皇室优待条件取缔抗租之命令》,中国第一历史档案馆藏档案,
26-476-802。叶志如:《辛亥革命后原清皇室土地占有关系的变化》,《历史档案》1983年第
2期。
② 《溥仪内务府会计司为原皇庄佃户仍旧交租之晓谕》,《直督皇室庄粮地亩仍照旧代为
催征》,中国第一历史档案馆藏档案,26-476-802。叶志如:《辛亥革命后原清皇室土地占有关系
的变化》,《历史档案》1983年第2期。
③ 《民立报》1912年11月6日。
④ 《溥仪内务府为所属庄头请拟保佃收租章程事行总统府函稿》,中国第一历史档案馆藏
档案,26-476-802。叶志如:《辛亥革命后原清皇室土地占有关系的变化》,《历史档案》1983年
第2期。

民国光复,新政开始,首重黎庶。民等籍隶近畿,鼎惠自可先承。惟以近来,废清内务府及王公都统等,仍遣催庄头等勒索地租,急如星火,声势凶悍,无异往昔。窃以此项地亩,原系民等先人私产。满军入关之际,圈占据为己有,空言另赐拨补,毫无余润可蒙。后为抚绥民心计,乃准原业主尽先佃种,实非旗人私产也。史册俱载,昭昭可见!际兹革鼎之时,理宜归还汉民。伏乞明令恩准纳粮升科,按年呈缴田赋,既合真理,又增国课。哀哀上恳,待解倒悬……①

就在同年,大兴县也发生了租种旗地佃户拒绝缴纳旗租的事情,大兴县自治会对此予以支持,而县长对这一情况则采取了容忍的态度。②

由此就可以想象,皇庄的收租尚且如此,王公庄田及一般旗地就更是在收租时困难重重。据1912年12月4日《顺天时报》报道,当年逊清各王公贵族连租金的一半都收不上来,并指出很多地方的庄头和租种旗地的佃户暗中串通,提出清廷既然已经逊位,那么他们管理或租种的土地便不应该被称为旗地,而与普通田地无异,因此抗不交租,由此使得各类诉讼案件也是屡见不鲜。

由此可见,民国肇建后,由直隶省佃户和部分庄头发起的"不纳旗租、收回旗地"运动,得到了地方议会、自治团体、知识分子以及报界的同情与支持,一场要求收回旗地地权的运动正在直隶省逐步蔓延开来。

## 三、外蒙古的声音

清逊民建之际,各省纷纷要求独立,民国政府无力实现真正的全国统一,而中国边疆地区的西藏、新疆、外蒙古等地区都发生了危机。这些对北洋政府初期的统治带来了很大的威胁。

---

① 萧铮主编:《民国二十年代中国大陆土地问题资料》,台湾成文出版社、美国中文资料中心合作1977年版,第39680页。

② 《溥仪内务府为庄头星控旗人恃党、占差地事咨顺天府文》,中国第一历史档案馆藏档案,26-476-802。叶志如:《辛亥革命后原清皇室土地占有关系的变化》,《历史档案》1983年第2期。

1912 年 11 月 30 日,外蒙古活佛博克多哲布尊丹巴呼图克图在沙俄的支持下正式宣布建立大蒙古国,公然走上了分裂道路。[1]

为了挫败外蒙古的分裂阴谋,袁世凯于 1912 年 8 月 19 日公布《蒙古待遇条件》,宣布保持蒙古原有的政治体制和俸饷待遇。但是,外蒙古方面则以民国政府并未遵守其对逊清皇室的优待条件为由,拒绝取消"独立"[2]。在这样的情势下,袁世凯政府更是不得不竭力维护旗地体制特别是保护皇庄、王庄,以减少其执政时期来自外部的压力。

## 四、地方政府的心声

民国初年,中央财政状况艰窘异常。据当时《东方杂志》的报道,1912 年北洋政府的财政收入非常混乱,从 9 月到 12 月,中央政府的总收入不过 2719 万余元,但是总支出却多达 7009 万余元,使得亏空之数达到了 4290 万元。对此,时任财政总长的周学熙提出,中央政府的收入和支出之间有这么大的差距,而想要改变这种情况,只能增加税收、发行公债以及拍卖官产。[3] 由此可见,当时的北洋政府将增加税收、发行公债和拍卖官产视为其改善财政困境的重要途径。因此,围绕着中央政府所在地的京兆、直隶地区的旗圈地亩的整理,以及其以官产名义从前清继承而来的八项旗租地的清丈,自然就纳入到他们首先考虑的范围里。

但是,民国初年中央政府与地方政府关系的微妙,却直接影响着中央政府这一纾解财政困境的重要途径。如直隶各州县的八项旗租地,历来都是由地

---

[1]　外蒙古方面声称:"今内地各省,既皆相继独立,脱离满洲。我蒙古为保护土地、宗教起见,亦应宣布独立,以期万全。现已由四盟公推本哲布尊丹巴呼图克图为大蒙古独立国大皇帝,不日即当御极库伦地方。"也就是说,外蒙古方面认为他们曾与汉人一起臣服于清朝,因此二者之间是对等关系。现在清朝政权既然已经被推翻,那么曾经一同臣服于清朝的汉与蒙就应该互认为主权国家。陈崇祖:《外蒙近世史》,台湾文海出版社 1965 年版,第 11 页。

[2]　《申报》1912 年 10 月 8 日。

[3]　贾士毅:《民国财政史》正编上册,台湾商务印书馆 1962 年版,第 136 页。

方代征、然后呈缴清内务府和户部。而在辛亥革命前后混乱的形势下,本应解送内务府和户部的款项,已部分归入县库,有些甚至还被随意使用。再如1914年,逊清内务府就曾抱怨退出庄头地的旗租被所在各县长期占用,并没有向其解送,而且近年来本应由各县代为征收的旗租,"有未能实力催征者,有征存未解者,甚至有各该县征起挪用者,以致累年积欠过巨,殊与本府正款有亏"①。由此就可推测,既要将从旗地获得的经济利益交至中央而自己不得好处,又要直接承受由于征收旗租而导致的本地民众各种反抗,地方当局自然会对八项旗租地的处分及旗圈地的整理十分消极。

综上可见,围绕旗地问题,各种利害关系错综复杂。如何制定有效的旗地政策、借以增加中央财政收入,不啻成为一个令新政权极为头痛的难题。

---

① 《直督皇室庄粮地亩仍照旧代为催征》,中国第一历史档案馆藏档案,26-476-802。叶志如:《辛亥革命后原清皇室土地占有关系的变化》,《历史档案》1983年第2期。

# 第三章　北洋时期京直旗地政策的制定与施行

　　1912年1月1日,孙中山在南京就任临时大总统。1月28日,临时参议院成立,临时政府初具规模,新型的民主共和政权——南京临时政府成立。4月1日,袁世凯任命的内阁总理唐绍仪到南京办理交接,孙中山即日解职。4月29日,临时参议院在北京举行开院礼,由此标志南京临时政府时期的结束。由于南京临时政府时期只有短短3个月,此间全国政局未定,形势未稳,所以新政府只出台了包括《临时约法》在内的少量法律法规,其中并未涉及旗人财产问题。从南京临时政府结束即1912年4月到1916年6月,是袁世凯统治时期。这段时间内,大量法律法规出台,其中有关旗地问题被逐步纳入考量范围,相关政策陆续出台。袁世凯死后,北洋军阀的直系、皖系、奉系先后主政京直地区,而对于旗地的处理政策也在原有政策基础上不断更迭。那么,在北洋政府这样一个城头不断变幻大王旗的时代,京直地区旗地的走向到底如何?这是本章所要解决的关键问题。

## 第一节　北洋初年京直旗地的遗存状况

　　在京直地区,历经自清中叶之后的种种变迁,到了清民转换之际这里依然留存着数目为16万顷之巨的旗地,即当时该地区15%的土地仍为旗地性质。

在这些旗地的构成中,皇室庄田因为有着内务府较为严格且统一的管理,所以没有大的数量起伏,但王室庄田则较之清朝初年有了明显的增加。因为旗地存留的实际场所是各县、村,所以可通过分别考察县级、村级的旗地存留状况来看京直地区旗地在北洋初年的总体情况。

## 一、县级遗存情况

从民国初年京直地区的各县来看,旗地的遗存状况颇有差异。在内务府庄田和王公庄田占较大比重的顺天府(1914 年 10 月以后为京兆区),旗地的遗存状况会好一些。这一点,通过对顺天府的密云县、良乡县和保定府的满城县进行比较即可看出。

表 3-1　北洋初年京直地区部分县份旗地、黑地与民地情况表

| 府县名 | | 地目 | 数量 | (C+D)/A |
|---|---|---|---|---|
| 顺天府 | 密云县 | A 明代民粮地 | 2733 顷 74 亩余 | 84.5% |
| | | B 民国二年(1913 年)县内民粮地 | 422 顷 74 亩余 | |
| | | C 旗租地 | 744 顷 | |
| | | D＝A−B−C(旗圈地、黑地) | 1566 顷 69 亩 | |
| | 良乡县 | A 明代民粮地 | 2918 顷 24 亩余 | 83% |
| | | B 光绪十五年(1889 年)前后县内民粮地 | 497 顷 26 亩余 | |
| | | C 旗租地 | 466 顷 58 亩余 | |
| | | D＝A−B−C(旗圈地、黑地) | 1954 顷 40 亩 | |
| 保定府 | 满城县 | A 明代民粮地 | 2290 顷 43 亩余 | 58.2% |
| | | B 民国二年(1913 年)民粮地 | 958 顷 39 亩余 | |
| | | C 旗租地 | 880 顷 72 亩余 | |
| | | D＝A−B−C(旗圈地、黑地) | 451 顷 32 亩 | |

资料来源:1914 年《密云县志》卷四之二田赋考,1924 年《良乡县志》卷三赋役志,1931 年《满城县志略》卷六县政田赋,台湾成文出版社《中国方志丛书》。参见王立群:《民国时期河北旗地变革研究(1912—1934)》,博士学位论文,首都师范大学历史系,2009 年,第 32—33 页。

从表 3-1 可以看出,满城县的旗地遗存比例虽不及密云县和良乡县大,但也占到了该县土地总量的一半以上。由此可见,旗地在民国初年京直地区各县所占比例之重。但是,仅仅把民国初年的民地与旗地圈定以前的民地进行比较,还不能为我们提供民国初年旗地的真实情况。譬如,在顺义县,明代原额民地为 2486 顷 88 亩余,清初该地被圈占投充的土地为 2407 顷 81 亩,民地只剩余 79 顷 7 亩。[①] 此后经过开垦荒地和拨补,又经历清朝末年的升科改粮,民国初年顺义县有民粮地 1932 顷 23 亩,八项旗租地 963 顷 96 亩余。[②] 由此看来,民国初年的民地已基本恢复到明代民地的水平。但是根据 1941 年顺义县当局所述,"全县共有土地 6500 顷,将来土地调查完竣,估计还会增加 1300 顷,计 7800 顷",可见顺义县旗地和黑地(民间隐匿不向国家缴纳粮赋的土地)数量的庞大。[③]

## 二、村级遗存情况

村庄一级,是旗地存留的具体场所。通过对旗地在这一层级的考察,将有助于理解北洋政府时期旗地地权变动对当时华北乡村以及政治利益纷争的影响。

以顺义县沙井村为例。该村距离顺义县城约 2 公里,光绪年间该村共有田地 11 顷,其中旗地占据一半以上,数量为 6—7 顷。[④] 到了辛亥革命前后,该村旗地残留情况具体如图 3-1。

通过该图可以看出,辛亥革命前后该村包括内务府庄田、八旗官员庄田和一般八旗兵丁旗地在内的各种旗地总量所占比重基本与光绪年间无异。根据

---

①　重印康熙《顺义县志》第二部,北京市顺义区人民政府办公室 2000 年印,第 42 页。

②　杨得馨:民国《顺义县志》,北京图书馆出版社 1998 年版,第 104、107—108 页。

③　《河北省顺义县地方三十年度岁入概算书》,中国农村惯行调查会编:《中国农村惯行调查》第 2 卷,日本岩波书店 1952—1958 年版,第 487 页。

④　《河北省顺义县地方三十年度岁入概算书》,中国农村惯行调查会编:《中国农村惯行调查》第 2 卷,日本岩波书店 1952—1958 年版,第 487 页。

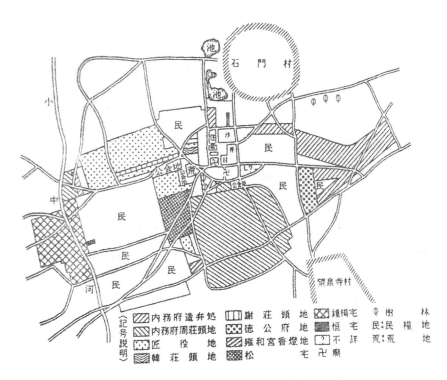

石 門 村

小

中

河

民

民

民

民

民

民

民

民

民

公会地

公会地

荒

龙泉寺村

（记号说明）

| | 内务府造弁处 | | 谢庄头地 | | 钟杨宅 | φ | 树 林 |
|---|---|---|---|---|---|---|---|---|
| | 内务府周庄头地 | | 德公府地 | | 恒宅 | 民 | 民粮地 |
| | 匠役地 | | 雍和宫香灯地 | | 不详 | 荒 | 荒地 |
| | 韩庄头地 | | 松 | | 宅卍庙 | | |

**图 3-1 辛亥革命前后顺义县沙井村旗地分布状况**

资料来源:中国农村惯行调查会编:《中国农村惯行调查》第 1 卷,日本岩波书店 1952—1958 年版,第 498 页。

沙井村的村民杜祥称,该村旗地面积占据最多的内务府周庄头地(图 3-1 也可以反映出这个情况),每亩的租佃费是 1 吊。内务府造办处的租佃费是 2 钱,匠役地的租佃费是 500 钱(银 1 钱),钟杨宅的租佃费是 1—1 吊 200。另一方面,普通民粮地的田赋银 2 分,民粮地的租佃费 6 吊。[①] 由此看来,民国初年的旗租是普通民粮地田赋的 5 倍乃至 10 倍,是普通民地租佃费的十分之一到五分之一。而旗地、民地负担的不同也就影响到了买卖的价格。因为旗

---

① 中国农村惯行调查会编:《中国农村惯行调查》第 2 卷,日本岩波书店 1952—1958 年版,第 450—452 页。两与吊的比价不是确定的:良乡县民国初年银 1 两 = 2 元,1 元 = 2 吊(《中国农村惯行调查》第 5 卷,第 618 页);沙井村民国十三年(1924 年)以前 1 两 = 6 吊(《中国农村惯行调查》第 2 卷,第 131、516 页)。

地的租佃费更低，所以清末民初时旗地佃户之间"过""退"等的买卖相当盛行。在沙井村，租种旗地的佃户包括自耕农、自耕兼佃农，也有地主和富农。譬如该村的杜荣，清朝末年时不但是村内外散在的内务府地和匠役地的佃户，同时他自己也拥有普通民粮地，而且数量达到了7顷之多。其中，在本村之外的耕地由佃户耕种，本村之内的耕地则雇佣村民耕种。再如内务府造办处的催头李汉源，既是匠役地和周庄头地的佃户，他本人又同时拥有普通民粮地，而且数量在光绪年间也达到了2顷左右。① 此外，杜家和李家代代都是会首，李汉源还担任过沙井村的村长。由此看来，这些旗地的部分催头、佃户作为会首、村长，一方面代表了中央和地方政府在村落一级统治的末端，一方面也作为村民的代表，在清末民初构成了自治机构的底层。这种状况，特别是在顺天府，并不少见。

在良乡县，1644年清廷定主中原后，就将这里的优越土地圈占殆尽，由此完全撤去了该县的普通民粮。自清代中期以后，当地百姓陆续开垦了一些荒地，报上升科，再加上清朝末年的几次旗民交产，才使得该县在清末民初时有1000顷左右的民粮地。② 不过，良乡县虽在清末时期恢复了部分民田，但旗地仍占据该县土地的大部分，如该县吴店村中70%的土地就为旗地。如果追溯到前清光绪年间的话，该村的土地则根本没有民地的存在而只有旗地。在吴店村，除了皇室庄田和八项旗租地亩，数量巨大的恭亲王、仪亲王等王公庄田的存在是这里的一个显著特征。皇室庄田的租额为1钱5分，王室庄田的租额大概每亩为500文，旗租地的租额为每亩银1—2钱。旗租的缴纳形式一般为货币，但如果有转租的存在，地租问题就会比较复杂。根据满铁的调查，实际耕种旗地者在清代时是以货币形式向原佃户缴纳租金，到了民国时期则改

---

① ［日］二宫一郎：《〈中国农村惯行调查〉所见旗地的"催头"》，《中国史研究》1984年第8期。转引自［日］小岛淑男：《近代中国的经济与社会》，日本汲古书院1993年版，第151页。

② 周志中修：民国《良乡县志》卷三，台湾成文出版社1968年版，据民国十三年铅字重印本影印，第6页。

为缴纳实物。此外,清朝末年,该村以货币形式缴纳旗地地租时,为数不多的民地也是以相同形式缴纳地租,而且数目相同。由此可以大致推断,当某地的旗地数量占土地数量大部时,旗地租金的缴纳形式和数量会对普通民地的交租方式产生巨大影响。①

## 第二节　北洋时期京直旗地政策的制定

鉴于旗地在北洋时期京直地区各县、村的大量遗留情况,历届北洋政府都对其极为重视。他们从满足自身的不同需求出发,开始对旗地进行了程度不等的清理、丈放。由此而产生的各种旗地政策,开始逐步主宰旗地在北洋年间的最终走向。

### 一、袁世凯统治时期

掌控中国政局后,袁世凯多次下令要保护逊清皇室、王公贵族及一般旗人的私产,"凡八旗人民私有财产,统应按照待遇条件,仍为该本人所保有;其公有财产,应由地方官及公正士绅清查经理"。② 但是对于曾经作为清代八旗公产的旗租地亩,袁世凯政府完全继承并开始将其拍卖。因此这一时期的旗地政策,主要包括八项旗租地的清丈并升科为普通民地和旗圈地的清理工作。

#### (一) 八项旗租地处分的开始

清逊民建后,为了解决散落于全国各地的驻防八旗的生计问题,清理作为前清公产的八项旗租地亩就成为当务之急。清理办法就是按照各地旗人的数量来分配这些旗租地亩。如在沧县,这里驻扎着两黄、两白四旗兵甲及其家人

---

① 中国农村惯行调查会编:《中国农村惯行调查》第 3 卷,日本岩波书店 1952—1958 年版,第 377、378、473—481 页。

② 《改府公报》1912 年 6 月 4 日。

还有 3000 余之众。鉴于生计困难,他们向该县知事李良瑛请求把分布在沧县的原八项旗租地亩分给这里的在旗人口,用以耕种来维持生计问题。① 1914年 12 月初,沧县知事将该地旗人的意见转呈给直隶巡按使朱家宝。就在同月底,朱家宝提出"筹划沧县驻防生计请留公产以资养赡办法",也就是基本同意了沧州驻防八旗人等提出的分配旗租地亩来维持生计的方法。很快,北洋政府的相关部门也同意朱家宝提出的办法。从 1915 年初到 1916 年 8 月,直隶省的相关部门具体操作实施这一方案,使得沧州的驻防兵甲及其家人陆续分到了土地。② 这一通过当地原有八旗公产——八项旗租地亩改善旗民生计的办法,在其他地方也有推行。如在张家口,为了改善当地旗人的生计,由当地旗人共同推选出了旗绅,在当地八项旗租地亩的基础上创设了官田处。1915 年 7 月,官田处更名为八旗生计会,用以筹措当地旗人的生计。可以看到,民国初年为了解决旗人的生计问题,原先作为公产的八项旗租地在一些地方被有效地利用起来。但这样的案例并不具有普遍性。

　　连年战争中,北洋政府财政十分拮据。将旗地进行整理并逐步拍卖,对北洋政府来说无疑是其解决经费难题的一个重要办法。这一点恰如北洋政府财政部在下令各地方政府调查清楚旗地确切数量时所指出的,"随时估价出售,人民既得恒产,国家亦籍增收入"。③ 而对于旗地清理丈放的突破口,就是八项旗租地。因为这类地亩属于前清公产,随着政权转换,袁世凯政权将其无偿接收,以"奇货居之"④,然后开始清理八项旗租地亩的地册,以便各地能够比较有序地开展清丈升科工作。⑤ 因此,除了少部分被用于筹划旗民生计外,绝

---

①　《关于筹划直隶沧县旗民生计有关文件》,中国第二历史档案馆藏档案,1001-1846。

②　《关于筹划直隶沧县旗民生计有关文件》,中国第二历史档案馆藏档案,1001-1846。

③　中国第二历史档案馆编:《中华民国档案资料汇编》第三辑财政(二),江苏古籍出版社1991 年版,第 1607 页。

④　胡国宾编:《直省旗租案文汇编》上卷,首都图书馆藏,民国十四年铅印本,第 1 页。

⑤　萧铮主编:《民国二十年代中国大陆土地问题资料》,台湾成文出版社、美国中文资料中心合作 1977 年版,第 39799 页。

大多数八项旗租地亩在政权更迭之后的归宿,就是民国政府对其的清理和丈放。

袁世凯统治时期对旗租地的清理处分初步取得成效,是在 1913 年 7 月的二次革命期间。在这之前的唐绍仪内阁时期,共和党人熊希龄为财政总长,中国同盟会宋教仁为农林总长。宋教仁曾计划于内外蒙古开垦并制定蒙汉交产法,但是这些计划由于受到蒙古王公的激烈反对而遭受挫折。至于官产处分,也仅仅是有了构想而无头绪。① 此后的陆征祥、赵秉钧内阁的财政总长周学熙曾经试图以外债来推进财政整理和经济建设,结果由此获得的经费却成了镇压二次革命的军费。

1913 年 7 月,出任段祺瑞内阁财政总长的梁士诒制定《清查官有财产章程》,并设立了专门的清理官产总处。这一部门隶属于财政部,职责是负责全国的官产清查事务。同时,也相应在各省区设立官产处,具体负责本地事务。这一时期急于在各地进行官产处分的行为,包含了中央政府担心在二次革命中各省官产被反袁世凯势力控制的忧虑。

此后,熊希龄内阁②希冀通过增加税收和清丈升科八项旗租地亩来扭转羁縻的财政问题。1913 年 11 月,熊希龄内阁制定了《管理官产规则》。在这个规则中,对官产的类型进行了划分,并由此第一次提出了不同的处理办法。同时,对于不同类型的官产,也分别指定了相应的经管机构,并允许由这些经管机构和各地的自治团体共同来处理当地的官产。可以看出,这一时期的制度设置中包含了分权的趋势。

但是,袁世凯在 1914 年初当上正式大总统后先是废止了国会,2 月又解散了地方议会和自治团体。这样,他就完全否定了议会制民主体制,而使熊希龄、梁启超(时任司法总长)被迫辞职。1914 年 5 月 1 日,袁世凯又进一步公

---

① 《农商法令表解》,载陈旭麓主编:《宋教仁集》(下),中华书局 1981 年版,第 402—403 页。

② 熊希龄还同时兼任财政总长。

布新约法,废止了国务院、设置政事堂①,加强了中央集权的专制统治。

1914 年 7 月,袁世凯政府颁布《官产处分条例》。这份由时任财政总长周自齐制定的章程,完全放弃了熊希龄时代的可由地方自治团体共同管理的趋向,而是改由北洋政府完全掌控全国的官产处分问题。根据这一新的政策,不论是出售土地还是出租土地都要通过竞标的形式,在所出价格相同的情况下则是原租种佃户享有优先留置权。关于旗租地亩的处理政策,因为是通过竞标方式出售,所以对于那些租种旗地的原佃户而言,即使他们竞标成功,且旗租地亩的交易价格低于当时的普通民地,但却要一次性缴纳留置价款,这对那些佃户而言是压力很大的。但如果不参加竞购自己家庭一直耕种的这些八项旗租地亩,又会失去赖以生活的经济来源,因此这一政策是遭到了广大耕种旗地佃户的反对的。②

## (二) 旗圈地处分的开始

1914 年 7 月,第一次世界大战爆发,使得中国面临的国际形势急剧变化。此时的袁世凯政权已经不能期待获得以英国为首的欧洲诸国的财政援助。而第一次世界大战中俄国的参战,则使得外蒙古和东北的压力减弱,这对于袁世凯来说无疑是减少了一份后顾之忧。但与此同时,日本又出兵山东,接收德国在山东的权益,并且加强了对满蒙的野心。

此时,通过政治上的各方面集权而更加有底气的袁世凯,也同时希望增加对全国经济的掌控能力。就在同年底,袁世凯更加急促地推进在全国厘清田赋的步伐。③ 但是由于自晚清至民国初年的多年战乱,前清的田赋鱼鳞册多

---

① 政事堂名义上是最高行政中枢,而其实际地位不过是总统办公厅性质。在政事堂内部,除国务卿外,还设有左、右丞各一,其地位与国务卿相差无几,以便相互制约,对袁世凯不会构成威胁。

② 参见王立群:《民国时期河北旗地政策述略》,《满学论丛》2011 年第一辑。

③ 《顺天时报》1914 年 2 月 11 日。

已散失。于是,虽然政府急于征收田赋,但由于并未全面掌握地册等基本资料,所以很难真正开始这一工作。民国建立之后,很多有识之士都主张迅即开展全国土地的清理工作。但由于这是一项非常复杂庞博的工作,再加之民国初年政局的混乱,所以各地也只能通过一些较为简单的方式进行细微的调整,以期能够快速提升政府的相关收入。如浙江省先从"清厘户粮、整理旧册入手",即只是对现行的实际征收情况进行登记并整理,而并不是全面铺开真正的土地丈量工作。

1914 年 2 月,北洋政府经界局成立,全国土地清丈工作陆续展开。首先作为试点的就是京兆区,在这里,清丈工作是从大兴县和宛平县开始的。① 根据该区相关部门制定的《清查地亩投报章程》,旗地被分成三种类型:原有圈地、恩赏地和自行契买土地。章程规定,耕种旗地的佃户在上报当地政府土地情况时需要同时上呈相关契册,然后上缴注册费大洋 3 分、部照费大洋 5 角,最后就可拿到相应的管业执照。除了对其中的旗租地亩规定需留置然后升科为普通民地之外,对其他的皇室庄田、王公庄田和"自行契买"的土地,则没有硬性要求留置升科问题。② 在这一时期政策的施行过程中,一方面由于经界局办公费用紧张且各地方政府并不积极配合,一方面由于京直地区的相关各县不断发生反抗清厘土地的运动,因此当时的北洋政府不得不在 1916 年 5 月颁发命令暂停京兆区的这一清丈工作,对于那些已经奉令需要进行清丈工作的省份,也就此暂停办理。③

那么,对于北洋政府清理旗地的举措,当时的旗人又抱着怎样的心态呢?

如第二章中所述,民国初年不仅普通旗人就连很多王公都统都生活困窘。时人关旭升就在其所著《癸丑兵刃始末记》中记述,其父在赴河南履职之前先到北京办理相关手续,而他也跟随其父到达北京,暂时借住于友人家中。因为

---

① 《顺天时报》1914 年 1 月 14 日。
② 《大公报》1915 年 3 月 2 日。
③ 《东方杂志》1916 年 5 月 24 日。

关旭升比较顽皮,所以关父还雇用了一位将近 60 岁的老汉照顾他。但是这位被雇佣的老汉,行为做事十分倨傲。关父非常生气,在斥责这老汉时才知道他原来是前清的一位正红旗佐领。据这位老汉自己说,之前他生活优渥而从不会攒钱。民国建立后,由于负责经管其旗地租金的庄头隐匿不见,使得他拿不到旗地租金。而在两个月前,其家又因兵变遭抢劫,他的妻子还因受惊吓而死去。不得已之下,他只能通过帮佣来挣取生活之资。关旭升父亲听后颇为同情,于是赠给他银洋十元,并嘱其另谋生计。①

这又是一段关于民国初年旗人生活艰窘异常的小侧写。正是在这种生计艰难、无以为继的情况下,京兆、直隶地区的广大旗人纷纷向政府请愿,希望能够效仿前清末年时准许旗人和民人交易旗地的先例,而且可以由政府出面负责此事,为了表达感谢之意可以将出售旗地的一部分欠款交给国家。1913 年7 月,居住在口北道的旗人搏邵华和明安泰向当地政府提出希望将祖上遗留下来的圈地由政府来估价卖出,后经当地官员请示北洋中央政府后获准实行。此后,直隶省财政厅便制定了《旗圈售租办法》。根据这一政策,旗圈地的售租原则是由耕种旗地的原佃户具有优先留置权。如果原佃户声请留置却又不交纳地价或者原佃户无钱留置,可由其他人声请留置;如果原佃户因留置事宜发生纠纷,由所在地方政府禀报内务部共同办理。旗圈地在留置之后,便可升科为普通民粮地。② 在直隶各地具体执行过程中,又增加了一些细微的规定,如对于原佃户无力留置旗地的情况,则在有新业主后仍由原佃户承种,且新业主不得无故增租夺佃。③ 不过,在直隶省财政厅的《旗圈售租办法》施行之后,关于旗地留置的各类纠纷不断发生。

直隶省清苑县人胡国宾于 1925 年写成了《直省旗租案文汇编》。他在开篇中就指出旗圈地亩的留置政策导致直隶十多个县份的农民都深受其害,由

---

① 参见王立群:《民国时期河北旗地政策述略》,《满学论丛》2011 年第一辑。
② 《财政厅饬发旗圈售租章程》,河北省档案馆藏档案,656-1-399。
③ 胡国宾编:《直省旗租案文汇编》上卷,首都图书馆藏,民国十四年铅印本,第 21 页。

此也紊乱了地方社会的秩序,而他所在的清苑县和高阳县等的农民更是为此不断在北京、天津等地进行请愿和抗议。同时,胡国宾也对他亦参与其中并为当事者书写诉状之事直言不讳。①

在胡国宾的《直省旗租案文汇编》中,他也记述了一些直隶地方主政官员与直隶各地民众就此事互动的情况。如在滦县,因旗圈地众多,民间抗议留置的活动此起彼伏。时任直隶巡按使朱家宝于1915年到该县巡视时,民众便抓住机会公推各界代表向朱家宝呈诉反对旗地留置的意见和原因。朱家宝在听取之后再结合亲身调查,就旗地与旗人、耕种旗地佃户之间的关系写成一文并上呈给总统袁世凯。在此文中,朱家宝首先追述了旗地问题在前清的缘起:

> 直省各县当前清开国之初圈占民田,开除粮额,分给八旗勋戚官员兵丁承种,将远处无主庄田拨补原业。惟旗人在京当差,所圈之地仍交民人佃种,纳租旗人,只许收租,不许撤地,地虽易主,佃户仍旧,不准无故增租夺佃,故俗称一地二养。定例旗人承领圈地,不准典卖,嗣改典卖不出本旗,旋改八旗互相典卖。此项价买圈地别谓之曰契置地。又定例旗民不准交产。咸丰二年,户部奏准旗人将老圈契置地卖与民人者,由民人再至州县报名税契升科,作为永业,比照四围邻地科则折中议赋,名曰旗产钱粮,此为圈地契置地之沿革,暨历来旗民交产之大概情形也。②

接着,朱家宝对旗地之于佃户和旗人的意义及已经出台的旗地政策进行了评价:

> 自国体改革以来,旗人着感收田租颇行困难,于是有撤地变卖之议。其在原佃以佃种圈地非系远祖遗留,即系过推而来。业已过地价,何堪再令留买,而在旗人则以食采既久,视同世产,优待条件许为保护,故援旗民交产旧章将地售卖,亦无不合,双方互有主张,讼端遂

---

① 参见王立群:《民国时期河北旗地政策述略》,《满学论丛》2011年第一辑。

② 胡国宾编:《直省旗租案文汇编》上卷,首都图书馆藏,民国十四年铅印本,第2页。

以滋起。溯查旗圈性质,原系民产,与祖遗产业迥异。民地被圈以后,地主变为佃种,纳租而不纳粮,是移国家之粮赋拨予旗人食租,略如前代食邑之例,故前清定例不准无故增租夺佃,一地二养具有深意。若亦照民地之价买与原佃或原佃无力承买招人另售,固非事理之平。然以旗人生计日迫者较多,收租困难,若不少予通融,准其卖租,亦非体恤之道。是以民国二年七月间,前民政长刘若曾任内准口北宣抚使兹据明安泰等以祖遗圈地请由官勘丈估价出售一案,即经酌定旗圈售租办法,凡圈地售租先尽原佃商买,如原佃无力承受或延不交价,得另售他人。原佃无理争执,得由地方官处理等情咨陈内务部查照,并通行各属一体试办在案。家宝接任以来,覆查原定旗圈售租,视租之多寡定价之轻重,旋以各属旗地租价参差按租定价,往往因议价不决,动成讼端,且佃户不少贫乏,其一次缴出现租十倍之代价,力实不逮……察知前拟办法推行尚未能尽利,自不得不设法变通,以剂其平。①

从这段呈文中可以看出,朱家宝意识到旗地虽为前清以特权圈占,但此时却不能剥夺旗人的旗地所有权,因为它事关旗人的生计;同时他也意识到旗地虽与耕种旗地的佃户有着各种头绪的关联,但也不能令佃户无偿收回旗地以免旗人生计无着,而是需要制定一个合理的价格以使原佃获得土地。

于是,朱家宝在之前《旗圈售租办法》的基础上新订了《直省旗圈售租章程》。可以说,这一章程基本确定了北洋时期京兆、直隶地区旗圈地变革的基本原则。在旗圈地亩的留置价格方面,规定:如果出售地块有民间习惯的租金定额,则以年租金价格的 10 倍为留置价格;如果因各类情况没有租金定额的话,则按土地质量分为上、中、下三个等级,上等地亩为 10 元每亩,中等地亩为 8 元每亩,下等地亩为 6 元每亩;如果遇到前两项都不适用的情况,则由相关

①　胡国宾编:《直省旗租案文汇编》上卷,首都图书馆藏,民国十四年铅印本,第 2 页。

地方政府派员酌情办理。对于留置人员的资格,规定:耕种旗地的原佃户具有优先留置权,如果原佃户声请留置却又不交纳地价或者原佃户无钱留置,可由其他人声请留置;对于原佃户无力留置旗地的情况,则在有新业主后仍由原佃户承种;如果新业主想自种其地,则需付给原佃户推地原本。可以看出,朱家宝在 1913 年《旗圈售租办法》的基础上,更加照顾了原耕种旗地佃户的利益。同时,朱家宝也针对旗圈地亩的复杂性,制定了一些更为细致的规定。譬如,对于老圈契置旗地,朱家宝也能很清晰地指出这类地亩是旗人自己买的,不需套用前述 10 倍年租金的留置办法,只需按照普通民地买卖办法然后升科为普通民地即可。也就是说,并不是所有的旗圈地亩都适用于《直省旗圈售租章程》。

同年 11 月,北洋政府颁发了一项非常重要的旗地政策——《整理京兆所属租籽地章程》,也就是从中央层面对《直省旗圈售租章程》的原则进行了推广。这一政策指出,除了前清内务府庄田,所有旗地必须通过各类形式升科为普通民地。如果旗人地主不想进行升科,可以按 10 倍年租金的价格卖给耕种旗地的佃户,然后由佃户完成升科;如果耕种旗地的佃户也不想出钱购买并升科的话,则由地方政府出面组织竞拍,由出价高者留置并升科,这样旗人地主既可获得地价维持生计,佃户也可以得到竞拍多余金额,而政府则从旗人地主所获地价中收取 20% 作为报酬。值得注意的是,增租夺佃在旗地的租佃过程中向来是被禁止的,但按照这一新的章程,如果是竞拍由第三方留置升科,那么他即使不自种,也可以不再将土地租给原耕种佃户。这样,如果原佃户还想租种这块土地,就有可能要接受新业主的增加租金的要求。

在这一政策的具体实施过程中,也间接波及前清内务府庄田。如大兴县清查官产处在 1915 年底清理南苑地区旗地时就规定,耕种佃户拿出来呈验的票必须与内务府的图册以及租票在内容上完全一致,否则就不会认可其土地为前清的皇室庄田。

通过这些旗地以各种方式升科为民地的办法以及在各地强有力的推行,

袁世凯政府从 1915 年开始开辟了一项颇为丰厚的财政来源。①

### （三）旗地政策的受挫

1915 年 12 月 12 日，袁世凯公开宣布复辟帝制，并计划于 1916 年元旦登基为洪宪皇帝。袁世凯的这一逆历史潮流的举动，遭到了全国人民的反对。孙中山领导的中华革命党，此时就站出来发动人们反对袁世凯的复辟帝制。蔡锷则由北京潜回云南，与唐继尧等人于 12 月 25 日宣布云南独立，组织护国军，发动护国战争。同时，段祺瑞、冯国璋等袁世凯曾经的得力干将也反对袁世凯称帝，使得北洋军阀内部出现了分裂。正是在这种内外皆反对的情况下，袁世凯只做了 83 天的皇帝，就在 1916 年 3 月 22 日被迫宣布取消帝制。伴随此时政治局势的动荡，京兆、直隶地区的土地清理工作也暂行停止。相应的，旗圈地和旗租地的售租留置工作也中断了。②

## 二、袁世凯之后的北京政府时期

从袁世凯去世到张作霖军政府统治时期，中央政权更迭频繁，中国实际逐渐进入一个军阀混战的时代。

### （一）1916 年 6 月——1924 年 10 月

袁世凯政权垮台后，共和再建之路依然坎坷，以 1917 年张勋解散国会、复辟帝制为转折点，孙中山在广东成立军政府，其后南北对峙、军阀割据长期延续。在这一时期，北京政府的财政非常艰难。为了应对这一局面，环绕政治中心的京兆、直隶地区的被中断的旗地售租留置工作，就被段祺瑞时期的北京政

---

① 周学熙晚年在其《周止庵先生自叙年谱》对这段历史回忆道："中央之威信已著，各省解款已达规定之额，关税盐税已集权中央，国库得以余裕，以此每年可有约二千万两用于民间兴利之事业。"周学熙：《周止庵先生自叙年谱》，甘肃文化出版社 1997 年版，第 49—50 页。

② 《东方杂志》1916 年 5 月 24 日。

府重新考虑起来。

### 1. 旗租地亩

作为前清公产的旗租地亩,因为少了旗人地主这一因素,处置起来会简便很多,所以此时北洋政府的工作依旧是从旗租地亩的售租留置开始,并很快颁布了《京兆清查官产处处分八项旗租简章》。这一清理政策的原则有三:首先是留佃,在留佃不成的情况下则为增租和卖租。具体来说,留佃之意与《整理京兆所属租籽地章程》主要原则相同,就是由租种旗租地亩的原佃户出年租金的 10 倍来留置旗地;如果租种旗租地亩的原佃不在 1917 年下忙开始办理时声请留置,就对他们按原租金加倍的数额收取租银,是为增租(但如果这些佃户能够在 1917 年底前声请留置,则可把增租的数额抵在留置数额中);如果租种旗租地亩的原佃在 1917 年下忙开始办理时声请不愿意留置而且也无力增加租金,就由该管地方政府调查清楚后招其他人来留置并升科为普通民粮地,而且允许新业主与原佃户协商增加租金。

很明显,对于耕种旗租地的佃户来说,这一政策较之《京兆清查官产处处分八项旗租简章》更为严苛,自然也就遭到了广大佃户们的强烈反对。与此同时,八项旗租地的清理留置也遭到了地方自治团体的强烈反对。如直隶省议员王吉言等从八项旗租地亩在清代产生的特殊性对这一留置政策提出了质疑。王吉言指出,八项旗租地亩本来就是老百姓的土地,因为前清初年的圈地、投充等恶政而辗转成为前清公产,使得本来的土地主人变成了租种的佃户。后来即使佃户们自行推租,也是付出了相当代价的。对此,前清在收取租额之后,基本也是放任不管的。而且有清一代,都规定旗地是不可以增租夺佃的。民国成立,本应将土地还与民众,却声称其为官产,进行标卖,是为滥政,应该取消。

就在此间,天灾也汹涌而来。1917 年 9 月以后,直隶、京兆地区暴雨不断,境内多条河流冲垮堤坝,形成水灾。[①] 根据《申报》1917 年 10 月 10 日的

---

① 李文海等:《近代中国灾荒纪年》,湖南教育出版社 1990 年版,第 864 页。

报道,石家庄地区因洪水灾害就在二日之内倒塌了 1 万余间房屋,各类损失难以统计,相关灾民多达 1400 余户,将近占到石家庄居民总户数的 80%。根据《申报》1917 年 10 月 18 日的报道,天津下辖的 7 个县份及附近的东光等县完全被洪水所淹,并称"如此巨灾,数百年所未见"。负责京直地区水灾善后料理的熊希龄就根据京兆、直隶地区的各类统计指出,除了还未接到上报情况的长垣、抚宁和大名三县,1917 年的水灾涉及了京直地区的 100 多个县份,有17646 个村庄被淹,而相关灾民更是多达 5611757 人。①

这种情况下,北洋政府不得不考虑来自广大租种旗地佃户的声音和具体情况,否则这一政策是根本推行不下去的。② 为了应对危局,北洋政府宣布于1918 年开始适当降低留置旗租地亩的价格,改为佃户们可以以年租金价格的6.5 倍进行留置。即便如此,京兆区清丈留置八项旗租地亩的工作进展依然十分之缓慢。③

虽然北洋政府也想把京兆区的旗租地亩留置政策施行于直隶省,但却未能成功。溯其原因,一是直隶佃农们听说京兆区实行的政策后便坚决反对,二是直隶省议会本就认为直隶省的旗租地亩留置政策应该由本省根据具体情况来制定,因此对中央政府的政策也采取了抵制态度。很快,直隶省议会就自行制定了《顺直处分八项旗租简章》④。这一政策共有 16 条,其主要精神为:留置价格为年租金的 5 倍,按照实际情况以原旗租的每银一两对应为银洋二元,留置钱款需一次性缴清。一旦将钱款付清,当年就可升科为普通民地,并发给执照。这样,留置价格就比京兆区的留置价格低了一半。不仅如此,耕种旗地的佃户一旦付清留置价款并升科后,以前的欠租也就一并取消。在增租方面,也只是规定,如果原佃户不能按照各地官产处的最后期限缴清价款,则增加原

---

① 《申报》1918 年 2 月 5 日。
② 胡国宾编:《直省旗租案文汇编》上卷,首都图书馆藏,民国十四年铅印本,第 9 页。
③ 胡国宾编:《直省旗租案文汇编》上卷,首都图书馆藏,民国十四年铅印本,第 13 页。
④ 胡国宾编:《直省旗租案文汇编》上卷,首都图书馆藏,民国十四年铅印本,第 20 页。

租金的十分之一,来防止一些佃户的观望和拖延;如果原佃户是在增加租金后才声请留置地亩,那就需要按照增租后的年租额的 5 倍来进行留置。可以看出,这一政策既减轻了广大佃农的留置负担,同时也有效杜绝或是惩罚一些投机取巧的举动。

直隶省议会将《顺直处分八项旗租简章》上呈给北洋政府财政部,希望能以这样一个新政策推行于各地,尤其是与直隶相邻的京兆区。对此,北洋政府财政部坚决拒绝,并提出八项旗租地亩的整理工作是事关政府财政收入的重要事情,地方政府无权过问,直隶省应按照京兆区的办法开展工作。面对财政部的强力回击,直隶省议会依然主张为本省民众争取权利,但在压力之下还是做出了一些让步。直隶省议会发文称,既然已经有超过一半的京兆区旗租地亩按照老办法留置,现在也不能再重新来过,因此京兆区只能是按照老办法执行。但对于直隶省而言,由于旗租地亩的留置升科工作还未开始,为了稍减民困,可以在直隶省推行新的政策。①

**2. 旗圈地的清丈处分**

袁世凯死后,北洋政府表面上的统一亦不存在,军阀混战,滥收捐税。从1916—1917 年起,开始收取地产捐②,其中每亩旗地需缴纳铜元 2 枚。③ 如此捐税,再加之第一次世界大战末期中国物价的迅速上涨,使得那些本就生计日艰、基本靠收取旗地租金过活的广大旗人,更是举步维艰。因此,很多旗人迫切地希望能够早日卖出自己的旗地,用以维持生活。

在这种情况下,北洋政府顺势而为,于1920 年 6 月 15 日分别成立了直隶省旗产官产清理处和京兆区旗产官产清理处,并颁行了相应的《直隶省旗产官产清理处处分满清王公八旗圈地章则》和《京兆区旗产官产清理处处分满

① 胡国宾编:《直省旗租案文汇编》上卷,首都图书馆藏,民国十四年铅印本,第20—22 页。
② 这是民国年间最早的按县增加田赋。
③ 中国农村惯行调查会编:《中国农村惯行调查》第5 卷,日本岩波书店 1952—1958 年版,第617 页。

清王公八旗圈地章则》。

从这两个文件的名字可以看出,内务府庄田也就是皇室庄田并不由直隶省旗产官产清理处和京兆区旗产官产清理处负责,而是仍由紫禁城内的前清内务府自行售租留置。对于那些位于北京周边的旗地,前清内务府是直接经管的,对于京直地区的其他县份则由内务府派专人前去经管。至于清理的总原则,依然是尽先保证耕种旗地的原佃户或租住旗房的原承租者具有优先权,如果他们并不声请留置的话,则还是由各县官产处配合进行拍卖。旗地价格分为三个等级,分别是 10 元、8 元和 6 元;旗房价格也分为三个等级,分别是 60 元、40 元和 20 元。内务府提出,各申请留置或经竞买留置人等,还是将留置地价先行交给各县旗产官产清理处,然后再报给内务府,发给地照,最后便可以凭相关手续到所在地政府升科为普通民粮地。有关旗地、旗房的留置钱款,前清内务府所得为总款的 50%;由地方政府向中央政府上缴总款的 20%;各地县政府可以获得总款的 15%;各县旗产官产清理处、相关庄头以及其他相关人员可以获得总款的 15%。①

那么,对于内务府庄田之外的其他王庄和一般八旗兵丁的庄田又采取什么具体政策呢?

在直隶省,首先由各王公贵族、各旗都统向各该管县份(指的是其下旗地所在的县份)的旗产官产清理处提出声请,然后各处派专员通过具体经管庄头的指领找到租种旗地的佃户,并到具体地域进行勘丈。清对无误之后,就会要求佃户按照相应价格进行准备留置。如果佃户不愿留置,则由县旗产官产清理处进行竞卖。这类旗地价格也根据地质分为三个等级,分别是 8 元、6 元和 4 元。② 在完成缴纳价款工作后,留置人员就可获得管业执照,然后就可以

---

① 萧铮主编:《民国二十年代中国大陆土地问题资料》,台湾成文出版社、美国中文资料中心合作 1977 年版,第 39696—39699 页。

② 由于区域发展变化而导致的一些特殊情况,则由旗产官产清理处派专员协同县政府人员以及旗地地主共同酌情办理。

到当地县政府缴税升科为普通民粮地。不过,留置人员除了缴纳地价外,还需缴纳地照费每亩 1 毛、注册费每亩 3 分。至于售地价款,旗人地主只能拿到总数的 40%;由地方政府向中央政府上缴总款的 38%;各地县政府和各县旗产官产清理处的相关办理人员可以获得总款的 12%;最后 10% 作为储备金用以救济八旗贫民和因未留置旗地而失去生活来源的原佃。①

在京兆区,清理原则是与直隶省无差别的,但在缴纳费用上有所不同,即留置人员除了缴纳地价外,需缴纳地照费每亩 5 毛;注册费则需缴纳地价的 20%;还有一项名为执凭费,每亩 3 毛。可以说,京兆区在收取地价外的相关费用上,较之直隶省要高出许多。至于售地价款,旗人地主可以拿到总数的 45%;由地方政府向中央政府上缴总款的 20%;各县旗产官产清理处办公费及相关出力人员可获得 15%;旗产官产清理处专员可获得 5%;旗地庄头可获得 5%;各县政府可以办公费名义获得 5%;最后 5% 作为储备金用以救济八旗贫民和因未留置旗地而失去生活来源的原佃。②

从上述政策可以看出,内务府庄田的地质最优,所以售价高于王庄和一般旗地。在旗人地主获得价款的同时,中央政府、各县政府以及旗产官产清理处人员也可获得不错的经济利益。对留置旗地的佃户或其他竞买人员而言,直隶省出台政策的负担会明显低于京兆区。

但就在此次政策出台的 1 个月之后,7 月 14 日,直皖战争在京兆、直隶地区爆发。③ 战争中,直系军阀联合奉系军阀击败皖系军阀,以段祺瑞为首的皖系军阀失去北京政权。这样,八项旗租地亩的留置工作暂行停止,而刚刚制定的旗地政策还未推行便流产了。

---

① 萧铮主编:《民国二十年代中国大陆土地问题资料》,台湾成文出版社、美国中文资料中心合作 1977 年版,第 39691—39694 页。

② 萧铮主编:《民国二十年代中国大陆土地问题资料》,台湾成文出版社、美国中文资料中心合作 1977 年版,第 39694—39695 页。

③ 直皖战争,是以段祺瑞为首的皖系军阀和以吴佩孚、曹锟为首的直系军阀,为争夺北京政府统治权而进行的战争。

新政权上台后,直隶省议会认为旗地的售租留置工作有害于广大佃户,于是做出决议停止直隶省的旗租地亩和旗圈地亩的售租留置,并将该决议分发到每个县份。不过,各县政府和旗产官产清理处并不买账。原因很简单,通过旗地的售租留置工作,他们可以获得颇为丰厚的经济来源。因此,各县政府便联合起来以1915年直隶巡按使朱家宝所颁发的《直省旗圈售租章程》予以回击。经过直隶省议会与各县政府的多轮讨论,时任直隶省长曹锟最终于1921年3月颁布命令,直隶省的旗地清理留置工作继续进行,不论旗圈地亩还是旗租地亩,售租价格都为年租金的10倍,仍旧由租种地亩的原佃户具有优先留置权,但如果其宣布放弃留置,则由政府负责竞卖,而且不再保障原佃户的租种权利。考虑到各留置人的压力,在留置地亩升科为普通民粮地的前八年不催缴粮赋。①

可以看到,这一时期的北京政府既希望以旗圈地亩和旗租地亩的留置售租工作来弥补羁縻财政并满足旗人地主卖地换取生活之资的要求,也要面对广大租种旗地佃户和直隶省议会的反对和博弈。

### (二) 1924年11月——1926年初

第二次直奉战争②中,冯玉祥于1924年10月23日在直系军阀内部发动北京政变,把贿选总统曹锟赶下台。曾经参加二次革命和护国战争的黄郛代理内阁总理,并摄行总统职权。第二次直奉战争以奉系胜利而告终结,张作霖、冯玉祥等随后在天津的曹家花园召开会议,决议成立中华民国执政府与善后会议以取代国会,并推段祺瑞为"中华民国临时执政",统总统与总理之职,黄郛被迫辞职,此后北京政权实际由奉系军阀控制。1925年2月1日,在段祺瑞的主持下,善后会议在北京召开。虽然有各省军阀代表及政客百余人参

---

①　胡国宾编:《直省旗租案文汇编》上卷,首都图书馆藏,民国十四年铅印本,第11页。

②　1924年9月至10月,直系吴佩孚部与奉系张作霖部在直隶(今河北)和奉天(今辽宁)地区为争夺北京政权而进行的战争。

加了此次善后会议,但并未解决任何实质问题,而且在全国人民的强烈反对下,善后会议仓促结束。因此,北洋政权内部仍是暗流涌动。具体来说,在这一时期,冯玉祥的国民军控制着京兆区,张作霖的奉系控制着直隶省。他们控制下的京直地区旗地政策又都有着怎样的调整、彼此之间又有怎样的不同呢?

首先来看京兆区。

1924年11月5日,冯玉祥派国民军包围紫禁城。时任国民军京畿警备司令的鹿钟麟与张璧、李石曾乘车至神武门向前清内务府大臣荣源、邵英宣布限溥仪两小时内废除帝号,迁出故宫。当天下午4时10分,溥仪及其后、妃和亲属离开紫禁城,迁往德胜桥醇王府。从此,1912年达成的《清室优待条件》被修改,除了前清皇室自即日起移出紫禁城外,还宣布"永远废除皇帝尊号,与中华民国国民在法律上享有同等一切权利";清室私产仍由其享有,但其一切公产则归民国政府所有。自此,前清的皇室庄田也被改由北洋政府统一管理,而不再由逊清内务府自行管理。如京兆区财政厅就明确指出:对于坐落在京兆区的前清皇室庄田,无论是逊清内务府一直自行收租的,抑或是由所在县政府代为收租的,都必须由各租种佃户与其他类型的旗地一样留置升科。①

这一时期的京兆区旗产清理政策的原则为:耕种旗地的佃户应以年租金的15—30倍来留置旗地;如果遇到特殊情况如没有一定的租价可以遵循,那么就将地价按土地质量分为三个等级,即5元、4元和3元,佃户在缴清留置价款后,先发给部照,作为其已经享有所有权的凭证,并赴地方政府交纳土地交易税,办理升科手续;如果佃户因留置总价过高不能一次缴清的话,可以向当地相关部门提出申请分期缴纳,如总价款在50元以上的可以分为两次缴纳,总价款在500元以上的可以分为三次缴纳,总价款在1000元以上的可以分为四次缴纳。② 此外,留置人除了要缴付留置价款,还要缴纳部照费和注册

① 中国第二历史档案馆编:《中华民国史档案资料汇编》第三辑财政(二),江苏古籍出版社1991年版,第1655页。

② 留置人分期缴纳时,每次分期缴纳数额相等,并需在提出申请时缴清第一期数额。

费。其中,部照费为:留置价格的3%×亩数;注册费为:留置价格的2%×亩数。如果租种旗地的佃户不愿留置或声请分期付款而不能按时缴纳,则由各县旗产官产清理处以原价的1.2倍卖与他人。最后,将留置价格的30%给付租主;30%上交给京兆区金库;15%作为各县旗产官产清理处的办公经费;15%作为协助留置人员的奖金;5%作为各旗产官产清理处办事人员的奖金;5%作为各县政府协助人员的奖金。①

但是到了1925年11月,即将调任甘肃省省长的京兆尹薛笃弼认为上一年颁布的简章或是有需要进一步解释清楚的地方、或是有一些具体条款需要放宽放缓,只有修正这些问题,才能更好地促进旗地的清理工作,于是又制定并颁布了《修正京兆旗产地亩简章》及《补充规则》。②

较之上一年的简章,其不同之处在于:(1)在各县张贴布告的两个月内,各旗地租主需将其土地的亩数、坐落四至及佃户的花名册、每一佃户租种的亩数、租金数额连同近三年以来的租账呈报给当地相关部门,如果未能在两个月内进行呈报,将取消其租权,那么其土地在留置后的价款将全部被收走。(2)租户也需要在张贴布告的两个月内将其租种旗地的亩数、坐落四至、租金数额以及租主的姓名呈报给当地相关部门,如果未能在两个月内进行呈报,将取消其租权。(3)如果遇到佃户之间转租的情况,则一般都由原佃户享有留置权。(4)当佃户缴清留置价款后,发给部照,同时发给由财政厅制作的留置证书,而不再需要缴纳土地交易税。(5)留置人缴纳的费用有三类,即证书费、部照费和注册费,其中的证书费即主要的留置费③。(6)留置金额的分配:租主可

---

① 萧铮主编:《民国二十年代中国大陆土地问题资料》,台湾成文出版社、美国中文资料中心合作1977年版,第39701—39704页。

② 中国第二历史档案馆编:《中华民国史档案资料汇编》第三辑财政(二),江苏古籍出版社1991年版,第1657页。

③ 证书费分为五个等级,如果原租金每亩不到铜元10枚的为一元,如果原租金每亩不到铜元20枚的为一元五角,如果原租金每亩不到铜元40枚的为二元,如果原租金每亩不到铜元60枚的为三元,如果原租金每亩铜元超过60枚的,就为原租金的15倍;部照费统一为每亩二角;注册费统一为每亩三分。

得为年租金的 10 倍;总金额的 1%为京兆财政厅的办公费和奖金;总金额的 4%为各县的办公费和奖金;总金额的 5%为地方公益基金;剩余部分,一半解送中央财政部,一半留在京兆财政厅,作为开展京兆区各类政务的储备金。(7)如果某块旗地之前是以粮米形式缴纳的实物地租,关于留置价额,可以由该县知事结合当地情况进行定价,然后报由京兆区财政厅批准即可,同时对于这种情况的留置,租主所得价款要少于年租金的 10 倍。(8)如果原佃户在留置时隐瞒地亩数量而被人告发且查为属实的话,其各种费用需增加 1 倍以示惩罚;如果租主和佃户私行留置而被人告发且查为属实的话,其各种费用需增加 1 倍以示惩罚;这两种情况的罚金,一半作为给予告发人的奖励,一半作为京兆区财政厅贮备金;如果经查实举报人举报内容不实,将予以惩罚,罚金在 10—200 元之间不等。①

同时,京兆尹薛笃弼指出,之前由于政策制定仓促而没有将旗人坟地、王公园寝纳入清理政策,于是在《补充规则》中进行了专门说明:前清王公园寝的四至,一般都会有石桩或树木作为标志,该种地亩也应如同其他旗地一样到各该管政府进行呈报,缴纳相关费用,升科为普通民地;如果是为看守及打扫等目的设立的祭田,也应赴该管地方政府进行呈报,缴纳相关费用后,升科为普通民地;如果不想留置而欲将祭田出售的,不受此规章限制;专属于旗人的各类坟地,应赴该管地方政府进行呈报,缴纳相关费用后,升科为普通民地,且不得由佃户进行缴价留置。②

再来看看直隶省的政策。

随着第二次直奉战争中直系军阀的落败,隶属于直系军阀的王承斌自然被新上台的北京政府罢免了直隶省省长的职位,而改由奉系军阀的李景林③

① 《修正京兆产地亩简章》,北京市档案馆藏档案,J41-186-1。
② 中国第二历史档案馆编:《中华民国史档案资料汇编》第三辑财政(二),江苏古籍出版社 1991 年版,第 1657—1659 页。
③ 李景林习武出身,在第二次直奉战争中担任第一军军长,并立下赫赫军功。1925 年 11 月,李景林与郭松龄一起联合反奉,后被张作霖罢免所有职务,退出军旅,寓居天津、上海、济南等地。

担任直隶省督军。后直隶省督军职位被裁撤,李景林于 1925 年 1 月 17 日被段祺瑞委以直隶省军务善后事宜督办。到 6 月 27 日,李景林又被段祺瑞委以兼理直隶省长一职。

李景林在兼理直隶省军务善后事宜及直隶省长后,先是将原先的各级旗产官产清理处裁撤,然后于 1925 年 5 月设立了新的机构——"直隶全省旗产官地清丈局"①。这一时期的旗地清理留置政策首先指出,在旗地之上,佃户之间的辗转典押非常多见,因此此次清理留置政策是由现在租种旗地的佃户(即现佃)具有留置权,而且特别规定无论之前是以何种缘由造成的辗转典押,都不得来争夺留置权。这就改变了之前各项旗地政策都尽先原佃户留置的基本原则。这一时期的旗地留置价格仍被分为三个等级,上等为每亩 8 元、中等为每亩 6 元、下等为每亩 4 元,如遇地质实在瘠薄的可为每亩 2 元,如果在土地上有建筑房屋等情况的则均按上等价格 8 元进行留置。② 具体留置流程为:各现租种佃户首先要到各县旗产官地清丈局进行注册申请,算清留置费用填好申请丈量的单子,缴纳册费,且需于申请后一个月内先缴纳留置费用的50%,再于下一个月内缴清后续 50%,然后由旗产官地清丈局派员赴申请留置土地丈量无误后发给土地执照;如在第一个月的限期内未能缴纳第一期留置价款,即将申请丈量的单子收回并且将册费充公,后可由其他人竞买留置;如果缴纳了第一期款项却未能在第二期期限内缴清价款,则由各县地方政府派巡警到其所在村庄催其缴纳价款,由地方政府代为收缴后转给该县旗产官地清丈局;如果该现佃被屡次催传却仍不缴清价款,则由其所在县旗产官地清丈局按照其缴纳的钱数确定相应的土地,发给土地执照,而册费则全数充公;如果现佃在申请留置并缴纳册费后,实在是有特殊情况而不能在两个月的限期

---

① 《直隶全省旗产官地清丈局训令第 5 号》《直隶全省旗产官地清丈局驻京收册处简章》,河北省档案馆藏档案,656-2-578。

② 所谓上等土地,一般指其地势平坦且土质膏腴;中等土地,一般指其地势虽为平坦、但土质较薄者;下等土地,一般指其不仅地势偏僻兼高低不平而且地势低洼兼有沙碱者。

内完成缴款,可以赴当地旗产官地清丈局说明情况,然后具体协商办理。①

　　1925 年 10 月,与郭松龄联合反奉前夕的直隶省省长李景林提出裁撤从省到县的两级旗产官地清丈局,然后将有关旗地旗产事宜归入直隶省财政厅办理,并在财政厅下的征榷科设立"清理旗产事宜总处",然后在各县设立清理旗产事宜分处。关于办公经费,从旗圈地亩的留置费用中提取 10%、旗租地亩的留置费用中提取 5%,然后以这笔钱的 50%留于该县作为办公经费、其余 50%报解到直隶省财政厅作为办公经费。② 对于具体的清理留置政策,重新制定了《直隶省旗圈售租章程》和《直隶省处分八项旗租章程》。

　　根据《直隶省旗圈售租章程》,原逊清皇室庄田仍旧可以照常售租,除此之外,其余王公庄田和一般旗地均应进行清丈留置。先由各县贴出告示,规定旗地地主进行售租、佃户进行留置。这次的章程推翻了 5 个月前由现租种佃户(现佃)进行留置的原则,规定仍由原佃享有留置资格。各旗地租主在收到通知的 1 个月内,需将其地亩的总数量、地理位置、东西南北四至和租种其土地的佃户花名册、每位佃户租种的旗地亩数、年租金,以及近三年的租簿,呈报给省财政厅或当地县政府,而如果旗地租主不能在限期内进行呈报,一经查实,将会对其名下应收留置价款全数进行充公。各租种旗地佃户在收到通知后,也应于 1 个月内将自己租种的地亩数、地理位置、东南西北四至以及所租种地亩的租主和年租金向县政府进行呈报,如果不在限期内进行呈报,则取消其留置权,然后由其他人进行申请留置。最重要的当然还是留置的价格,此次章程推翻了 5 个月前分为三个等级(每亩 8 元、6 元、4 元)进行留置的形式,而是再次采取年租金 10 倍的留置价格。对于一些特殊情况,这一时期的政策也进行了细化规定。比如有的旗圈地亩因地质、地势上乘而租金较高、超过 1

---

　　① 《直隶全省旗产官地清丈局训令第 5 号》《直隶全省旗产官地清丈局章程》,河北省档案馆藏档案,656-2-578。

　　② 中国第二历史档案馆编:《中华民国史档案资料汇编》第三辑财政(二),江苏古籍出版社 1991 年版,第 1650 页。

元的,均按照年租金 1 元办理;有的地亩年租金 10 倍后仍不到 1 元,也是统一按照 1 元办理;如果遇到佃户缴纳的留置价款超过年租金的 10 倍,则多出部分需上缴国库。① 在缴纳留置价款的同时,留置人还需缴纳领地凭照费,每亩以大洋 2 角计;一切均办理清楚后,留置人可以凭借领地凭照换领土地执照升科为普通民地;如果租主和佃户私行接洽而被查处后,除了仍必须按照政策留置升科外,还需缴纳土地交易税的 10 倍作为罚金。对于留置价款的用途,先提取 10%作为县清理旗产事宜分处的办公经费,再提 10%作为相关人员的奖金,剩余 80%均交由旗圈地亩的原租主。

根据《直隶省处分八项旗租章程》,旗租地亩的清理留置分为售租和增租两种形式:对于售租,一般原则是定为年租金的 5 倍,要求必须将留置价款一次性缴纳完毕。因为以前的租金均是以银记,现留置是以银 1 两对应银元 1元;如留置佃户能于限期内完成留置款的缴纳,即将原契和新的土地执照一并发给,作为其所有权的凭证;留置佃户还需缴纳土地交易税,然后便可在当地政府申请升科为普通民地;②如果享有优先留置权的原佃未在期限内进行缴纳价款,就增租 50%,并且仍需清偿之前所欠租款;增租后,即将契纸上的"旗租"之字划掉,而改为"官地租"名目,以示区别;在增租的期限过后才申请缴纳租款的,超过限期在 3 个月内的需要翻倍缴纳租金,超过限期在 3—6 个月的需要 3 倍缴纳租金,超过限期在 6 个月以上的需要按照增租 50%后的 3 倍缴纳租金。③

此外,根据《益世报》1925 年 10 月 6 日的报道,直隶省财政厅还曾经发布一个告示来警戒天津地区的旗人地主、耕种旗地佃户和基层办事人员。直隶省财政厅指出,天津地区的一些三教九流的闲杂人等,多次在清理旗产的过程

---

① 《直隶省旗圈售租章程》,河北省档案馆藏档案,656-2-580。

② 《直隶省处分八项旗租章程》,河北省档案馆藏档案,656-3-1144。

③ 中国第二历史档案馆编:《中华民国史档案资料汇编》第三辑财政(二),江苏古籍出版社 1991 年版,第 1652—1654 页。

中以各种形式招摇撞骗,因此旗人地主和佃户一定要谨记赴各县政府按照规定手续办理留置事宜。同时,由于直隶省财政厅地处天津,虽然规定财政厅人员不得与留置旗地的相关人员进行私下接触,不得假借财政厅名义在外私行办理,但仍有不法事情发生。因此,如有人发现有财政厅人员发生不法事情,可以到财政厅进行举报,如果所查为实,一定会予以法办;如果留置人员与财政厅人员私行接洽,以致发生被骗事件,那么财政厅将不予解决,后果自负。①从这段告示就可以看出,旗地清理在当时的京兆、直隶社会中是具有较大影响的。

### (三) 1926 年 1 月——1928 年北伐前

第二次直奉战争结束后,奉系军阀同冯玉祥部分别控制了直隶省和京兆区。此间虽有善后会议的召开力图弥合南北矛盾,但并未达到预期目的,且军阀间依旧矛盾重重。在郭松龄、李景林等人的反奉风潮中,冯玉祥亦参与其中。于是,奉系军阀张作霖与吴佩孚弃嫌修好,又联合阎锡山、张宗昌等,组成直奉联军击败冯玉祥的部队,将其赶出了北京和天津。从此,奉系军阀完全控制了京兆区和直隶省,直至 1928 年 6 月在蒋介石的北伐军、冯玉祥部、阎锡山部和桂系军阀的联合攻击下,奉系军阀才退出北京。此间,由于不断的军阀混战,张作霖迫切需要增加财政收入来应付危局,旗地的清丈留置收入自然也就成为开拓财源的重要途径。因此,在这两年多的时间里,京兆区和直隶省的旗圈地亩、旗租地亩的清理更为有力的推进着,处分进度远胜于前。

在 1927 年 6 月成立安国军政府前,张作霖分别在京兆区和直隶省设立了清理旗产事务局。通过这一机构的名称就可以看出,与以往将旗地与其他官产并行管理不同,这是一个专门以处分旗地为职能的部门。② 这一时期清理旗地的总原则,不同于前一时期即 1925 年 10 月李景林在直隶省颁布的政策

---

① 《益世报》1925 年 10 月 6 日。
② 《直隶保定道属旗地圈租清理处简章》,河北省档案馆藏档案,656-2-859。

原则(即旗圈地亩一般以年租金的 10 倍作为留置价格,旗租地亩一般以年租金的 5 倍作为留置价格),而是沿袭了李景林在 1925 年 5 月的政策原则,即将土地按照地质和地势分为三个等级,但价格有所下调,分别为 6 元、4 元和 2 元。在留置权的问题上,这一时期的政策又改为现佃享有优先权,只有在现佃未能于本县公布后的 15 日限期内申请留置的情况下,才可由其他人申请留置。在留置的手续上,首先要由留置人到各该县清理旗产事务局花费 1 角钱购买申请书,根据租种旗圈地亩或旗租地亩的情况如实填写,再缴纳留置价额的 20%作为定金并领取相关凭证,然后当缴清剩余留置价款时一并支付每亩 5 分计的证书费和每亩 3 分计的注册费,这样就可以领到土地执照;如果留置人在交付定金的半个月之后未能缴清剩余价款的,则取消其留置权利,而且已经缴纳的定金并不退给。对于那些在之前的处分中已经完成留置手续的,规定必须到各该管县份的清理旗产事务局重新换取新的土地执照,这样就还要花费 1 角钱购买申请书重新填写申请,也要支付每亩 5 分计的证书费和每亩 3 分计的注册费。虽然奉系军阀声称是为了更好地统一管理,但很显然,其目的当然是尽可能多的搜刮民财。这一点,也可以从留置经费的分配中得以证明。这一时期的政策规定,首先将申请人缴纳的留置价款中的 3%作为旗产清理事务局办公人员的奖金,将 1%作为该县政府的办公经费,然后将 67%左右的价款上交到省库,而原租主则只能获得 29%左右的售租价款。① 因此,这一时期的政策下,租主能够拿到的价款是远低于之前的份额的。

　　这一时期的清理旗产事务局在加速处分旗地的过程中,更加明确地体会到前清具体经管旗地的庄头、催头们的重要性。为了便利自己的工作,京兆区和直隶省的清理旗产事务局又相继颁发了《奖惩庄头催头办法五条》。这一政策指出,很多庄头会有一些养赡地亩。在各县张贴布告开始处分后,庄头应将这类地亩的具体情况到各该管县清理旗产事务局进行申报:如果是属于自

---

① 《直隶保定道属旗地圈租清理处简章》,河北省档案馆藏档案,656-2-859。

已耕种的,就不必进行留置,而且不用缴纳申请书费、证书费和注册费,只需缴纳土地交易税升科为普通民地即可;如果是属于佃户耕种的,则允许庄头与佃户协商买回佃权后缴纳土地税升科为普通民地,或是允许庄头和佃户自行协商在增加租金的计算基础上进行售租,这样庄头就可以拿到以原租金为计的留置价款的差额部分;如果催头以现佃资格进行留置的,则只需缴纳以地价为计的留置价款,而无需缴纳申请书费、证书费和注册费;在各县的旗地清理过程中,如果有庄头或催头贡献明显的,可于总价款的3%奖励部分中提取若干以示激励。可以看出,上述办法都是为了鼓励庄头和催头积极协助政府的留置工作而给予的优惠政策,而对于庄头或催头的不合作甚至故意为难等行为,一经查实,也会处以较重的惩罚:或是罚款在1—100元间,或是拘留在1日—2个月间,情节严重的甚至会处以2—6个月的有期徒刑。①

对于旗圈地亩中的推佃等问题,也有了更为具体的规定:如果旗圈地亩的推佃已经超过了60年,可以按照《清理不动产典业办法》不用回赎;但如果不超过60年,则可比照其他旗地按照限期由原佃进行留置,如果原佃无力留置或找不到人的话,则可由现佃户进行留置。对于旗圈地亩中的推租等问题,如果租主已经把租权典与他人收租抵利的,那么租主应该把他拿到的留置价款先给予承典人,剩余部分自己留存。②

对于旗地中的旗人坟地、王公园寝问题,这一时期也制定了更加详细的政策:前清王公园寝的四至,一般都会有石桩或树木作为标志,该种地亩也应如同其他旗地一样到各该管县清理旗产事务局进行呈报,缴纳相关费用,升科为普通民地;如果是为看守及打扫等目的设立的祭田,且没有佃户租种的,只需到各该管县清理旗产事务局进行呈报,缴纳相关费用,升科为普通民地;如果祭田有佃户租种的,租主应和佃户协商买回佃权,然后赴该县清理旗产事务局缴纳相关费用,升科为普通民地;如果租主自愿将祭田售租给佃户,则参照附

---

① 《清理旗产事务局训令第九十号》,河北省档案馆藏档案,656-2-820。
② 《清理旗产事务局训令第一三九号》,河北省档案馆藏档案,656-2-820。

近价格进行留置;作为坟地性质的旗圈地亩,坟地主人也应到县清理旗产事务局缴纳相关费用,升科为普通民地。①

1927 年 6 月,张作霖在北京成立安国军政府,自立为"陆海军大元帅",成为最高统治者。由此,张作霖也组成了北洋政府时期的最后一届内阁,成为北洋政府的最后一个统治者。为了应对日益紧张的军事形势,张作霖更加迫切地筹措军费问题。正是在这样一个背景下,张作霖政府宣告建立全国官产督办公署,再次将官产和旗产归于一处进行办理。

全国官产督办公署下共设立四个厅,旗地由其中的第二厅负责。为了便利行事,依旧在京兆区和直隶省各县分别设置了专门机构,这一时期的名称为官产旗产荒地清理处。② 这一时期的留置价额是比较高的,一般在年租金的 20—30 倍之间。③

与袁世凯类似,张作霖也有着前清情结。譬如 1919 年,张作霖曾协助卖出位于奉天的一些皇室庄田,帮助逊清皇室纾解了部分财政困难;1924 年冯玉祥将溥仪等人驱赶出紫禁城后,张作霖在愤怒之余也是协助逊清皇室多方斡旋;第二次直奉战争后,正值鼎盛时期的张作霖甚至在天津的曹家花园向溥仪行了跪拜礼。因此,在张作霖全面控制京兆区和直隶省后,便宣布将冯玉祥部在 1924 年间没收的位于京兆区的逊清皇室庄田的处分权完全归还。④

## 第三节　北洋时期京直旗地政策的施行

北洋政府时期,虽然中央政府和京兆区、直隶省政府不断制定、补充细化并推行有关旗地清丈留置的宏观政策,但在旗地所在的一些县份,当地的主管

① 《清理旗产事务局训令第一三九号》,河北省档案馆藏档案,656-2-820。
② 《谨拟保定各县清理旗产荒地局长兼办天津文安等县旗产事宜办事规程》,河北省档案馆藏档案,656-2-826。
③ 《督办全国官产公署清理官旗营产通则》,北京市顺义区档案馆藏档案,2-1-416。
④ 《督办全国官产公署清理官旗营产通则》,北京市顺义区档案馆藏档案,2-1-416。

官员或是为了更好地推进工作或是为了减少民众的负担,便常常以本地的具体情况为基础将旗地政策"本地化"。

在清苑县,该县知事唐景仑于 1915 年收到由直隶省省长朱家宝主要制定、由内务部和民政部联合颁布的《旗圈售租章程》后,提出了自己的异议。根据同治年间的《清苑县志》,该县的旗地数量占到土地总量的 69%。而根据唐景仑的调查,清苑县的旗地租金,绝大多数都为每年 100—200 文之间。按照《旗圈售租章程》的规定,如果某块旗地的租金是有比较稳定的数额,那么就由原佃户按照年租金的 10 倍进行留置。这样算来留置价款一般在 1000—4000 文左右,数额是非常小的。但如果再根据章程所说,对于那些没有比较稳定租金的旗地,则分别按照地质地势等以 10 元、8 元和 6 元进行留置,这个价格就很高了。那么,以这两种不同的计算方式进行留置,留置价款可谓大相径庭,这种不公平势必激起广大留置佃农的反对。因此,唐景仑指出《旗圈售租章程》并不合理,最起码也是不符合清苑县的实际情况的。唐景仑还提到,他在上任初始就接手了前任清苑县知事所移交的一桩旗产售租案:前清庆王府在清苑县有王庄 30 余顷,他本想按照东光县的类似处分案件进行,即按照 10 元、8.5 元和 7 元三个不同等级对不同地质地势的庆王府地进行处分,但他结合王公庄田等都是由清朝初年的圈占、投充等民田而来,只不过是从向国家缴纳粮税而改为向旗人缴纳旗租,而且即使在有清一代也是由于此种原因才规定旗人只可卖租不可卖地,所以唐景仑认为东光县的处分留置价格是偏高的;唐景仑通过对清苑县土地交易价格的考察,最终将庆王府的留置价格定为了 7 元、6 元和 5 元,而且对于一些因各种情况而导致地力减少的土地则可再降低售租价格。在唐景仑制定的这一留置价格体系下,庆王府所要售租的 30 余顷土地中,很快就有 27 顷余被耕种旗地的佃户留置而变为民地,不啻为一桩善政。据此,唐景仑向财政部和内务部提出建议,希望能将《旗圈售租章程》中的留置价额进行更改:如果年租金超过京钱 1500 文的,可以仍按照年租金的 10 倍进行留置;其他旗地则不论年租金是否有稳定的数额,则都统一将留置价额根据地质地势定为7元、6元、5元,如果地质实在瘠薄的也可定为4元甚至3元,具体情况可由各县政府结合实际酌情办理。对于唐景仑关于留置价格的提议,财政部和内务部予以了回绝,并指出章程第三条中已经规定"虽有一定租价而租额轻重按之地质肥瘠未能适合有特别之地不适用上中下三等定价者,均由县知事于查勘时参酌本地情形酌中拟定"①,因此无需修改。虽然提议被否定,但唐景仑任内仍以第三条中各县知事可根据当地情况酌情办理为基础,在清苑县清理旗圈地亩的过程中采取了他提议的留置价格。对此,清苑县广大佃农纷纷申请留置,也从侧面体现了唐景仑制定的价格的合理性,因此该县的清丈留置工作是比较顺利的。

定兴县是于1925年开始进行旗地的清丈留置工作的。定兴县共有旗租地亩6项(另案、存退、三次、四次、奴典和公产),数目为670顷67亩8分9厘,租额为25387两2钱9分1厘。由于该县旗租地亩数量巨大,因此遍布于各村,全县农民大多都租种旗租地亩。定兴县知事李元认为省里制定的章程程序过于复杂,因此在执行过程中既不敢因为将期限定的过短以致操之过急不利于推行、又担心推进慢了耽误留置工作。因此,李元按照定兴县的实际情况进行了变通。他将该县的办理程序分为八个步骤:第一步,将处分八项旗租章程按照大纲修订后加以说明贴出布告。第二步,饬令该管科书将花名、亩数和岁征各户租额限定期限查清制造清册。第三步,票饬各花户限期将所执契据租串送到县里,以用于查验亩数租额是否与红簿相符。第四步,票传各地方到县听候面谕,然后令其火速回村挨户查找催传,令各花户务必按照期限将契据租串呈验而避免观望延误。第五步,执照红簿核算各花户5倍原租应缴纳的价款数目。第六步,将各花户应缴价款数目贴榜公示,各村限期缴款。第七步,票饬警役协同各地方催令各花户按照期限缴清价额。第八步,花户缴清价款之后,可领取部照并投税升科为普通民地。由于制定了如此清晰明

---

① 《财政厅饬发旗圈售租章程》,河北省档案馆藏档案,656-1-399。

确的规划,定兴县在 1925 年 5 月至 9 月的时间内,就将该县的旗租地亩处分了 90% 以上。①

由此可见,如果县知事能够因地制宜,既将中央或省里制定的清丈留置章程与该县实际情况相结合,又能考虑到广大留置佃农的接受能力,就可以较好地推进本地的旗地清丈留置工作。当然这样施行善政的县知事毕竟属于少数,我们下面再来看看京兆区、直隶省的总体推行情况。

## 一、京兆区的推行情况

纵观北洋政府时期旗地政策在京兆区的推行过程,各县的推行力度并不同步。

首先来看紧邻北京的大兴、良乡和宛平等县份。由于距离原因,它们往往是政策执行的最为有效之地。

自 1915 年北洋政府设立经界局为始清理全国土地,京兆区便成为最先开展的地区,其中大兴县和宛平县则又是京兆区的示范县。对于旗地的清理,大兴、宛平两县按照《整理京兆所属租籽地章程》的规定,开始了对皇庄以外其他一切旗地的清理、升科。良乡县在 1915 年清理之前,政府记录在案的民粮地不过 1000 余顷,而通过旗圈地亩、旗租地亩和黑地的留置升科,民粮地达到了 3000 余顷。②

除了上述三县,京兆区其他县份的清丈留置工作则要缓慢许多。

以顺义县为例。该县是在 1916 年设立了清查局,开始清理黑地、开垦地和八项旗租地,而且没有把旗圈地亩纳入清理的范围。③ 在该县,八项旗租地的整理从 1916 年开始一直持续到 1934 年。在这一将近 20 年的清理过程中,

---

① 《财政厅饬发旗圈售租章程》,河北省档案馆藏档案,656-1-399。

② 周志中修:民国《良乡县志》卷三,台湾成文出版社 1968 年版,据民国十三年铅字重印本影印,第 133 页。

③ 中国农村惯行调查会编:《中国农村惯行调查》第 2 卷,日本岩波书店 1952—1958 年版,第 137、490 页。

顺义县总共留置了旗租地亩 542 顷余,合留置价款总额为 5495 余两银。在 1934 年停止清理以后,该县仍有 339 顷余的旗租地亩未能留置。①

再来看通县的情况。该县自 1916 年 9 月设置清查官产处,其清查的范围较之顺义县更小,仅涉及了旗租地亩。通县的旗租地亩数量较多,共有 738 顷余。在留置初期,由于广大佃农认为以年租金 10 倍的价格进行留置负担太重,所以并不配合清查官产处的工作。后来当留置价格减少为年租金的 6.5 倍时,一些佃户才开始进行留置,但绝大部分的佃户还是不认同的。因此,从 1916 年 9 月清查官产处设立起至 1919 年 4 月,通县经过留置的旗租地亩只有 41 顷余,连总数的 6% 都不到。② 下面来具体看下 1916—1919 四年间的推行情况。

表 3-2　1916—1919 年京兆区通县清查官产分处处分八项旗租表

| 年份 | | 1916 年 | 1917 年 | 1918 年 | 1919 年 |
|---|---|---|---|---|---|
| 旗租原额 | | 5915 两 9 分 3 厘 | 5820 两 1 钱 6 分 4 厘 | 5611 两 4 钱 4 分 6 厘 8 毫 | 3122 两 8 钱 8 分 6 厘 4 毫 |
| 已处分数 | 已按年租金 9 倍留置 | 原租额:银 38 两 8 钱 6 厘;留置额:洋 698 元 5 角 8 厘 | 原租额:银 24 两 3 分 7 厘;留置额:洋 432 元 6 角 6 分 6 厘 | 无 | 无 |
| | 已按年租金 10 倍留置 | 原租额:56 两 1 钱 4 分 1 厘;留置额:洋 1122 元 8 角 2 分 | 原租额:151 两 5 钱 8 分 2 厘 2 毫;留置额:洋 3031 元 6 角 4 分 4 厘。已按年租金 11 倍留置:原租额:租银 5 钱 8 分 7 厘;留置额:洋 12 元 4 角 7 分 4 厘 | 无 | 无 |
| | 已按年租金 6.5 倍留置 | 无 | 原租额:银 32 两 5 钱 1 分 2 厘,洋 422 元 6 角 6 分 9 厘 | 原租额:银 2488 两 5 钱 6 分 4 毫,洋 32350 元 2 角 8 分 5 厘 | 原租额:银 324 两 9 钱 9 分 2 厘 5 毫,洋 4224 元 9 角 2 厘 2 厘 |

① 杨得馨修:民国《顺义县志》卷六,北京图书馆出版社 1998 年版,第 108 页。
② 中国科学院图书馆藏:《清查地亩公牍》,第 19 集。

| 年份 | 1916 年 | 1917 年 | 1918 年 | 1919 年 |
|---|---|---|---|---|
| 未处分数 | 原租额：银 5820 两 2 钱 4 分 6 厘 | 原租额：银 5610 两 4 钱 4 分 6 厘 8 毫 | 原租额：银 3132 两 8 钱 8 分 6 厘 4 毫 | 原租额：银 2797 两 8 钱 9 分 3 厘 9 毫 |

资料来源：中国科学院图书馆藏：《清查地亩公牍》，第 24 集。

通过通县清查官产分处处分八项旗租表的数据可以看出，在 1916 年，由于是以年租金的 10 倍为留置的价格，所以申请留置者寥寥；1917 年降低为年租金的 9 倍后，申请留置的佃农开始增多；随着 1918 年年租金 6.5 倍的留置政策的出台，留置数额有了明显跃升，留置总额达到了 3 万多银洋。根据中国科学院图书馆所藏的《清查地亩公牍》，通县清查官产分处在 1916 年从留置价款中分到了银洋 1202 余元作为办公经费，1917 年从留置价款中分到了银洋 3693 余元作为办公经费，1918 年从留置价款中分到了银洋 5083 余元作为办公经费，1919 年从留置价款中分到了银洋 624 余元作为办公经费。所以虽然在 1916—1919 的四年间，通县经过留置的八项旗租地亩并不多，但因此得到的经费却是数目可观。同时，通县在此间只把旗租地亩作为清理处分范围的原因也是很清晰的，旗租地亩是公产被北洋政府接手过来的，因此不像旗圈地亩那样有所谓租主一说，也就是不需要将留置价额中的大部分交给旗人租主，这样所能分配到的价款自然是非常丰厚的。

在宝坻，旗地的清理处分是在 1925 年薛笃弼任京兆尹后获得了较大推进，"宝坻地近旧都，土地多系清代旗产，民国十四年，薛笃弼长京兆时，将各项公私旗地，按上中下三等，每亩分作一二三元等价，令承种各户随意留买，报粮升科，改为民地。宝坻乡民争相购买，颂声载道"。①

---

① 宝坻县志编修委员会编著：民国《宝坻县志》，天津社会科学院出版社 1995 年版，第 266 页。

## 二、直隶省的推行情况

直隶省的部分旗地所在县份虽也自 1915 年后陆续开启了清理旗地的步伐,但直隶省议会的反对却使得这一进程并不顺畅。因此,在直隶,虽然一些旗地所在县份如清苑县、定县等在民国初年就开始了旗地的清理,但大部分县份如获鹿县、清苑县、满城县、静海县、沧县等都是从 1926 年、1927 年奉系全面控制直隶省和京兆区后才开始旗地清理工作的。而且奉系军阀为了筹集军费,强力推行着旗地的处分。正是在这一时期,直隶地区旗地的清理才进入了高峰期。

譬如在满城县,根据《满城县志略》记载,1917 年时该县官产处"误认等项为官产,拟照官产处分,经国会力争,谓此项均属圈地,并非官产,事格不行",1926 年奉系主政该地区后,"令民照原租十五倍留买升科,租银一两缴价银圆十元,每亩按银三分升科。由是自十五年迄今(1931 年 8 月——引者注)现在共留买地 771 顷 21 亩 4 分 5 厘,据查未留买者尚有 163 亩 6 厘 8 毫"①。由此可见,满城县是在 1926 年才开始了旗地的清理。而且在 1926—1931 五年间,其旗地清理进度较为迅速。

获鹿县在 1926 年奉"讨贼联军前敌筹饷督办之命"设立了清理旗产事务分局。在此之前,该县并无任何"已售情事"。因此,获鹿县清理旗产事务分局成立后,发现获鹿县的旗产地亩一向由各庄头经手办理,县政府并无档案可查,于是开始逐一饬查该县各庄头的姓名、住址和所管旗地的亩数、租数、领自何旗、每年向何处交租等情况,并逐步开展旗地的清理工作。②

在雄县,旗地的清理工作在 1927 年才陆续开始。根据民国《雄县新志》的记载,1927 年直隶省清理官产处成立后,派专人到雄县负责各项旗圈地亩

---

① 陈宝生修,陈昌源纂:《满城县志略》卷六,台湾成文出版社 1969 年版,据民国二十年铅印本影印,第 181 页。

② 《联军筹饷督办饬查旗租各数》,河北省档案馆藏档案:656-2-820。

和旗租地亩的清理留置工作,在留置升科为普通民地后,粮赋定为每亩粮银 3 分。《雄县新志》将此举称之为"本邑租粮之大改革",由此可见旗地变民地对当地社会的影响。① 根据 1929 年 7 月该县的粮地表,该县新增的旗粮社所负责的历年旗地升科之地为 12196.858 亩,1927 年官产处成立后设立的利民社负责旗租地的处理共 8187.59 亩,福民社负责内务府旗地处理 6426.64 亩。② 由此计算,只在雄县,各类由旗地留置升科为普通民地的土地数量就达到了 2 万 6 千余亩。

综上可以看出,京直地区各县旗地的清理进程并不同步。不过具体到村庄——这一旗地清理的最基层单位,虽然开展的时间也不一致,但旗地升科的状况则大体相同。

以袁世凯政权时期的顺义县沙井村、石门村和张作霖主政时期的获鹿县大郭村为例。

顺义县沙井村、石门村的旗地清理、升科情况大体可分为以下三类:

(1)租主自己投报升科。沙井村的松宅地为 35 亩,由租主松盛俊申告,1915 年 12 月以后纳税银 4 分,升科成为民粮地。

(2)旗地耕种佃户通过清查官产处进行留置,然后升科。石门村 200 余亩的匠役地大多是在 1914 年和 1915 年间通过官产局处置的,沙井村的匠役地也同样以每亩 2 元由耕种旗地的佃户留置升科。此外,也有佃户以每亩 4 元的价格留置了谢庄头地(谢庄头为滦州人),升科后定税每亩银 4 分。当时一般的土地买卖中,民地为每亩 30 元,旗地则在 20 元左右,但是从佃户所说"布令必须买,无法,被数回催促",可见佃户对此是有不满情绪的。③

---

① 秦廷秀修,刘崇本纂:民国《雄县新志》卷六,台湾成文出版社 1969 年版,据民国十八年铅字重印本影印,第 202 页。

② 秦廷秀修,刘崇本纂:民国《雄县新志》卷六,台湾成文出版社 1969 年版,据民国十八年铅字重印本影印,第 202 页。

③ 中国农村惯行调查会编:《中国农村惯行调查》第 2 卷,日本岩波书店 1952—1958 年版,第 455、464、474 页。

（3）佃户为了不让匠役那样的弱小租主来收租，以开垦荒地的名义到官厅进行申报和升科。比如一些比较油滑的佃户，到该管县政府将其租种的旗地以荒地的名义申请升科，在缴纳相关费用后就可以得到土地执照。而一些地方政府却在并未查清申报土地性质的情况下，滥发土地执照。①

袁世凯政权后期的强制升科大力促进了旗地的出卖。当时德公府世宅代昌以"此次清查官产，旗地均令升科纳税，本宅财力不及"为理由，在1916年1月将8亩地以大洋17元1角2分卖与沙井村的佃户。此项土地此后便成为黑地，直至1939年抗战时期才被发现其当初的买卖并未经过清查官产处。可以想见，这些由于《整理京兆所属租籽地章程》而被迫成为黑地的也不在少数。②

获鹿县的旗地是从1926年才开始进行旗地清理处分的，该县旗地主要集中于大郭村、于底村、马村等8个村庄。大郭村的旗地主要为前清皇室庄田，经管旗地的庄头也均为前清内务府每三年查比一次的内务府庄头，因此旗地地亩册、佃户花名册等都被较好的保存着。该村的前清皇室庄田为内务府庄头王正祯家族经管者最多，截至1927年2月，由庄头王正祯后人王凤云继承经管的前清皇室庄田全部完成留置。根据1927年《获鹿县处分过庄头王正祯承领内务府旗地佃户姓名亩数册》，发现经以王正祯及其后人名义留置的地亩数额就达到了593.98亩。其中，本应由佃户进行留置却被王正祯及其后人取代的就有176.19亩。对此，相关佃户赴县政府进行了呈诉，但获鹿县政府最终却并没有按照章程规定取消王氏庄头家族的留置权，而是采取了放任的态度。究其原因，获鹿县政府已经顺利得到了留置价款，因此并不想再费周章。由此，我们也可以想象北洋时期的旗地留置工作中确实是存在很多问题的。

---

① 中国农村惯行调查会编：《中国农村惯行调查》第2卷，日本岩波书店1952—1958年版，第487页。

② 中国农村惯行调查会编：《中国农村惯行调查》第2卷，日本岩波书店1952—1958年版，第477页。

# 小　　结

北洋政府时期,虽然北京政府是随着直系、皖系、奉系各军阀间战争的结果而不断更迭,但他们都在各自主政时期对京兆区和直隶省的旗圈地亩和旗租地亩开展了清丈留置工作。而因为主政者的不同,京直地区的旗地政策也是不断重新制定和颁布。但总体而言,北洋政府时期旗地留置的总原则就是由租种旗地的佃户或是以年租金的 N 倍进行留置、或是根据地质地势的不同以相应等级进行留置;至于价款的分配,当然是在留置总额分配给旗人租主之外,还要给国库、省库、各县政府和经管人员进行分配,而后者也正是北洋历届政府清丈留置旗地的最主要目标。

旗地向民地的转化,不是从民国时期才开始的,而是可以上溯到清代中叶。究其原因,主要是一些旗人因不懂经营等各种原因而只能将旗地典与民人以换取生活之资,但从长期来看,这是符合社会发展趋势的。因为旗地毕竟是清政府用强权从民人那里强取豪夺而来,而且违背历史发展潮流,自然会逐渐消散。但纵观北洋时期旗圈地亩和旗租地亩的留置工作,却并不是很顺利,其原因也在于旗地的特殊性。在清代,民人的土地被强夺而去,自己只能沦为佃农或带地投充的庄头,他们无从反抗,因为那时是满洲人的天下。但到了民国,政权转换,以满洲人为主体的旗人不再具有政治特权,一些佃户和庄头不再买旗人的账,各种隐匿不见甚至拒交旗租运动此起彼伏。因此,虽然民国年间频繁更迭的北洋政府希冀通过清丈留置旗地来开拓自己的财源用以稳固自己的统治,但广大佃农们并不配合。通过本章,我们可以看到无论是代表广大佃农利益的直隶省议会和中央政府的交锋,还是一些能够勤于县政、考虑本县佃农利益的县知事将旗地政策的本地化,都使得旗地在留置价格等方面不断进行调整。但是纵观北洋时期的旗地清理留置情况,我们也能发现广大佃农虽然通过自己的抗争减轻了一些留置负担,但总体而言,还是北洋政府更多地实现了自己的财政目标。

　　当然也必须看到,不论哪个阶段,不论哪种势力,清理处分旗地时均优先原佃户留置的政策,一方面肯定是加大了佃户的经济负担;但另一方面也有利于佃户有田可种,保证土地经营的稳定,即最大限度地保障民生。这恐怕是当时北洋政府在追求自身经济利益同时所能兼行的最好办法了。因为如果将土地推向社会进行自由拍卖的话,无疑会带来更大的社会震动。

# 第四章 北洋时期京直旗地的管理体系

以 1912 年 4 月袁世凯掌权后开始清理八项旗租地亩为起点,讫至 1928 年 6 月北洋军阀政府被国民革命军推翻,京直地区旗地的管理体系从无到有并日益健全,体现着随时代步伐前进同向的进步。不过,伴随着北洋政府时期政权更迭的频繁和历任主政者最大限度追求经济利益的初衷,京直地区旗地管理体系的建构过程中也出现了不可避免的诸多弊病。

## 第一节 京直旗地管理体系的建立与健全

### 一、北洋政府的早期尝试

基于南北和谈而签订的《清室优待条件》,北洋政府是应该保护前清皇室、王公及一般旗人的私产的。具体到旗地而言,这里的私产对应的便是旗圈地亩,而八项旗租地亩作为前清中后期逐渐形成的公产,则被北洋政府完全接收过来。① 民国建立后,民国政府就开始逐步清理旗租地亩的租簿,然后转给直隶省和京兆区的财政厅,再分别下达到相关各县按月征收租金。② 同时,北

---

① 胡国宾编:《直省旗租案文汇编》上卷,首都图书馆藏,民国十四年铅印本,第 1 页。
② 萧铮主编:《民国二十年代中国大陆土地问题资料》,台湾成文出版社、美国中文资料中心合作 1977 年版,第 39799 页。

洋政府也命令各县在将当地的八项旗租地亩情况完全摸清后,准备进行售租工作。虽然北洋政府的主要目的是为了开拓财源,但其还是对民众宣称此举既有利于租种旗地的佃户获得恒产,同时也有利于政府增加财政收入。[①]

为了便于开展这一工作,北洋政府财政部于 1913 年设立"清理官产总处",开始进行八项旗租地的清理和处分。随后,直隶省和京兆区的清查官产处也建立起来。

在八项旗租地亩开始清理之后,旗圈地亩的处理问题也随之而来。因为随着民国建立之后旗人政治特权的丧失,他们的生计也日益艰难,于是开始典卖自己名下的旗地。这一举动引起了租种旗地佃农的强烈反对。为此,朱家宝在任直隶巡按使之后对旗地问题进行了详细的调查,并制定了专门的旗圈地亩处分章程,期望以此达到耕种旗地佃农获得土地所有权、旗人借此改变生活困境、国家开拓财源的目的。从此,作为前清旗人私产的旗圈地亩,也与作为前清公产的八项旗租地亩一样,都由政府进行统一的清丈和留置。

## 二、旗产官产清理处成立及对旗地全面管理的开始

随着第一次世界大战时期中国粮食价格的上涨,越来越多的旗人因为生计艰难更加急于卖出旗地,他们不断向政府提出请求。北洋政府也希望通过清理留置旗地获得更加广大的财源。而此时的北京政府经过直皖战争,政权从皖系转由直系控制,因此新的北京政府开始重新规划一些机构的建制。以旗地管理机构而言,北洋政府于 1919 年 7 月裁撤清理官产处,并下令由直隶省财政厅和京兆区财政厅分别负责管理两地之旗地事宜。但因旗地纠纷累起、旗人生计问题堪虞以及《清室优待条件》等,国务院下令在直隶省和京兆区分别成立旗产官产清理处,1920 年 6 月 15 日开始办公,这两个新的省级部门分别隶属于直隶省长公署和京兆尹公署,地点设立在天津和北京。

---

① 中国第二历史档案馆编:《中华民国档案资料汇编》第三辑财政(二),江苏古籍出版社 1991 年版,第 1607 页。

直隶省旗产官产清理处和京兆区旗产官产清理处的处长一般是由直隶省和京兆区的财政厅厅长同时兼任,处长之下为坐办,具体负责相关工作。直隶省旗产官产清理处和京兆区旗产官产清理处的建制是完全相同的,即都下辖总务股、调查股、会计股和测绘股四个部门,每股各有主任一员、办事员若干。关于清理处的经费来源,直隶省是在其处分官旗各产的价款内提取 12%,1924 年后该省的提款数增加到 24%,京兆区则是在其处分官旗各产的价款内提取 20%。① 直隶省和京兆区各县旗产官产的清理处分由县知事负责,如果某些县份旗圈地亩和旗租地亩的数量特别巨大,则由直隶省、京兆区的省级清理处根据情况派遣相关办事人员到县与县知事共同酌情办理。② 其他县份,一般是由直隶省旗产官产清理处和京兆区旗产官产清理处派出办事员亲赴各县,与当地由县政府人员一起协助清理和留置王公庄田和一般旗地;对于皇室庄田,除了前清内务府申请协同办理的,其余均由前清内务府自行办理即可。

### 三、第二次直奉战争后京直旗地的分别管理

北洋政府时期,各系军阀出于自己利益的考虑,彼此间的纵横捭阖不断变幻。虽然直系军阀和奉系军阀在直皖战争中曾经联起手来打败皖系军阀,但随着直系、奉系间的矛盾日益加大,第二次直奉战争爆发。战争中,冯玉祥发动反直武装政变,推翻了曹锟政府,对战争进程起到了很大作用。第二次直奉战争结束后,冯玉祥部控制京兆区、奉系军阀张作霖控制了直隶省。

在京兆区,冯玉祥部不仅早在北京政变软禁曹锟的同时将逊清皇帝溥仪驱逐出紫禁城,而且还修改了《清室优待条件》,将京兆区的前清皇室庄田全数充公。因此,在冯玉祥主政京兆期间,他所建立的京兆区旗产官产清理处不仅清丈和留置王公庄田、一般旗地和旗租地亩,也开始负责清丈和留置前清的

---

① 萧铮主编:《民国二十年代中国大陆土地问题资料》,台湾成文出版社、美国中文资料中心合作 1977 年版,第 39693、39695 页。

② 《直隶全省官产清理处训令第 21 号》,河北省档案馆藏档案,656-2-587。

皇室庄田。京兆区旗产官产清理处的负责人是由京兆尹同时兼任,名为督办;由京兆尹和国民军团长共同任命一名会办;再由督办和会办共同任命一名坐办。清理处在建构上,由调查、会计和测绘三个科室构成,每个科室各设科长一名、副科长一名、办事员若干。京兆各县并未统一建立旗产官产清理办事处,只是在旗圈地亩和旗租地亩留存较多的县份设立,其他县份则由县知事代办。①

　　遗憾的是,由于档案资料所限,难以对这一时段京兆区的旗地管理机构有更加深入的了解,但该时段直隶省的相关资料则颇为丰富,可以为我们勾勒出当时从省至县的具体情形。

　　奉系军阀于 1925 年 5 月在天津宙纬路设立直隶全省旗产官地清丈局,以取代直系时的相关机构。直隶全省旗产官地清丈局从建构而言,设立了 1 名总办、4 名会办,下辖两个科,每个科又下辖 4 个室,分别负责不同事项,具体而言:第一科文案室,负责整理各类地册档案;第一科收发室,负责收发文件、接受留置申请并进行登记;第一科缮照室,负责发放土地执照;第一科评判室,负责处理各类旗圈地亩和旗租地亩的纠纷案件;第二科会计室,负责会计工作和省局的一些杂务;第二科核册室,负责比对清丈报告并汇编各类图表册籍;第二科收款室,负责收取留置地价、凭照费等;第二科绘图室,进行测绘等事务;以上八个室各设立科长 1 人,具体科员设置分别为 4 人、2 人、4 人、2 人、4人、4 人、2 人、2 人,共计 24 人。这一时期在建制上更加完善的一个表现是设置了有一定专业能力的监绳员,一般为 8 人。民间土地犬牙交错,虽有土地簿册等相关凭证,但在清丈留置工作中,相邻留置佃户往往发生一些地界纠纷案件,因此留置过程中的清丈是非常关键的一道程序。为力求准确起见,直隶全省旗产官地清丈局专门内设了清丈地亩研究所,学满并成绩优秀者可任用为监绳员,同时其他机构中有 3 年以上工作经验的公务员如果文化素质较高、年

---

① 《京兆全区旗产官产清理处章程》,北京市档案馆藏档案,J191-2-13086。

龄在 30 岁以上(较为沉稳)并且懂一些法律知识的话,也可优先录取,当然也需要先到清丈地亩研究所进行工作培训。为了配合监绳员的工作,也设立了一些准员和绳夫进行协助。由于处分旗地的留置数额较大,直隶全省旗产官地清丈局还设立了监察处,负责监督清丈留置的全过程。① 由于很多的旗人地主居住在北京,他们中有些人维持生计已经极为困难,因此无力去天津呈送售租申请。对此,直隶全省旗产官地清丈局专门在北京设立了由 3 名正式办事员组成的办事机构——收册处,接受旗人地主递交的售租申请及一些相关凭证,每周汇总一次,统一送往天津。②

但时任直隶省省长李景林在 1925 年 10 月 25 日修正旗地政策的同时,也调整了旗地的管理机构,即将清丈局取消,设立清理旗产事宜总处,成为省财政厅的一个下辖机构。③ 李景林通过之前的旗地清理工作,清楚地认识到县级处分机构的重要性,因此这一时期加强了县级机构的建设。李景林下令直隶各县如果旗地数量不是很大,可于县公署内附设清理旗产事宜分处,为了避免人员庞冗,可由现有县政府相关人员选拔出任;由于各县旗地情况不同,具体的人员设置由各县知事酌情建设,为便利工作,也可聘请本地有声望且了解旗地情况的 1 名或 2 名绅董进行协助,根据具体情况予以奖励。对于旗地留存较多的县份,则需要专门设立清理旗产事宜分局,由省财政厅派遣具有较为丰富经验的办事员前往协同县知事共同办理,分局的具体建制也是酌情建设。李景林指出,各县清理旗产事宜分处或清理旗产事宜分局在具体清丈留置过程中,一定要将地亩册、佃户花名册及庄头手内各种册簿比对清楚,以防各类纠纷案件;每个县份每个月都必须将该月清理旗圈地亩和旗租地亩

---

① 《直隶全省旗产官地清丈局训令第 5 号》《直隶全省旗产官地清丈局章程》,河北省档案馆藏档案,656-2-578。

② 《直隶全省旗产官地清丈局训令第 5 号》《直隶全省旗产官地清丈局驻京收册处简章》,河北省档案馆藏档案,656-2-578。

③ 中国第二历史档案馆编:《中华民国档案资料汇编》第三辑财政(二),江苏古籍出版社1991 年版,第 1650 页。

的数量和留置价款如实准确地登记并上报。①

## 四、京直旗地管理的再次并轨

1926 年 4 月,奉鲁联军进入北京。6 月 28 日,张作霖与吴佩孚在北京组成新的北京政府。不过此时的北京政府实际上是由奉系军阀张作霖控制的,从此至 1928 年 6 月奉系军阀为北伐军所败,京兆区和直隶省由奉系全面控制。

### (一) 1926 年夏——1927 年 7 月

1926 年 7 月,张作霖政府设立了清理旗产事务局专管旗地事宜。清理旗产事务局地点设在保定,最高负责人为总办,下辖 3 个科室,分别处理不同事务。每科设科长 1 人,并根据具体情况设置科员、办事员和书记各若干人,协助科长办理本科室的事务。其中,由第一科负责办理的事务包括:有关文牍的事项、有关清理旗产的执行事项、有关收发及典守关防等事项。由第二科负责办理的事务包括:有关收支庶务的事项、有关簿册造报的事项。由第三科负责办理的事务包括:有关旗产调查的事项、有关旗产测量的事项、有关评判监察丈放的事项。② 当然,具体的经管还是要依靠在各县设立的清理旗产事宜分局或分处。各县的清理旗产事宜分局或分处的机构设置为:局长或处长,1 人;评判员,4 人;文牍,1 人;主计,1 人;调查员,2 人;书记,2 人,共计 11 人。各县清理旗产事宜分局或分处的局长或处长,是由保定清理旗产事务局选派合适人员前往,因涉及县份太多,这一职位也可由县长兼任;评判员 4 人,因此职务重要,所以其中 2 人是由县长委任,1 人由该县议会选举产生,1 人由县参事会选举产生;文牍、主计、调查员以及书记等 6 人,由县长直接任命即可。③

---

① 《直隶各县清理旗产事宜通行细则》,《益世报》1925 年 10 月 25 日。
② 《清理旗产事务局组织大纲》,河北省档案馆藏档案,656-2-820。
③ 《获鹿县办理旗产组织大纲》,河北省档案馆藏档案,656-2-820。

各县清理旗产事宜分局或分处的经费,是从清理留置旗地的各类总价款中提取 4%;同时,为了补充各县政府的经费,也可从总价款中提取 1%;为了鼓励各办事人员积极工作,从总价款中提取 3%。①

## (二) 1927 年 7 月 7 日——1928 年北伐前

随着国民革命军北伐的推进,为了增加军费,张作霖下令于 1927 年 7 月成立全国官产督办公署,再次将官产和旗产归于一起进行办理。全国官产督办公署下共设立 4 个厅,旗地就是由其中的第二厅负责。为了便利行事,依旧在京兆区和直隶省各县分别设置了专门机构。

为了能够更好地统筹各县的清理工作,奉系军阀在天津设立了官产旗产荒地清理处,设总办 1 人、会办 3 人,其他办事人员若干。在旗地所占比重较大的县,先是设立了官产旗产荒地清理委员会,由其在当地政府配合下进行旗地的清理留置工作;后来为了郑重其事,又再次在各地采用官产旗产荒地清理局的名称,最高负责人为专员。这一时期,还根据各县旗地数量的多寡,将各县的官产旗产荒地清理局划分成了不同等级,并以此为基础给予不同的经费支持:第一等,如保定的满城、清苑各县以及天津的文安等县旗地数量留存较多,每月办公经费就高达 800 元;第二等,每月办公经费也能达到 500 元;第三等,每月办公经费为 400 元;第四等,在一些旗地留存数量较少或者是由于战事等原因未设专门机构的县份,则由各县县长负责旗地官产等相关事宜,办事机构就设在各县县政府内即可,每月办公经费为 300 元。② 考虑到有些县份距离天津较远,因此这一时期也同时在保定建立了官产旗产荒地清理分处。在职责划分上,保定分处先向其所负责各县旗人地主接洽取得各类地亩册、佃户花名册等,然后上报天津总处,再转发保定分处所辖各县进行清理和留置工作;在收取留置地价、凭照费等之后,需将应该上交的价款向保定分处报备,但

---

① 《直隶保定道属旗地圈租清理处简章》,河北省档案馆藏档案,656-2-859。
② 《直隶全省官产旗产荒地清理处通告》,河北省档案馆藏档案,656-2-826。

款项依旧要上交到天津总处；保定分处的办公经费从天津总处根据每月清理情况进行支取，不过保定分处的负责人和各县的专员所获得奖金是固定的，即从价款内提取 3%，其中保定分处的负责人可分得这部分奖励的 1/3。①

## 第二节　京直各县旗地管理体系的运作

虽然临近北京的顺义、良乡、大兴、通县等县在北洋初年就已经开始了旗租地亩的清理留置工作，但大部分县份则是在 20 世纪 20 年代之后才真正开始了旗地的全面清丈。如沧县、迁安县、遵化县、玉田县、交河县、昌黎县都是在 1925 年陆续开展了旗地清丈工作。

在沧县，各村都分布有旗圈地亩和旗租地亩，"知事左新吾奉令清理旗产……拟在本署组织旗产分处，以资清理。现已呈请上宪备案，一俟奉到指令，即当组织成立派员分担职务，以策进行云"②。

在迁安县，旗圈地亩和旗租地亩的数量多于民地，"知事吴学礼奉令清理旗地……于公署内附设清理旗产分处，并委第一科科长刘玉田兼分处主任；第二科科长吴楷兼分处会计员；承审员杨继桐兼分处稽核员；教育主任巫政举兼分处文牍员；办事员富玉琦兼分处调查劝导员；科员刘玉符、书记员刘珍宋永全，均兼分处办事员。"③

在遵化县，该地旗圈地亩数量庞大，县知事赵凤冈在县公署内附设清理旗产分处，并专门委财政科科长齐懋兼任该处主任，"科员黄福同、万斤铃、周辑五为事务员，沈毓章为会计员，刘品忠、冯文田、段以谦为调查员，王寿祺、萧郁文、徐济儒、周希曾、徐沛然为书记"。此外，赵凤冈还召集各乡董会议，希望

---

① 《谨拟保定各县清理旗产荒地局长兼办天津文安等县旗产事宜办事规程》，河北省档案馆藏档案，656-2-826。

② 《沧县奉令组织旗产分处》，《益世报》1925 年 10 月 17 日。

③ 《迁安县组织旗产分处》，《益世报》1925 年 10 月 12 日。

借各乡董的分头劝导,利于旗地清丈工作的顺利进行。①

在玉田县,知事马景桂认为该县"旗圈地甚多,将来着手处分,手续纷繁,爰在公署附设清理旗产分处一处,专司其事,置主任一员,由总务科科长周郁文兼充,文牍二员,由科员姜树声、王价卿兼充,会计二员,由科员傅颐修、会计员许会川兼充,事务员二员,由办事员张会英、李寿山兼充"②。

在昌黎县,县知事于振瀛在收到清理旗圈旗租地亩的训令后"以手续繁冗,亟需专人处理,乃在县署附设清理旗产处,委县署科长刘树堂为主任,县议会会长齐焕章为副主任,警款收支事务所所长赵春铭为调查勘丈股长,县署会计科员王春归为会计庶务股长,县署收费员王德恒为会计员,县署第一科科员张元幻为文牍股长,科员刘景棠为文牍员,承审员郝东风为评议股长,司法科员沈凤光为评议员"③。

在交河县,知事吴殿章认为处分旗圈旗租地亩"手续纷繁,自应专员办理,以重责任",于是在县署内附设旗产清理处,下设二股,第一股负责管理旗圈地亩的售租事项,第二股负责管理旗租地亩的售租事项,"委孟庆芝为第一股股员,桑忠诚为第二股股员,并添招书手多名"④。

在管理体系建立之后,各县的旗地管理又是如何实际操作的呢?鉴于北洋时期改权更迭频繁,而且京直地区各县旗地清丈工作的推广时间、进度都不统一,故本书以旗地清理已在京直地区获得全面推进的 1927 年为例进行考察。

如前所述,直隶省于 1927 年在天津设立官产旗产荒地清理处负责旗地的清丈事务,并根据旗地的多寡,将各县的官产旗产荒地清理局划分为不同的等级,给予不同的经费支持。同时为了便利一些距离天津总局较远的县份,还特

---

① 《遵化县设立旗产分处》,《益世报》1925 年 10 月 21 日。
② 《玉田县设立旗产分处》,《益世报》1925 年 11 月 1 日。
③ 《昌黎县设立旗产分处》,《益世报》1925 年 11 月 24 日。
④ 《交河县设立旗产分处》,《益世报》1925 年 11 月 29 日。

别设立了保定分处。通过档案,可以看到,天津总局的最高负责人总办在7月之前为张丕显,7月之后改为宋云同;会办有3人,分别为李长荫、赵录俊和褚念泗。对于旗地较多的县份设立委员,后改名为专员,如清苑县为王绪功、定兴县为陈钱、河间县为陈汝逵、沧县为丁庆泗、天津为许维康、肃宁县为孙善祥、任丘县为李世荣、青县为唐古辰、雄县为李开轩、定县为黄子琏、获鹿县为岳思鲁、盐山县为李元林、完县为王炎午、蠡县为曹凌云、涞水县为华承禧、阜成县为李元辰、唐县为祝品高、容城县为马树田、南皮县为黄成名、徐水县为曹振国、文安县为俞逢诒、满城县为康殿藩、新镇县为李鸿儒、交河县为李春芳、新城县为徐克岘、高阳县为王以琛、涞源县为李衍撰、安新县为王文炜。同时对于一些距离较近的县,则由一人同时管理两个县份,如金良骥同时负责管理正定和藁城的旗地、郭毓华同时负责管理望都和博野、杨序鲁同时负责管理井陉和平山。① 如前所述,这一时期还根据各县旗地数量的多寡,将各县的官产旗产荒地清理局划分成了不同等级,并以此为基础给予不同的经费支持:第一等,如保定的满城、清苑各县以及天津的文安等县旗地数量留存较多,每月办公经费就高达800元;第二等,每月办公经费也能达到500元;第三等,每月办公经费为400元;第四等,在一些旗地留存数量较少或者是由于战事等原因未设专门机构的县份,则由各县县长负责旗地官产等相关事宜,办事机构就设在各县县政府内即可,每月办公经费为300元。② 各县委员(后改为专员)在办理各县旗产事宜时,是需要当地县政府予以支持的,为了明确二者的职责,天津总处又于8月5日制定并颁发了《谨拟县知事与专员之职权》。这份细则对于专员可能发生的问题进行了规定,即如果各县政府一旦发现派往该县的专员有不端行为并掌握切实证据的话,要随时向总处进行举报。不过,天津总处通过这份细则还是更多的对各县政府提出了要求:各县政府必须将其所保有的旗地地册等相关册籍,待专员到县时,完整地交予专员,以配合清理留置

---

① 《直隶全省官产旗产荒地清理处训令》,河北省档案馆藏档案,656-2-826。
② 《直隶全省官产旗产荒地清理处通告》,河北省档案馆藏档案,656-2-826。

工作;各县的清理专员根据总处的各项规章制度斟酌处理该县旗产等事宜即可,无须事无巨细地和县长商量,以利于清理留置等事宜的迅速办理;但是由于委员、专员都是由总处委派,所以对于各县的情况并不熟悉,因此各县县长作为当地最高主政官员,必须给予实际有效的协助;各县在清理留置的过程中,如果发生犹疑观望或拒不配合等问题,在各县专员知会县政府后,县长要有效配合专员解决问题,以正常进行旗地清理;在确立留置等级等过程中,如果遇到一些重要情况需要专员和县长共同办理的,二者应积极进行合作;由于各县每月向总处汇缴一次留置款项,因此在收到款项还未到解交之时,应由专员和县长共同协商妥善安置款项的存放。通过这份细则,我们可以很明确地看到,各县在处理旗产等相关事宜时,主要是由各县专员负责,该管县长主要是负协助的责任。①

关于各县清理局的具体办事规则,总办宋云同在7月7日签发了《直隶全省官产旗产荒地清理处所属印委办公处办事规则》,主要内容如下:一、各县清理局的办公地点附属设立在各县公署;二、各县清理局委员的每月薪资为86元,剩余办公经费作为办公处的经费共同开支,如果此经费不足办公之用,可在各应得的奖金名目下弥补,如果有的委员兼任一县以上,经费是否增加,可随时呈请省局核定;三、办公处职员由各县委员和县知事共同商量认定,应发薪资在办公处经费下开支;四、有关清理旗产官产荒地的行文,以印委各员共同行之,各盖印信,否则视为无效;五、办公处的解款稿件,该印委核阅后应即时判行,如果有疑问,应立即商量审定;六、清理旗产官产荒地中,涉及调查、审核、处分、填发执照、收解款项、造报预决算册据等项,均由印委共同负责;七、各县旗产官产荒地在先前已经调查清楚的,各县委员在到任的5日内,应先将总数列表呈报,然后每月造具已售亩数、售价总数、已解款款数、未解款款数、未售地亩数、计划售价约数,详细列表,随支于下月的3日内令报查核,不

---

① 《谨拟县知事与专员之职权》,河北省档案馆藏档案,656-2-826。

得延误；八、凡已售地亩，必须在解款时，将印委售地应得奖金数、解处奖金数、地主应得价款、补助年费，进行填表，以备审核；九、印委各员如果有延误公事以及不规范的行为发生，可以互相采集证据向上级密呈；十、清理过程中如果发生疑义或者纠纷，得由该印委随时声叙理由，会呈清理处核示办理；十一、印委各员的功绩和过失，都应根据本处的惩奖章程进行处理。①

对于因为距离天津总处较远而在保定设立的清理分处，天津总处也制定了详细的办事流程。天津总处指出，保定局长（即保定清理旗产荒地局长的简称）是受天津总处的委托，来负责监督并考核保定所属各县及津海道所属的天津、文安、新镇、任丘、大城、河间、交河、南皮、沧县和青县清理专员工作情况的：第一，保定局长如果查实这些县的专员有办事不力或舞弊的情况，应随时呈报总处对其进行撤职处理；第二，各县专员在清理官旗各产时如遇到阻碍，保定局长应亲自前往该县，督率专员进行处理；第三，各县专员清理旗圈地亩、租主名册，应由保定局长向各王公府进行接洽和索取册籍，然后呈交总处后再转发各该专员分别办理；第四，各县专员在收到各留置款项后，除了应按时上缴在天津的总处核收外，也要将报解数目分报保定局长进行留存；第五，各县专员需要向上汇报的文件，除上交天津总处外，也要向保定局长报备一份；第六，保定分处的办公经费从天津总处根据每月清理情况进行支取，不过保定分处的负责人和各县的专员所获得奖金是固定的，即从价款内提取3%，其中保定分处的负责人可分得这部分奖励的1/3。②

各县清理局在将旗圈地亩清理留置后，将款项制表呈报总处时的原则是根据直隶全省官产旗产荒地清理处在3月23日颁发的《编制呈解各项照根简表暨附单办法》。具体程序为：一、无论县知事还是专员呈解各项照根，每次

---

①　《直隶全省官产旗产荒地清理处所属印委办公处办事规则》，河北省档案馆藏档案，656-2-826。

②　《谨拟保定各县清理旗产荒地局长兼办天津文安等县旗产事宜办事规程》，河北省档案馆藏档案，656-2-826。

造送总表一张、附单若干张,并需在表单日期上加盖印章。二、总表夹在呈文内,附单则是粘于照根皮上。三、从令到之日起,凡第一次填送的总表,即为第一号总表,下次再送的总表则为第二号,依次类推;附单号数如第一次即填第一号、附单第二号即填第二号,依次类推;类送第二号总表时,其附单号数则填第二号总数第一附单、第二附单、第三附单,依次类推。四、比如此次呈解照根一本,无论每本张数多寡,只要订在一起,即为一本,每本皮面上,必须粘列号附单一纸,依次列号。五、总表为每次所送照根的统计,附单为每次所送每本照根的统计分支,各为附单,合之则为总表。六、总表第一栏如旗圈则填“旗圈备案缴处”六字,第二栏至第八栏则给各附单所填之数分别并填之,第九栏则按照所列款项分别于何年月日解处、即填何年月日,第十、第十一两栏则合附单总数分填之,备案缴处填完。如官产照根有呈缴省署备案一联,则再依次填列之附单,按本仿照办理,余均以此类推。七、各县局暨专员大多解交款项在前、呈送照根在后,而本处稽核解款数目仍以照根为确定。此次造送简明总表,必须在备考栏内注明表列何年月日、所解的款项是一同解兑还是分批解兑;解款内如留支开办费、经常费等款及停止以前的奖金津贴均为虚领虚解的款项,必须特别进行注明。八、各县局暨专员还未呈送的各项照根都应按照此次规定的照式办理,对于已经呈解的各项照根应补送简表、总表一份,不必补送的附单及补送之表也应按照此次样式填造,但标名栏则改著某某造已经呈解各项照根简明总表字样以示区别,此项补表,如原经办人员已经交卸,即由现办人员代为造办。九、此次规定的制表样式以及附单式根都存于天津县宝文斋,可从此处购买,以避免差异。① 从这一系列的规定可以看出,这一时期的县级与省级之间的上报程序已经颇为完善。

为促进各县工作人员更好地完成旗地的清理留置工作,以加快清理步伐并增加收入,直隶全省官产旗产荒地清理处仍遵循 1926 年制定的《各县处分

---

① 《编制呈解各项照根简表暨附单办法》,河北省档案馆藏档案,656-2-826。

八项旗租奖惩规则》来督促各县清理人员。主要奖惩方法为,在清理留置旗圈地亩和八项旗租地亩的价款分配的奖金方面,取出 30% 用以奖励各县清理机关的工作人员。同时,为了避免可能发生的"平均主义",以奖励真正积极有效工作的各县专员、普通办事员以及配合工作的县知事,天津总处指出如果能在规定时间内完成工作的,除了给予前述 30% 奖励外,还要给予特别奖励;在规定时间内,如能完成规定工作的一半以上,也可给予全部奖励;在规定时间内,不能完成规定工作一半的,只能拿到全部奖励的 80%;在规定时间内,不能完成规定工作 40% 的,只能拿到全部奖励的 60%;在规定时间内,不能完成规定工作 30% 的,只能拿到全部奖励的 40%;在规定时间内,不能完成规定工作 20% 的,天津总处将在查明原因后对所有相关专员、办事员进行严惩;对于不能按期完成工作而被扣除奖励的县份,则可将其扣除部分用于奖励那些在其他县中工作特别积极的专员、办事员等。如果有专员、办事员等在清理留置过程中出现人员更迭等情况,前任和后任不得私自了结奖金的分配,而是必须等到清理留置完成后,由天津总局或保定分局根据前任和后任的出力情况来决定获得奖金的份额。①

## 第三节　京直旗地管理人员的工作效能

无论任何时代,中央政府出台的政策要想真正得以推行,都必须依靠层层向下的各级工作人员,这些不同层级的工作人员的素质和工作能力,会极大地影响着政策实践的效果。因此,对各个层级经管人员的群体构成和工作能力进行考察,可以为后人从总体上考量某一制度或政策提供重要依据。而对于在北洋政府这样一个各派政治势力竞相上阵甚至不惜武力进行角逐的特殊时期完成最终私有化的京直地区旗地制度来说,对相关工作人员进行考察更是

---

① 《各县处分八项旗租奖惩规则》,河北省档案馆藏档案,656-2-820。

不可或缺的。有鉴于此,本部分对北洋时期京兆区和直隶省的各层级旗地经理人员进行探讨,希望借此能够更完整地了解北洋时期的京直地区旗地变革。

伴随北洋政府时期军阀混战导致的政权更迭,京兆区和直隶省的旗地经管机构也是频繁变化。从省级来说,自 1914 年在京兆区和直隶省建立的清查官产处为开端,1920 年在京兆区和直隶省建立的旗产官产清理处,到 1924 年北京政变后在直隶省建立的全省旗产官地清丈局(这一时期京兆区仍沿用之前),再到 1926 年直至北洋时期结束这一阶段内京兆区和直隶省先后设立的清理旗产事务局、官产旗产荒地清理处;从县级来说,自 1914 年京兆区和直隶省部分县建立的清查官产分处为开端,1920 年京兆区和直隶省各县旗产清理留置事宜主要由各县知事办理(如遇特殊情况,可向省级机构申请派遣专员共同办理)①,到 1924 年至北洋军阀统治结束时期京兆区和直隶省专门建立于各县的清理旗产事宜分局、官产旗产荒地清理局。可以看到,虽然军阀混战不断,但出于增裕财政收入的主要目的,每届北京政府都基本设立了两级经管机构来进行旗地的清理和留置工作,而且这种建制形式是基本定型的。但是,具体的工作还是要由各级经管人员逐层推进。中国科学院图书馆所藏《清理河北旗产善后方案》的作者曾经这样评价当时的经管人员:"法久则穷,流弊渐生。良以主政人员,良莠不齐,其能实心经手,为各方谋福利者,固不乏人;而视产为私薮、不顾是非利害者,亦繁有徒,或则任意处分、滥发执照,甚且借端需索、因缘为奸,驯至拱案累累,葛藤日滋。坐使利民之政,转以腐民,良可慨也!"②可以说,当时的人们已经意识到虽有少数经管人员可以做到尽力满足各方利益,但更多数的经管人员则是通过旗地的清理留置工作中饱私囊而不顾当事各方的利益。下面,通过不同的档案来具体看看从省到县的各级经管人员的工作情况。

① 《直隶全省官产清理处训令第 21 号》,河北省档案馆藏档案,656-2-587。
② 《清理河北旗产善后方案》,中国科学院图书馆藏,第 3 页。

## 一、省级工作人员

作为统率全省旗地清理和留置工作的负责人,虽然省级主管人员并不直接涉及清理和留置程序的每个细节,但是他们的个人素质和工作态度却会直接影响到下辖各县具体执行政策的办事人员,并进而影响到旗地的清理进度。关于这一点,笔者通过南京国民政府时期接续管理京直地区旗地的一些案例进行阐述。

先来看几个正面案例。1929 年,王章枯出任河北省官产处处长①。此人在上任之后,在调查了之前的京兆区和直隶省旗地的清理留置情况之后,认为之前制定的各类清理留置政策、奖惩政策等,不成体系、杂乱无章,而且很多细节很不严谨,于是和两位副处长何葆华、严家炽共同挑选出一些有能力的工作人员,多次讨论研究之前一系列政策中的利和弊,并在此基础上经过长达 3 个月的推敲,修订了《河北兼热河官产总处处理各项官产章程》②,使得包括旗地在内的各项官产清理形成了更加完善的政策。而这一新的章程在各县推行之后,反馈也非常不错。当时的中央地政研究所在调查之后就指出,自从施行了这一新的章程,各县的清理工作顺畅很多,以往清理留置中出现的各类纠纷也大幅减少。③ 接续王章枯出任河北省官产处处长的是宋大沛。此人在 1930 年就任后,工作态度也是非常认真,并在前任王章枯制定政策的基础上,进一步从清理留置的各个流程上加以完善。譬如,宋大沛通过亲赴各县实地调查

---

① 1928 年 6 月 3 日,国民革命军进据北京,北洋军阀政府被推翻。6 月 8 日,南京国民政府中央政治会议第 145 次会议决议将直隶省改名为河北省,旧京兆区各县并入河北省,北京改为北平。6 月 28 日,南京国民政府命令公布。从此,直隶省改为河北省。此后,南京国民政府先后设河北兼热河官产总处、河北官产总处负责河北旗产的管理及丈放,并先后出台了《国民政府行政院财政部办理河北热河官产验照暂行条例》《验照施行细则》及《财政部官产验照处条例解释》《河北兼热河官产总处处理官产章程》等政策。

② 共十章,其中第三章、第七章、第八章、第十章所论完全为旗地,第一章、第九章为五种并叙,其他官营荒黑各占一章且细目少,可见旗地是该官产处工作的主要对象。

③ 萧铮主编:《民国二十年代中国大陆土地问题资料》,台湾成文出版社、美国中文资料中心合作 1977 年版,第 39721 页。

发现,很多地方都出现了一些流氓无赖之流在留置旗地之际伪造相关证据以假装佃户来进行留置,然后到第二年向真正的佃户进行增租,以致引发了很多类似案件。对此,宋大沛特别制定了《佃户留置旗地应履行之条件四项》以及《租主领价规章》,加强了对留置各方人员身份的鉴别认定。宋大沛出任河北省官产处处长的时间虽然只有两年,但就在这两年中,河北省的旗地留置等相关价款却分别高达2312957元和1870042元,被时人评论为"官产处清理旗地最顺利之时代"。因此,可以看到,工作认真、态度积极的省级主管人员在其主政期间,是能够极大促进旗地的清理留置工作的。

不过,一旦出现省级主管人员利用职务之便中饱私囊的情况,那么给整个旗地管理体系带来的破坏性也将是巨大的。李凤旸在1933年10月出任河北官产总处处长后不久,就被人实名举报其利用职务之便公开卖官。这位实名举报者是居住于北平城崇外河泊厂的杜子芳,他在李凤旸上任仅有4个月之后就举报称:李凤旸本人是以花费2万余元为代价谋得河北省官产处处长职位的,因此刚一上任,他就秘密地派其心腹滕睿源、刘震明等人,通过各种渠道向各市、县的官产局长散播消息,如果各市、县的官产局长想要连任,就必须每人向李凤旸行贿500元至1000元不等,不仅如此,各市、县的官产局长也要根据每月的收款情况向李凤旸孝敬一定数额。在李凤旸明目张胆地索贿之下,只有六七个县的官产局局长按其要求进行了贿赂,而其他更大多数的官产局局长则不堪忍受辞去职务。在这种情况下,李凤旸又派其心腹到各市、县进行卖官,并明确提出不管什么样的人,只要其肯出价2000元即可成为大县的官产局局长,肯出价1000元即可成为中等县份的官产局局长,肯出价600元即可成为小县的官产局局长。因此在李凤旸上任还不到3个月的时期内,就变动了20多个市县的局长,而这些人中的大部分都是花钱买来的局长职位。杜子芳指出,对于这一情况,不仅官产总处内部人尽皆知,就连北平市内的知识分子也都有所耳闻。虽然这类买官卖官都是暗地里达成的,很难搜集到实质性的证据,但却可以通过调查这变动的20多个局长进行证明。比如说1934

年1月新上任的房山县官产局局长王岫,其曾在前任官产处处长宋大沛时期
出任遵化县官产局局长,但上任不久就被查实曾在东北政务委员有工作污点,
于是被撤销了遵化县官产局局长职务,但通过向李凤旸行贿1000元,却再次
出任;同时新上任的易县官产局局长杨清宇,曾在前任官产处处长胡毓坤时期
为北平市官产局科员,因为不法情事被撤销,而现在也是通过向李凤旸行贿
800元,再次出任。杜子芳以这些案例为基础指出,如果没有贿赂,这两个人
怎么可能在这么短的时间内就再次进入官产系统工作?而且河北省官产总处
的普通职员薪俸并不高,每月只有40元左右,想要维持生活都很难。但李凤
旸出任河北省官产处处长后,人员却大幅增加,而且观其平常生活,均比较宽
裕,其原因就在于李凤旸时期的官产处从省到县捏名侵吞了大量的旗人地主
的应得价款。对于杜子芳的控诉,中国第二历史档案馆所藏的相关档案中也
有记载,中央公务员委员会就通过调查指出,自李凤旸出任河北省官产局局长
的6个月以来,河北各县官产局局长的人员变动达到了80%—90%,而且人员
设置参差不齐,民怨沸腾;不仅如此,本来官产处是应该每月向旗人地主发放
价款的,但自从李凤旸上任以来,6个月的时间里只发放过3次价款,在这种
情况下,不仅发放的人头数不足,就连应得价款也没有足额发放,甚至还有
"租主未曾领到一次价款者有之,确存有某租主价款迟未发者有之"。[①] 由此
可以想象,李凤旸在出任河北省官产处处长的半年间肯定是获得了不少卖官
钱,而且侵吞了不少旗人地主的应得价款。遗憾的是,笔者并未找到关于李凤
旸一案的最终结果。但就前述已有档案,不难想象,李凤旸通过2万元高价买
到了河北省官产处处长的职位,为了弥补自己的亏空,他或是通过向部分县份
官产局局长进行索贿、或是卖出部分县份官产局局长的职位,而想连任的各县
局长及新上任的各县局长也必然是通过花费一定代价换来现有职位,那么他
们也必然会接着通过自己经管县份的旗地清理留置工作来寻求各类中饱私囊

① 《河北官产处长被劾》,中国第二历史档案馆藏档案,8-1107。参见王立群:《民国时期
河北旗地管理机关人员考察》,《民国档案》2010年第3期。

的机会。在这种情况下运行的全省旗地管理体系,不仅侵夺了旗人地主的利益,也会间接加深广大留置佃农的负担,并且影响了政府的正常收入。

## 二、县级工作人员

综观北洋时期,京兆区和直隶省的旗地清理留置工作都是以县一级为具体实施单位。在大部分时间里,各县的旗地经管机关负责人大多是由各县县长兼任,具体的办事人员也主要由县长进行任命。

比如说在1916年的京兆区,共有20个县份①,其中12个县的官产分处处长都是由县长(知事)兼任的,占到了总数的60%,具体为:良乡县官产分处处长,由县知事王承榖兼任;通县官产分处处长,由县知事李杜兼任;怀柔县官产分处处长,由县知事丁傅福兼任;宛平县官产分处处长,由县知事汤明鼎兼任;密云县官产分处处长,由县知事朱颐兼任;香河县官产分处处长,由县知事曾铨兼任;霸县官产分处处长,由县知事唐肯兼任;宝坻县官产分处处长,由县知事查美成兼任;涿县官产分处处长,由县知事朱元炯兼任;三河县官产分处处长,由县知事唐玉书兼任;蓟县官产分处处长,由县知事苏胜元兼任;武清县官产分处处长,由县知事张象焜兼任。② 在这种情况下,很有必要对京直地区县长的作为进行考察,以更深入地了解他们对于旗地清理留置工作的影响。

首先要承认的是,一些旗地所在县份的县长确实能以百姓疾苦为虑。如前已述及的清苑县知事唐景仑能根据该县的实际情况制定出较为合理的留置价值,既推进了清苑县的旗地清理工作,又使得耕种旗地的佃户在其经济能够承受的范围内获得了土地的所有权。但如此为百姓疾苦考虑的县级主政人员太少了。在民国北洋政府时期政权更迭频繁的大环境下,更多县级主政人员则是利用职务之便来追求个人的不正当经济利益。

---

① 《河北月刊》第一卷第三号(1933年3月)。
② 《京兆给奖各县官产处人员清单》,中国第二历史档案馆藏档案,1027(2)-351。

（1）北洋时期,京兆区和直隶省长期处于各派军阀混战之中,政权更迭频繁,各地的县长多由大小军阀培植而起,其中多有行伍出身之人,甚至一些地方豪强、恶霸竟也得充为县长。南京国民政府通过北伐赶走了最后一任北洋政府统帅张作霖后,在调查了原京直地区的社会状况后,就曾明确指出:"所有各县长,多以武夫滥竽,下至走卒贩夫,恶豪贱役,均得黄缘奔竞,以窃禄位。上为长官之爪牙,下为民生之盂贼,仕途庞杂,吏治混浊。"①著名的乡村建设家晏阳初先生也以自己的社会调查为基础指出:"政治非常乱,登庸已无制度,只要有朋友介绍,或者有党派关系,或者与军阀有缘,就可以去做县长。"②通过这两段资料,就不难想象当时的县长群体形象。下面将通过旗地存留较多的定县和通县的历任县知事、县长的情况,进一步了解北洋时期县长的频繁变动现象。

表 4-1　1912—1928 年直隶省定县历任县长任职时间一览表

| 姓名 | 任职日期 | 任职时长 |
| --- | --- | --- |
| 张梦肇 | 1912 年 3 月 25 日至 12 月 1 日 | 8 个月 |
| 孙家任 | 1912 年 12 月 1 日至 1914 年 5 月 12 日 | 1 年 6 个月 |
| 孙发绪 | 1914 年 5 月 12 日至 1916 年 9 月 5 日 | 2 年 5 个月 |
| 谢学霖 | 1916 年 9 月 26 日至 1919 年 3 月 3 日 | 2 年 6 个月 |
| 傅恩德 | 1919 年 3 月 3 日至 1920 年 3 月 5 日 | 1 年 |
| 何其璋 | 1920 年 3 月 5 日至 1924 年 1 月 23 日 | 3 年 10 个月 |
| 张在田 | 1924 年 1 月 23 日至 1924 年 3 月 11 日 | 1 个月 |
| 王梦鱼 | 1924 年 4 月 11 日至 1925 年 1 月 30 日 | 10 个月 |
| 柴楹 | 1925 年 1 月 30 日至 1925 年 5 月 9 日 | 3 个月 |
| 侯炳南 | 1925 年 5 月 9 日至 1925 年 6 月 23 日 | 1 个月 |
| 边英济 | 1925 年 6 月 23 日至 1926 年 1 月 1 日 | 6 个月 |

①　河北省民政厅:《河北省民政厅半年工作撷要》,1928 年 7 月—1928 年 12 月,第 14 页。参见王立群:《民国时期河北旗地管理机关人员考察》,《民国档案》2010 年第 3 期。

②　《晏阳初农民抗战与平教运动之溯源》,载《晏阳初全集》第 1 卷,湖南教育出版社 1989 年版,第 534 页。参见王立群:《民国时期河北旗地管理机关人员考察》,《民国档案》2010 年第 3 期。

续表

| 姓名 | 任职日期 | 任职时长 |
|------|----------|----------|
| 陈云官 | 1926 年 1 月 1 日至 1926 年 4 月 12 日 | 3 个月 |
| 马锡三 | 1926 年 4 月 12 日至 1926 年 10 月 29 日 | 6 个月 |
| 周景清 | 1926 年 10 月 29 日至 1927 年 10 月 11 日 | 11 个月 |
| 魏启功 | 1927 年 10 月 11 日至 1928 年 5 月 15 日 | 7 个月 |
| 赵兰馨 | 1928 年 5 月 15 日至 1928 年 9 月 21 日 | 4 个月 |

资料来源：李景汉：《定县社会概况调查》，中华平民教育促进会 1933 年版，第 84 页。参见王立群：《北洋政府时期京直地区旗地管理人员考述》，《满族研究》2013 年第 1 期。

### 表 4-2　1912—1928 年京兆区通县历任县长任职时间一览表

| 姓名 | 到任日期 |
|------|----------|
| 彭篙龄 | 1912 年 8 月 4 日 |
| 黄山舆 | 1913 年 10 月 5 日 |
| 李　杜 | 1913 年 12 月 10 日 |
| 汤铭鼎 | 1915 年 6 月 28 日 |
| 李　杜 | 1916 年 5 月 12 日 |
| 王钟仁 | 1921 年 10 月 1 日 |
| 李廷木 | 1922 年 1 月 |
| 桂　严 | 1922 年 4 月 1 日 |
| 崔麟台 | 1923 年 |
| 翁之锉 | 1923 年 1 月 |
| 郝士琳 | 1924 年 10 月 30 日 |
| 陈登甲 | 1925 年 3 月 18 日 |
| 郝士琳 | 1926 年 3 月 30 日 |
| 张效良 | 1926 年 4 月 30 日 |
| 杨殿肇 | 1927 年 4 月 28 日 |
| 吴篙皋 | 1927 年 11 月 9 日 |
| 王希祯 | 1928 年 6 月 8 日 |
| 邢预培 | 1928 年 6 月 11 日 |
| 陈绳威 | 1928 年 6 月 24 日 |

资料来源：金土坚等编：《通县志要》卷二政治·官师，民国三十年铅印本，台湾成文出版社 1968 年版，第 111—113 页。参见王立群：《北洋政府时期京直地区旗地管理人员考述》，《满族研究》2013 年第 1 期。

通过表4-1、表4-2可以看到：定县在北洋政府统治的16年间前后共有16位县长，其中只有1位的任期将近4年，2位的任期在2—3年之间，11位的任期则都不到1年，而任职时间最短的甚至仅有1月余；从1924—1929年的短短5年中，定县县长更是频繁更换了11位。通县在北洋政府统治的16年间共更换县长19位，特别是1927—1928年的2年中，县长更迭频率更高，前后共5位走马上任。由此可见，北洋政府时期地方县长更换频率是很高的。

由于在位时间短，这些县长在任职期间往往为卸任后的生活出路进行考虑，因此清正廉洁、克己奉公这些本应具有的操守就成了他们不太可能做到的事情。如1931年修纂的《满城县志略》中，就记载了满城县知事程琨在该县的旗地清理留置之时，为了尽早获得提成奖金，在未将该县旗地相关证据调查清楚的情况下，催促佃户进行留置，而且在留置过程中和过程后又不按照程序有序办理，以致该县旗地留置情况异常混乱。在其卸任后，其继任者发现该县已经进行留置却还没有拿到土地执照的相关价款多达11000余元，而留置后已经进行升科为民粮的，也多有错误，以致无法进行后续的收缴粮赋等工作。①

（2）北洋时期各县县长的工作效能也同时会受到旗地清理留置时经济利益诱惑的影响。随着清末新政以后国家政权的下移，国家不断力图加强对社会资源和财富的汲取能力，清查田亩和征收田赋就是其重要表现。因此在北洋时期的京直地区，历届政府都以旗地所在各县旗地清理留置工作推进的情况为基础，制定了相应的奖惩章程。一些县长虽然认识到本县清理中的一些问题，但因为害怕超过办理时限，而只能不顾错误加速清理；一些县长为了获得奖励，更是不顾相关契册准确与否，肆意清理。虽然在这一过程中发生了很多错漏，但省级主管部门主要还是以各县呈解款项的多寡作为对县级负责人的考核标准；相应地，各县负责人在明了这一情况之后，更是不管纰漏如何而

---

① 陈宝生修，陈昌源纂：《满城县志略》卷六，台湾成文出版社1969年版，据民国二十年铅印本影印，第191页。

一意加速清理,以稳固自身职位,同时从中中饱私囊、追求个人私利。譬如,在直隶省任丘县,由于县知事张尚瑛在清理该县旗地过程中徇私舞弊激起当地百姓不满,涉事佃农欲赴省厅告状,结果张尚瑛不但将上告佃户诬蔑为刁佃予以缉拿,甚至将为佃户们代写诉状的当地初小教员等人也抓了起来,后来张尚瑛更是以各种名目抓了不配合其徇私行径的佃户以及一些村庄的村正、村副;在文安县,县知事姚伍寅在清理该县旗地过程中违规操作,不仅羁押了一些佃户甚至当地的相关士绅,而且拘押他们的家属,导致民怨沸腾。①

除了兼职清理旗地的县长,一些由省级主管部门下派的专员也存在着不同形式、不同程度的违规行为。譬如,在滦县,一位当地富户竞买了旗地190余亩,并按照流程缴纳了全部费用,而该县官产局局长为了侵吞这笔为数不菲的款项,竟然造假隐瞒,引发讼案;在通县这样旗地遗留较多的地方,官产局局长任叙五在佃户无力留置的情况下,竟然滥施酷刑。② 一些经管旗地的庄头为了追求个人私利的最大化,就以手中掌握的各类旗地册簿作为筹码谋求县官产局局长等职务,但在成功上任后,他们并不积极清理旗地反而各种拖沓,其目的就是希望能够更长久地保有这一职务,以从中捞取好处。而当这些由庄头充任官产处处长之流的不法行径被受其欺压的佃户举报时,省级主管部门却以庄头在清理旗地过程中所关甚重为由,对他们加以袒护。③

## 三、基层工作人员

在旗地管理体系中,为数众多的基层工作人员支撑起了旗地清理和留置工作的方方面面。北洋初期,由于旗地管理体系还不健全,因此旗地所在各县对于首先纳入管理的旗租地亩采取的是临时雇佣人员,雇佣的人数则是各县

---

① 《财政厅饬发旗圈售租章程》,河北省档案馆藏档案,656-1-399。
② 萧铮主编:《民国二十年代中国大陆土地问题资料》,台湾成文出版社、美国中文资料中心合作 1977 年版,第 39833 页。
③ 萧铮主编:《民国二十年代中国大陆土地问题资料》,台湾成文出版社、美国中文资料中心合作 1977 年版,第 39827 页。

根据事情的多寡临时调整,这一时期的雇员不发钱,只给工食。[①] 从 1914 年开始,专门的管理机关在京兆区和直隶省陆续建立,名称虽在不同时期略有调整,如官产处、清理旗产事宜分局、清理旗产事务局和官产旗产荒地清理局等,但人员设置基本相同,即除了由县长兼任或省级主管部门委任的负责人外,还设立了分工负责不同工作的调查员、评判员、书记员、文牍和主计等。

客观地说,历届北洋政府对旗地的清理和留置工作,确实在一定程度上解决了旗人地主与佃户之间由于历史原因而造成的纠纷并明确了产权,同时也有助于改善旗人的生计,但决定其开展这项工作的初衷还是增加政府财政收入。既然要开展这项工作,就必须设立专门的机构来具体负责实施,因此京兆区和直隶省的相关机构建立并不断完善,相应的管理人员也不断增加,而所有的这些都需要资金来支持,于是便有了前已述之的各个时期清理章程都会提到的按照收缴款项比例拨予工作人员的规定。但即便如此,北洋时期基层胥吏的工资相较于当时的生活水平来说还是比较低的。关于这个问题,可以通过京兆区的通县、顺义县和直隶省的满城县进行考察。

表 4-3 1915 年京兆区通县清查官产分处办事人员履历、职务和月薪情况表

| 姓名 | 履历 | 职务 | 月薪 |
|------|------|------|------|
| 汤铭鼎 | 四川人,通县知事 | 兼任分处长 | 不支薪 |
| 沈乃杰 | 浙江人,曾署京兆蓟州知州,第四届保荐免试知事 | 主任 | 80 元 |
| 吴中俊 | 安徽人,曾任浙江温州府海防同知 | 办事员 | 50 元 |
| 董正祥 | 安徽人,曾任直隶涞州吏目 | 办事员 | 50 元 |
| 李元振 | 京兆人,曾署淮北抵验所大使 | 办事员 | 40 元 |
| 戴鸿纲 | 江苏人,曾署通州吏目 | 雇员,任收发事宜 | 24 元 |
| 王善同 | 京兆人,曾任陆军第三军司令部军需科科员 | 雇员,任会计出纳事宜 | 20 元 |

---

① 陈宝生修,陈昌源纂:《满城县志略》卷六,台湾成文出版社 1969 年版,据民国二十年铅印本影印,第 190 页。

续表

| 姓名 | 履历 | 职务 | 月薪 |
|------|------|------|------|
| 麟 文 | 京兆人,前法部主事 | 雇员,任书记事宜 | 20 元 |
| 刘景贤 | 江苏人,历任通县统计处秘书、汉口川汉铁路购地科书记官 | 雇员,任书记事宜 | 20 元 |
| 贾鸿恩 | 京兆人,历充通县财政科书记 | 雇员,任书记事宜 | 16 元 |
| 杨培德 | 京兆人,曾充钦天监天文生 | 雇员,任书记事宜 | 16 元 |
| 叶世勋 | 京兆人,历充通县财政科书记 | 雇员,任书记事宜 | 16 元 |
| 李用谟 | 京兆人,曾任江浙漕务北董差使 | 临时雇员,任书记事宜 | 8 元 |
| 何兆庆 | 京兆人,前充京师警务学堂会计科科员 | 临时雇员,任书记事宜 | 8 元 |
| 萧德荫 | 京兆人,曾充通县师范学堂书记 | 临时雇员,任书记事宜 | 8 元 |
| 池鹤龄 | 本县绅士 | 调查员 | 16 元 |

资料来源:《清查地亩公牍》第 3 集,中国科学院馆藏。参见王立群:《民国时期河北旗地变革研究(1912—1934)》,博士学位论文,首都师范大学历史系,2009 年,第 97 页。

表 4-4　1926 年 12 月京兆区顺义县旗产官产清理分处办事人员月薪表

| 职务 | 月薪 |
|------|------|
| 清理分处专员(1 人) | 120 元 |
| 文牍(1 人) | 40 元 |
| 会计(1 人) | 40 元 |
| 书记(3 人) | (每人)20 元 |
| 夫役(2 人) | (每人)5 元 |

资料采源:《顺义县旗产官产清理处收入支付计算书及留置地亩清册》,北京市顺义区档案馆藏,2-1-417。

表 4-5　1928 年满城县清理处办事人员月薪表

| 职名 | 月薪 |
|------|------|
| 县长(1 人) | 160 元(该县为三等县,每月月薪定制 200 元,今领八成) |
| 科长(2 人) | 112 元(其中 1 人月薪 64 人,1 人月薪 48 元) |
| 科员(2 人) | 56 元(其中 1 人月薪 32 人,1 人月薪 24 元) |
| 事务员(8 人) | 86.4 元(1913 年后由县房书改充,其中 2 人月薪 12.8 元,2 人月薪 11.2 元,4 人月薪 9.6 元) |

续表

| 职名 | 月薪 |
|---|---|
| 政务警察<br>（8 人） | 110 元（1913 年后由原民皂壮快改充为司法警察,1928 年改名为政务警察,其中 1 人月薪 12 元,1 人月薪 10 元,6 人月薪 8 元） |
| 公役（5 人） | 40 元（每人月薪 8 元） |

资料来源:陈宝生修,陈昌源纂:《满城县志略》卷 4,台湾成文出版社 1969 年版,据民国二十年铅印本影印,第 149 页。

以上三个表反映出了通县、顺义、满城旗地管理人员的月薪,那么当时这样的月薪购买力如何呢? 根据 1928 年天津南开大学社会经济研究委员会所编的《统计周报》记载,"白玉米每担八元二角,生米每担十元五角,小豆每担十元四角,花生油每百斤二十一元,豆油每百斤二十一元"[1]。这样算来,以一般科员的月薪来供养一个家庭,确实是不太高的。

在这种情况下,省级主管部门为了提高县级工作人员的工作积极性,一般都会制定从清理留置旗地的价款中提取若干予以鼓励的政策条文,如 1920 年京兆区和直隶省的旗产官产清理处成立后,规定各县清理旗地所需的经费,是由售地价款内提取 5%、照册费内提取 4%;1925 年奉系军阀控制直隶省之后,规定旗产所在各县分处的办公经费,是在旗圈地亩的留置价款内提取 5%,在旗租地亩的留置价款内也提取 5%,所提取的经费都是以 50%归县、50%上交省厅;1925 年冯玉祥部控制京兆区后,规定在所征收的证书费、造册费内提取 4%,作为各县的办公经费和奖金;1926 年奉系军阀全面控制京兆区和直隶省后,又规定各县办公经费可从清理处所得的售地价款内提取 4%,其中 1%作为县署的办公经费,3%作为所有办事人员的奖金。

由此不难想象,在薪俸不高的情况下,各县基层工作人员当然会非常重视通过清理旗地获得的奖金。以顺义县为例,顺义县在 1926 年 12 月收取的留置地价共计洋约 11051 元,提取经费和奖励约 512 元;1927 年 1 月收取的留置

---

[1]　《统计周报》,《益世报》1928 年 12 月 3 日。

地价共计洋约 15812 元,提取经费和奖励约为 790 元。从 1928 年 2 月起,改为在售地价款内提取 10%,提成内划给 300 元作为县级清理机构经常费,余款以 50% 作为基层人员奖金:1928 年 2 月,顺义县旗地留置地价共计洋约 4624元,应提 10% 计洋约 462 元,除划出机构经常费 300 元外,还剩约 162 元,那么奖金按 50% 计算的话为洋约 81 元;3 月留置地价共计洋约 6086 元,4 月留置地价共计洋约 4105 元,两个月共计 10191 元,应提 10% 计洋约 1019 元,除划出这两个月的机构经常费 600 元外,还剩 419 元,那么奖金按 50% 计算的话为洋约 209 元。① 由此不难发现,在清理旗地较多的月份,单奖金一项就有 500余元之多,而在清理旗地较少的月份,奖金则只有 80 余元。这种奖金的多寡必然会极大地影响着办事人员的实际月收入,因此这些基层办事人员必然会在经济利益的刺激下力求尽可能多地处分旗地以增加收入。

此外,一些清理处人员在赴村庄调查旗地详细情况(地亩数量、佃户)并确定土地等级的过程中,常常利用手中职权中饱私囊。如任县吉士豪一案。在任县,虽然县公署经过 1913 年的改组已经规避了一些前清陋规,但该县的钱粮过割仍可每年约收取 400 余元。吉士豪作为该县清理留置旗地的基层办事员,前后任职长达 12 年。此人本来家庭贫寒,但自从担任清理旗地的书记一职后,将本来应该上缴的留置旗地款项中的部分予以侵吞,而且对旗地经留置升科为民地征收的契税也向留置人私自加以多征,"按契载价值若干,每百钱加底一文,合洋征收,每税一元,多收银洋一分,投税人税契时,必先照章取具申请书,每张贴印花一角",到了 1925 年,吉士豪已俨然成为当地一富户,骡马成群。② 1925 年七八月间,由于刚就任的新县长对该县的众多事务还不熟悉,吉士豪又趁机将旗地留置申请书上不贴印花,共计 1000 余张,合银洋 100

---

① 《顺义县旗产官产清理分处给总务处呈送各款的文件》,北京市顺义区档案馆藏档案,2-1-423。

② 《任县书记舞弊被控》,《益世报》1925 年 10 月 2 日。参见王立群:《北洋政府时期京直地区旗地管理人员考述》,《满族研究》2013 年第 1 期。

余元，但实际上各投税人都已经按照章程交纳钱款，这样所漏贴的 100 余元印花费，又落入吉士豪的私囊之中。再如正蓝旗人载佺因为生计困难向通县官产局申请出售旗圈地亩，而通县官产局派出的办事员等人在下乡调查的过程中，不仅通令各佃户每亩留置价洋高达 11 元左右，还要各佃户们分摊他们下乡时的食宿等各种费用。① 再如滦县在 1928 年水灾、旱灾、蝗灾接连发生，土地收成自然大受影响，再加之匪患，使得人民生活达到痛苦边缘，但县政府人员依旧派出政法警察赴各村催传耕种旗地的佃户们进行旗地的留置。如果家中尚有钱财可以贿赂警察的还可拖延办理，而没钱留置又无力贿赂警察的则被锁拿到县予以羁押，更是增加了人民的痛苦。②

20 世纪 30 年代时，中央地政研究所曾经派人到全国各地调查土地状况。该所人员在走访京直地区之时，就根据实地调查总结出了各县旗地清理机构办事员的诸多问题：如下乡调查、丈量旗地时，以有无溢多为要挟向留置人索取食宿费用、车马费用和所谓酬劳费；定价时，以每亩留置地价的高低为要挟向留置人索取减则费；发放地照时，向留置人再次索取酬劳费，否则按住不发放；如遇佃户无钱留置又想留置旗地时，向其索取超额延期费，否则就威胁将其锁拿到县政府并予以羁押；如遇旗人地主遗失土地册或不熟悉自己的土地情况时，基层人员还常常假冒地主冒领留置款项。③ 由此可见，各县的基层办事人员盘踞于政府与佃农之间，他们借助手中这些看似微小的权力却又给广大留置人员增添了一重又一重的负担。

其实，按照韦伯的观点，如果要维护政府机关中工作人员的廉洁自律，即使有了完善的体制也依然是不够的，还要满足他们在经济利益方面的需求。如果不能的话，政府机关中的工作人员就会常常利用自己手中的权力来为自

① 《载佺呈报售地》，中国第二历史档案馆藏档案，1040-120。
② 《滦县催买官产》，《益世报》1929 年 2 月 3 日。
③ 萧铮主编：《民国二十年代中国大陆土地问题资料》，台湾成文出版社、美国中文资料中心合作 1977 年版，第 39831 页。

己谋取私利。纵观北洋时期旗地清理和留置的过程,历届北洋政府往往只关心他们最想得到的旗地清理相关款项有没有按时、足额征收上来,而不太在乎从省到县再到具体经手人员有没有违规操作。同时,为了督促旗地清理留置而制定的各项奖惩政策,也逼迫着县级机构的专员和办事员们不顾错漏而只求迅速推进工作。再加之较低的薪俸,使得大多数工作人员更是难以做到廉洁自律了。

# 小　　结

从北洋初年全国官产处的成立到最后的奉系军阀主政京直地区,有关京直旗地的管理体系不断健全,体现了与时代同向的进步。不过,相关的管理人员和工作效能却未能同时走上高效运作的轨道。

其实,在旗地清理留置的过程中,省、县管理体系中的各级各类工作人员,既是中央政府和省政府旗地政策的传达者,又充当着旗地清理和留置等具体工作的实际操作者,不仅如此,他们还是清理旗地关涉各方的中间联络者。如前所言,确实有着如清苑县知事唐景仑等能够以民生为考虑的优秀执行者,但这样的人相较于整个体系而言却是少之又少。不仅如此,更多的相关工作人员所表现的则是各类贪污腐败行径。这就从整体上决定了北洋政府所推行的旗地清理留置工作不可能完全实现初衷。

清末至民国时期,中国的政治模式开始艰难地从"人治"向"法治"转型。新旧政治模式的转换,对于一个缺失中央权威的政府来说,是危险的,也是困难的。北洋政府时期军阀政治四分五裂的政治格局,就决定了当时的中央政府必然缺少必要的中央权威,各地独大的军阀们并不关注组织制度建设,家族势力而不是国家权力依然是管理各地方事务的主导力量。这样,当中央政府力图利用国家权力改造和重组传统社会时,就遭遇了极其强大的阻力,因而出现国家权力的渗透性危机。北洋时期京直地区各级工作人员所出现的前述问题,就是一个很好的例证。总体而言,虽然北洋时期出台旗地清理留置政策的初衷是为了增加政府的财政收入,但客观而言,其也在一定程度上代表了国家合理分配公共利益的格局与原则,不过由于更迭频繁的北洋政府根本不可能建立起渗透到全国各地基层的强势行政体系,所以也就克服不了中央与地方行政机构管理低效与监察失控的弊病。这就使得京直地区从省到县的各级旗地管理机关不仅可以上下串通、共图私利,而且降低了这些工作人员以私人利益侵害群体公利时会受到的约束与惩罚风险。这样,历届北洋政府所推行的清理留置政策在从省到县的各级工作人员谋取私利的扭曲下,就不可能较好地实现旗地转化为民地这一本来能够使得京直地区社会地权问题更加合理的变革。

# 第五章 "旗地变民"中的特殊群体——庄头

## 第一节 从《红楼梦》中的乌进孝看清代的庄头

庄头这个词汇,其实并不陌生。说起国人对于庄头的认识,最绕不开的可能就是作为四大名著之一《红楼梦》中庄头乌进孝的出场了。下面就从乌进孝谈起,首先对清代的庄头做一简略追述,然后考察庄头在北洋时期的作为。

### 一、从乌进孝谈起

相信很多读者都对《红楼梦》中贾府"膏粱佳肴、锦衣玉食"的奢华生活有着深刻印象,而原著第五十三回中作为贾府四大庄头之一的黑山庄庄头乌进孝在年底向贾府交租的场景,就是对贾府这一生活状况的一段重要侧描。贾府有四大庄头,他们作为贾府庄园的代理人,专门监管督促佃户生产、催收地租、摊派劳役等日常事务,并按时上交账目和收入。黑山庄庄头乌进孝在年底向宁国府贾珍送去实物清单和银两时,首先呈诉说该年因为受灾所以收成实在是不好,但仍然向贾府交付了:

大鹿30只;獐子、狍子各50只;暹猪、龙猪、野猪、腊猪各20头;野羊、青羊、家汤羊、家风羊各20只;鲟鳇鱼2尾,各色杂鱼200斤;活鸡鹅鸭、风鸡鹅鸭各 20 只;野鸡、兔子各 200 对儿;熊掌 20 对;鹿筋 20 斤;海参 50 斤;鹿舌、牛舌各 20 条;蛏干 20 斤;大对虾 50 对儿;干虾 200 斤;还交来外卖果谷牲口各项折银 2500 两,外有孝敬哥儿姐儿的活鹿 2 对儿,活白兔、羔兔各 4 对儿,活锦鸡、西洋鸭各 2 对儿。①

从这段描述可以看到,一个受了灾的庄子就向宁国府上交了这么多东西,如果再加上贾府其他庄子的上缴,那会是何等巨大的财富。当然,乌进孝在充当贾府庄头上交应缴财富的同时,也为自己捞取了很多利益。贾珍就此讽刺过乌进孝:"这个老砍头的!今儿才来!……我才看那单子上,今年你这老货又来打擂台来了。"②面对贾珍的质疑,乌进孝以黑山庄当年的歉收和天灾作为搪塞的理由。而贾珍虽不满意乌进孝贡纳的数量,但天高皇帝远,贾府只能依靠像乌进孝这样的庄头去替其管理自己的庄园,完成经济收入的催办。因此他们对乌进孝之类庄头的从中渔利也只能是睁一只眼闭一只眼。

关于《红楼梦》著者曹雪芹是否是汉军旗人、他的祖父是否是做过康熙伴读后任江宁织造的曹寅,其家世考证不是本书考察的重点。不过,创作源于生活。生活在清代的曹雪芹对《红楼梦》的创作即使不是源于自己的生活体验,也一定是源于当时的社会现实。因此,《红楼梦》中庄头乌进孝向贾府贡纳片段的描述便引出了本书所要考察的一个重要问题,即庄头在清代的社会地位。而通过这段描述我们可以看到,庄头乌进孝虽然是作为贾府的奴才为其管理庄园、向其缴纳生产财富,但是乌进孝这样的庄头却可以通过对主人庄园的实际管理而追逐到自己的个人利益,因而成为庄园之上的二地主。下面,对清代的庄头做一简要回顾。

## 二、清代的庄头

清代的庄头分为很多种类:以庄园的规模为划分,可以分为一等、二等、三

---

① 曹雪芹、高鹗:《红楼梦》,岳麓书社 1987 年版,第 579 页。
② 曹雪芹、高鹗:《红楼梦》,岳麓书社 1987 年版,第 580 页。

等、四等、伙办四等和半分庄头等；①以土地的归属来划分，可以分为皇庄庄头（亦称内务府庄头）、王庄庄头、八旗官员户下庄头、官庄庄头等；以庄园贡纳的品种为划分，可以分为纳粮、纳棉、纳豆、纳靛、纳稻、纳银两庄头和瓜、果、菜园园头等；以分管衙门为划分，可以分为会计司所属庄头、都虞司所属庄头、掌仪司所属庄头、掌管三旗银两庄头处所属庄头、口外热河总管所属庄头、山海关外锦州副都统所属庄头、盛京内务府所属庄头、盛京礼部、工部、户部官庄庄头等。② 虽然这些庄头的种类各不相同，但是各类型庄头的职责和社会地位是基本相同的。

此外，从来源而言，庄头又可以分为内务府派充和投充两大类：派充庄头既包括由内务府派往管理各个皇庄的庄头，也包括由内务府分拨给各王府、贝勒府等管理庄园的庄头；投充庄头则更为复杂一些，面对清朝入关之初在近畿一带的跑马圈地，一些原先的土地所有者为避免被圈占主动带地投充到内务府下或其他王公贵族门下，由此这类土地成为投充旗地，而这些投充者的身份也由原来的独立土地所有者变为投充庄头，他们不再向国家缴纳田赋，而改为向接受投充者缴纳旗租。

对于这些庄头，清朝原则上采用的是世代继承，即由长子嫡孙顶补接替的办法。如在中国第一档案馆所藏档案《总管内务府慎刑司奏为失察误放庄头将盛京内务府催长张自然议处事》中提道："总管内务府谨奏为查议具奏事准吏部咨准盛京内务府移咨佐领延福呈称为据实检举事，前于嘉庆三年九月内庄头金保病故一缺，定例庄头遗缺俱补放长子长孙，如无子嗣，将伊胞弟及族

---

① 康熙八年题准：关内地区的一等庄，占地三十六顷；二等庄，占地三十二顷；三等庄，占地二十八顷；四等庄，占地十八顷；半庄，相当于四等庄的一半。关外地区的一等庄，占地五十四顷；二等庄，占地五十一顷；三等庄，占地四十五顷；四等庄，占地三十九顷；半庄，相当于四等庄的一半。旗庄每十年重新编审一次，编审后又重新确定庄园等次，因此庄头会争相扩充土地。所以到乾隆年间，各等庄园所占地亩并不划一。

② 魏鉴勋：《论清代庄头的社会地位》，载白寿彝主编：《清史国际学术讨论会论文集》，辽宁人民出版社1990年版，第383页。

中能管人者补放等语……"①

之所以如此,主要有以下几个原因:第一,旗人虽是土地的所有者,但由于并不具体经营,所以只有熟悉这些粮、棉、豆、靛等生产庄园的地亩四至所在、租佃、土性农情特点以及本庄园中壮丁的人,才适合担当此职务。而这就要求这些人应该是在此处土生土长,并有前辈的经验可以学习借鉴。因此,庄头的后人无疑是不二人选。同时,长子嫡孙继承制的实行又使得庄头同时具有家族首领的地位,这样将庄头的职务与家族首领的地位结合起来,有利于更好地统领亲丁,再通过亲丁来把控壮丁,以维护旗地庄园的平稳运行。第二,让庄头世代继承这一职位并赏给他们一定的利益,既有利于促使庄头们为了获得自身利益而促进他们兢兢业业的管理好庄园,并更好地长期培育地力;又可养成一批忠心为旗人地主服务的世仆。第三,投充庄头的特殊性。如前所述,由于投充庄头是带地投充到旗人门下,虽然他们将土地所有权献出,由地主而变为庄头,但清王朝是保护这样的投充土地不能被任意典押出卖的,这样也就使得投充庄头对其投充的土地保有使用权的继承权。

不过,由于子孙繁衍、分支愈多以及绝嗣过继等各种原因,还是会出现争抢庄头继承权的各种官司。按照长子嫡孙继承制,现任庄头去世,自然是由其长子来顶补,只有长子嫡孙由于各种原因不愿继承,才可以由其他房的子孙顶补。如果长房是因为没有后人可以继承,则必须办理官方承认的手续后方可由过继之人来继承。如果现任庄头因为拖欠钱粮等原因被革退,那么他的子孙们就不能再顶补为庄头,而是由有意顶补者按照家族内部亲疏的顺序进行申请,不过顶补庄头之人则需要清偿前任庄头所拖欠的钱粮。虽然有关庄头顶补的规定如此之多,但终清一代,有关庄头顶补接替的官司诉讼始终不断。

以乾隆五十二年(1787 年)的刘湛案为例。刘湛,本为隶属民籍的贡生,

① 《总管内务府慎刑司奏为失察误放庄头将盛京内务府催长张自然议处事》,中国第一档案馆藏档案,05-0476-095。

但他为了当上庄头,先是买通了本屯的旗地领催和族长,假装为旗籍,然后又贿赂族长保举他的儿子为庄头;事情败露后,刘湛又向办理此案的户部书吏进行行贿,而行贿的数目也是非常巨大的——700多两白银和300亩土地,他的目的就是希望通过此举能让这位户部书吏以户部的名义告知其所在地政府,为其撤销罪责,并保住他儿子的庄头地位。① 由此可见,庄头从表面看来就是旗下的听差甚至奴仆,但一些人却不惜百般钻营行贿以求充当此职,其根本原因就是巨大经济利益的驱使。

再以获鹿县的匡姓庄头为例。先来看一份中国第一历史档案馆所藏《清代谱牒档案》中的宣统二年(1910年)匡姓庄头家谱。

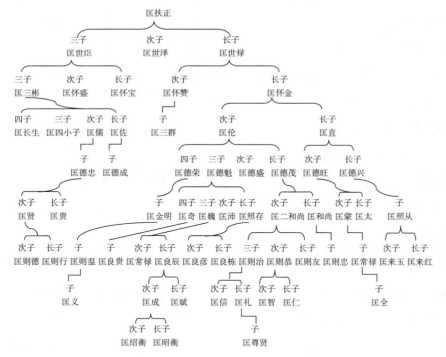

**图5-1 管理三旗银两庄头处镶黄旗获鹿县大果村居住庄头匡则恭呈报家谱图**

资料来源:中国第一历史档案馆:《清代谱牒档案》,5-17-5,人事7812。

---

① 《内务府奏销档》乾隆五十二年十二月十七日,内务府、刑部奏。转引自韦庆远:《〈庄头家谱〉与清代对旗地的管理》,《中国社会经济史研究》2001年第2期。

再结合中国第一历史档案馆所藏的一件道光三年(1823 年)12 月 25 日内务府关于获鹿县匡家的档案为例。

道光三年(1823 年),已故庄头匡德旺之妻匡王氏向内务府呈称,其夫匡德旺过继给庄头匡伦为子,载入丁档,匡伦病故后,匡德旺接充庄头。嘉庆二年(1797 年),匡德旺病故,其子匡蒙接充庄头,但因匡蒙年仅 4 岁,所以实际由亲丁匡德荣、匡太二人代办钱粮。嘉庆八年(1803 年),因为匡太拖欠钱粮的事情,而误将匡蒙庄头革退,让匡德荣接充。嘉庆二十二年(1817 年),匡蒙成丁,经过控告,虽然将匡德荣革退,却又断给亲丁匡二和尚充当庄头,因此呈请复还匡蒙充当庄头。

于是内务府饬令司员检查案卷,查明原来已故庄头匡德旺系革退庄头匡直之子,于乾隆二十一年(1756 年)入档之时在庄头匡伦名下。内务府称,"乾隆四十九年臣衙门内务府因庄头仅有丁档,饬令庄头自行造报家谱",匡伦即将匡德旺归入匡直名下。乾隆五十二年(1787 年)匡伦病故,据匡伦之子匡德茂结称,匡德旺素务农业,于是内务府援照乾隆三十年(1765 年)以前例,准革退庄头子孙顶替,将匡德旺补放庄头。嘉庆二年(1797 年),匡德旺病故,其子匡蒙接充,年甫 4 岁,于是派令匡德荣、匡太二人代办。嘉庆八年(1803 年),因为匡太拖欠钱粮,将庄头匡蒙革退。根据匡蒙的亲丁匡德盛等人均称无力充当庄头,于是同保匡德荣代完陈欠顶替庄头。嘉庆二十二年(1817 年)据匡蒙以伊叔匡德荣霸占庄头等情呈控,经过内务府慎刑司讯明,匡德荣代办匡蒙庄头,因匡太拖欠钱粮一半,致将匡蒙庄头革退,匡德荣即接充,又逼嫂子匡王氏改嫁,因此当将匡德荣革退庄头,枷锁示惩。

内务府认为匡蒙系革退庄头匡直之孙,之前虽然是误被革退,遵例不准匡蒙复充庄头,所遗之缺照例补放匡二和尚充当。但是又查乾隆三十年(1765 年)始定革退庄头遗缺不准其子孙顶替,匡直系在乾隆七年(1742 年)革退,似应准其子孙充当。且匡蒙究因年幼系由代办之人误差被革,咎非自取,若不准其复还庄头,也不合适,但若全行复还,又不足以"服现充庄头匡二和尚之心,且无以示限制",总管内务府大臣英和、禧恩、穆彰阿等公同酌拟"请将该庄头承领地亩饬令匡蒙、匡二和尚均分一半,各给执照,自行承当差务",同时内务府声明"嗣后不得援以为例"。①

从这段资料可以看到:一方面,为了照顾家族利益、减少家族内部的纠纷和争斗,庄头的顶补一般会以长子长孙继承为原则;另一方面,从皇帝利益来讲,又需要在一定范围内选择更优秀的人,如擅长农务或有较强能力管理亲丁和壮丁的人接充庄头以更好地完成庄园的管理任务。因此,当有关庄头顶补出现争讼时,内务府的判定会以家谱册为基础并结合具体情况不断进行调整。

清朝初年跑马圈地,常常把数百甚至上千户人家的土地房屋圈为一庄,而登记数目往往并不详确;带地投充者投到旗人门下时,为了减少将来要缴纳的旗租数量,也常常少报土地数量。因此,直隶各州县的册载旗地总额和各庄园的实际土地数目相比,大多偏低,实际土地数目常常是册载土地数目的数倍。譬如雍正时期的监察御史苗寿就曾上奏称,带地投充之民人,往往向受投充者隐瞒土地的真实数量,有的甚至多达数顷或数十顷。而不在官方册籍登载土地的收获物或租金,就成了庄头这类人群的私有收入。对此,内务府等虽然多次派人前去丈量,但因京直地区旗地数量庞大且犬牙交错,很难丈量准确,终究未能获得确切数目。根据《内务府会计司所属庄头造报地亩清册》记载,在会计司管辖的庄头中,正式申请所经管旗地在 3000 亩、5000 亩、7000 亩、8000亩甚至 1 万 2 千亩的就多达数十人,而实际上他们手中的土地数量可能会远远多于其上报数量。因此,不少庄头不仅领管旗地众多,而且实际控制大量并未在官方册籍登载的黑地,成为盘踞于这些旗地之上的拥有不可小觑能量的二地主。

在拥有巨大经济能量的同时,这些庄头还往往倚仗旗人的政治权势横霸

---

① 《总管内务府会计司奏为已故庄头匡得旺遗缺由其亲族分承差各事》,中国第一历史档案馆藏档案,05-0627-069。

一方,并日益发展成为农村中一种依附当权势力、享有既得利益的阶层。其实从顺治年间开始,庄头的这种情况就已经存在。如顺治二年(1645年)时,就有大臣奏称"今闻各处庄头人等,辄违法禁,擅害乡村,勒价强买,公行抢夺,逾房垣、毁仓廪,攘其衣物资财,稍不遂意,即恃强鞭挞。甚至有捏称土贼,妄行诬告。且狡狯市侩,甘为义子、豪仆,种种不法,肆行横恶,殊为可恨。"①雍正帝刚刚继位不久,就查处了两例直隶地方罪大恶极的庄头案件。直隶巡抚李维钧多次向雍正帝上奏房山县庄头李信父子、宛平县庄头索保住父子及其侄邬允一在当地的恶行。据直隶巡抚李维钧称,房山县的庄头李信父子劣迹斑斑:他们不仅招买打手霸占当地采石业,还强抢附近居民牲口用以拉车,而李信父子通过此业,每年可得暴利多达4万余两白银;李信还强占临县宛平县民人于文龙的媳妇王氏为妾,同时还强占本县陈铁匠的弟妇三儿为妾;李信父子还通过放高利贷,吞占了房山县诸多民人的房屋,甚至将不能偿还高利贷者的妻儿逼为家奴。宛平县的庄头索保住父子也是同样罪恶累累:他们不仅通过要挟佃户唯自己马首是瞻,成为地方恶霸做尽坏事,甚至随意侵吞他人家财;索保住父子也是广放高利贷,对于不能偿还的,不仅吞占其房产亦勒买其妻女为奴;索保住父子还与李信父子勾搭成奸,黑势力地跨数县,他们出行时往往携带刀枪及数十个随从,而受其迫害者因为害怕根本不敢进行上诉。对于李信父子及索保住父子放高利贷、在地方横行无忌并强抢妇女、滥杀无辜的恶行,雍正帝首先将他们怒批为一群恶棍,又批示称:"此二人之家产,俱不下数十万之富,所以敢于骄纵。现存者清查,隐匿者搜追,并其爪牙党恶扰害百姓,即于此案一并推究审出,勿使漏网,以示惩创,以舒畅小民怨抑之气。"同时,雍正帝也清楚地指出,这些人往往善于与内廷高管进行结纳钻营,因此指示直隶巡抚李维钧,如有人敢阻碍求情等,可直接告知是按皇帝的旨意来办的。这样,经过雍正帝的严旨查办,最终将庄头李信父子及索保住父子等人处

---

① 《清世祖实录》卷十五,中华书局1985年版,第30—31页。

以斩立决,他们的亲属则被发配到山海关外庄头名下当苦差。① 后来,直隶巡抚李维钧又向雍正帝上奏了宝坻县焦姓庄头兄弟的恶行,并称这兄弟二人比李信父子更坏。据直隶巡抚李维钧称,庄头焦国栋、焦国璧兄弟二人在各自居住的县城和乡村横霸一方,他们不仅拥有几千顷土地,还广开当铺和各类店房,所以受其迫害的民人也不敢有任何反抗,并列举了查访来的焦姓兄弟恶行:焦国栋奸淫家人妻女,众家人情急,将其捆绑在厅堂之中,而宝坻县令及守备等人还到其家好言相劝去其怒气;焦国栋打死家人刘进台后贿买其亲属,不行呈报;焦国栋打死家人崔之林的媳妇,并抛尸于河中;焦国璧欲强奸家人万六的媳妇,该女不从上吊自杀后,焦国璧又将万六打死;焦国璧打死壮丁常柱和李三;焦国璧包揽民人张海宇强奸雇工人之媳妇不从打死命案,得贿银800余两;焦国璧包揽民人王二打死雇工人张姓命案,得贿银数百两。对于焦姓庄头兄弟的恶行,雍正帝也是下旨严办。② 当然,像李信父子、索保住父子和焦姓兄弟这样极端恶劣的庄头,数量并不为众。但通过雍正帝的朱批,可以很清楚地看到这些庄头恶势力已经与内廷沆瀣一气,纠结成为甚至连一省大吏也未必能够顺利摧毁的力量。由此可见,庄头的特殊利益和权势是不容小觑的。

即便庄头存在着如上的诸多问题,但清政府对其从总体而言采取的还是睁一只眼闭一只眼的态度,即必要的时候给予一定的约束,但还是以利用为主。原因很简单,要维持与社会发展方向并不相符的旗地制度,就不得不依靠庄头帮其经营。可以说,作为旗地制度的重要支撑,清政府绝不会也不敢轻易动摇这套管理体系。

---

① 中国人民大学清史研究所、档案系中国政治制度史教研室合编:《清代的旗地》(中册),中华书局1989年版,第515—516页。
② 中国人民大学清史研究所、档案系中国政治制度史教研室合编:《清代的旗地》(中册),中华书局1989年版,第516—517页。

## 第二节 北洋初年庄头的变化

1912 年,清帝退位,民国肇建。曾经的特权阶层——旗人的社会地位发生了翻天覆地的变化。而随着旗人的失势,很多曾经作为他们旗下听差甚至奴仆的庄头也随着时代的剧变,逐渐变化着。前文述及了清代庄头借着巨大的经济能量及旗人权势横行一方,下面以《红楼梦》中"张庄头"一角所揭示的庄头面对更强大势力时的弱势一面为切入点,探讨清政府倒台后庄头的转变。

### 一、从《红楼梦》"张庄头吃官司"看曾经庄头的另一面

性格刚烈的尤三姐和性格优柔的尤二姐是《红楼梦》第 64—69 回中描述的重点,二人同样悲惨的命运令人不胜唏嘘。同时,围绕这两个主要人物,曹雪芹还带出了那个时代具有典型特征的人物素描,譬如曾与尤二姐指腹为婚的张华。

小说这样描写这个人物:"张华之祖,原当皇粮庄头,后来死去。至张华父亲时,仍充此役。"[1]由此可知,张华祖父和父亲都是皇庄庄头,如果不是惹上官司,张华也应继承成为庄头。由于张华的父亲与尤二姐母亲的前夫熟络,便将张华与尤二姐指腹为婚。但张家后来不幸遭了场官司,家道中落。于是,贾琏便仗着贾府的权势逼张家写了退婚书,并娶了尤二姐。王熙凤调查清楚此事后,就趁贾琏外出之机,命心腹使计教唆张华去官府告状,要人要钱。在达到自己的目的之后,又使计恐吓张华,买通都察院逼张华逃回原籍。[2]

本书前面对于庄头"二地主"的地位做了诸多论述。尤其是像张华祖上那样的皇粮庄头,虽然身份不高,但仗着属内务府直接管辖的权势却往往横行不忌。而张华这个人物的出现,又为我们揭示出了庄头的又一面真实情况。

---

① 曹雪芹、高鹗:《红楼梦》,岳麓书社 1987 年版,第 739 页。
② 曹雪芹、高鹗:《红楼梦》,岳麓书社 1987 年版,第 778—787 页。

即在清代,无论庄头这类人群有过怎样的权势地位,但追根溯源,他们依旧是旗人中的奴仆,他们的命运也比较脆弱,有着随时破家失产的危险。而决定这一切的,就是整个王朝的权力中坚——以首崇满洲为基础的八旗制度。那么,当这种权力改变以后,又会呈现出一种怎样的态势呢?

## 二、主子倒了,庄头变脸

有清一代,王庄、一般旗地乃至皇庄的管理都需要依靠旗地的实际经管人——庄头。特别是一般旗地,首先通过庄头来收取旗租,收齐后缴纳至各旗的都统衙门,然后再由各旗都统衙门转发下去。因此,在旗地的实际经管过程中,庄头是具有非常重要的作用的。清逊民建之后,很多庄头都利用自己家族世代经管旗地的便利,通过各种方式来追求经济利益。在这个过程中,庄头们会将旗地情况故意紊乱,就导致了旗地乱象更加严重。如有的庄头在旗人的不断催促下,先是尽力欺瞒,不得已才会交给他们部分旗地租金;有的庄头随着政局变换,便将收取的旗地地租全部占有,而对旗人地主避而不见;有的庄头知道旗人地主已经将租照丢失,甚至狡辩称旗地已经被长典与己。[1]

以 1914 年 12 月 15 日前清王公肃王善耆向京师警察厅控诉其下庄头牛长贵为例。善耆称,肃亲王府在大城县王家口这一带拥有 1 万 1 千 9 百余亩旗地,一直是由庄头牛长贵负责具体的经管事宜。前清时代,庄头牛长贵都是每年按时向王府上缴旗地租金,从来没有过拖欠等情况。但在清逊民建的交接之时,京畿地区的社会秩序是比较混乱的,因此肃王府无暇顾及收取旗地租金的问题,而庄头牛长贵也是未再按时到肃王府中主动上缴旗地租金。1913 年秋天京畿一带局势稳定之后,善耆曾派人去找庄头牛长贵收取租金,而牛长贵却一味推三阻四。后来经过肃王府多次派人前去交涉,牛长贵才于 1914 年底来到肃王府,但是牛长贵此来非但没有缴清拖欠的旗地租金,甚至还声称老

---

① 萧铮主编:《民国二十年代中国大陆土地问题资料》,台湾成文出版社、美国中文资料中心合作 1977 年版,第 39676 页。

肃王早就将这一万余亩的旗地长典给他家,并据此称此次前来就是为了办理土地的交割手续。善耆痛斥庄头牛长贵为"心肝丧尽无法无天之徒",并引用《清室优待条件》,希望京师警察厅能够严惩牛长贵。[①]

此外,庄头郭宝因拖欠钱粮被前清内务府革退一案,也是一个典型案例。庄头郭宝,家住良乡县大广杨城村,他本是家族中前庄头郭致广的户下亲丁。1914 年 7 月,前庄头郭致广因拖欠钱粮被前清内务府革退,郭宝则自愿补交郭致广拖欠的旗租,接充为庄头,经管着获鹿县大郭村、于底村、南简良、东简良、西简良、马村和康家庄等 8 个村庄的 11 顷余的旗地。但两年后的 1916 年 7 月,郭宝也因为拖欠 1915 年和 1916 年的旗租而被前清内务府革退。而且根据前清内务府派人前往获鹿县调查得知,郭宝拖欠旗租并不是佃户们未交旗租。大郭村乡长张保连、于底乡长赵天德、南简良乡长杨春连、东简良乡长张思成、西简良乡长谢明仁、马村乡长刘善成和康家庄乡长件正成明确表明,他们这些村庄中该向郭宝缴纳旗租的佃户们都是按时全数上缴完毕,没有任何拖欠,而且各种相关证据非常完善。对此,前清内务府一方面发函给获鹿县政府,请他们暂行收管郭宝名下经管的旗地旗租,等找到合适庄头人选再进行交接,并张贴告示通知各佃户不得再向郭宝缴纳旗租;另一方面,清内务府也发函给良乡县政府,请求派人协助找寻郭宝,而郭宝所居住的大广杨城村旗乡长方德却声称,在该地逐户寻找郭宝,但查无其人。至此,这一案件成为一桩无头公案。而就在 3 个月后的 1916 年 10 月,家住宝坻县的皇庄庄头鄂宝川呈文称,其愿意垫交郭宝所拖欠的 1916 年旗租,来接手郭宝名下坐落在获鹿县 8 个村庄中的皇庄地亩。前清内务府当然乐见此举,很快准许了申请,"希即转饬获鹿县即将前收管代征革退庄头郭宝名下地十一顷七亩八厘四毫二丝内有铁路占用之地传佃全数指交庄头鄂宝川收领,令自乙卯年为始,按照旧征租数起租当差",同时为追回郭宝所欠的 1915 年的旗租,仍催良乡县政府代为

---

① 萧铮主编:《民国二十年代中国大陆土地问题资料》,台湾成文出版社、美国中文资料中心合作 1977 年版,第 39677 页。

严寻郭宝。根据获鹿县 1916 年 10 月编订的《代征内务府旗租簿》，郭宝在获鹿县经管的大郭村、于底村等 8 个村庄的皇庄租额每年可收取 280 余两银，这显然不是一笔小的数目。虽然笔者并未找到其他档案来追踪郭宝的后续情况，但郭宝因为私吞两年的旗租就潜逃而走，足以反映出充当庄头的实惠。[①]

同时，居住于外县的 28 岁庄头鄂宝川心甘情愿地垫付拖欠旗租以求得跨县旗地的经管权，不难推断，此人具有雄厚的经济基础。关于这一点，中国第一历史档案馆所藏《清代谱牒档案》中的《庄头地亩册》对笔者的推断给予了佐证。通过对 117 册内务府管理三旗银两庄头处庄头地亩册的翻检，笔者发现镶黄旗宝坻县广良墓居住庄头鄂家是一个子孙非常繁茂的大家族[②]，且经管着多地的大量皇庄，如鄂昆鹏名下坐落蓟县地 13 顷 8 亩，房 24 间；鄂宝河名下坐落滦县地 18 顷 43 亩；鄂云舒名下坐落涿县地 8 顷 52 亩；鄂云舒名下坐落香河县地 1 顷 42 亩；鄂昆鹏名下坐落香河县地 2 顷 5 亩，房 6 间 8 分；鄂宝川名下坐落顺义县地 5 顷 80 亩，房 9 处；鄂珍名下坐落顺义县地 18 顷 30 亩，房 52 间，房 18 处；鄂宝河名下坐落徐水县地 16 顷；鄂钺名下坐落宝坻县地 10 顷 46 亩；鄂衔名下坐落通州地 18 顷 38 亩，房 18 间半；鄂魁鹏名下坐落三河县地 18 顷；鄂钺名下坐落涿县地 7 顷 53 亩；鄂昆鹏名下坐落蓟县地 6 顷 86 亩，房 136 间 1 分 3 厘；鄂锡恩名下坐落武清地 26 顷 24 亩。因此，鄂家经管着包括蓟县、滦县、香河县、顺义县、徐水县、宝坻县、通州、三河县、涿县和武清等地在内的皇室庄田 170 余顷。[③] 通过这样的一组数据，我们完全可以想象出世代经管旗地的庄头家族在当时的乡村社会中是拥有优越的经济地位的，所以他们不计跨县遥远去承揽旗地的经营权，也可以从另一个侧面反映出充当庄头的实惠。

---

① 《内务府革退庄头郭宝谕令各佃不再向其纳租》，河北省档案馆藏档案，656-1-594。

② 关于鄂家的情况，可见文尾附录：《管理三旗银两庄头处镶黄旗宝坻县广良墓居住庄头鄂恒呈报家谱图》。

③ 《内务府谕令各佃不再向革退庄头郭宝纳租》，河北省档案馆藏档案，656-1-594。

通过这样的一组档案可以看到,虽然清帝已经逊位,但善耆作为一位曾经身担重职的前清王公毕竟还具有一定的社会地位,而内务府更是作为为前清皇室服务被遗存下来并受到《清室优待条件》保护的机构,他们属下曾经的庄头就敢抗租不交甚至公然霸占旗地。由此推断,这些庄头对待其他曾经的旗人地主又会是怎样的一种态度。

## 第三节 "旗地变民"中的庄头

由于庄头世代经管旗地的特殊性,他们不仅是有清一代满洲统治者用以维护、延续旗地制度的支撑纲络,而且到了北洋时期也俨然成为历届政府推进清理、留置旗地工作的重要依托。正是基于如此特殊且重要的地位,庄头们不仅钻旗地留置政策的空隙为自己大肆捞取经济利益,甚至通过留置购买大量旗地而形成地方势力的中心。

### 一、北洋政府对庄头的倚重

虽然庄头有着种种劣行,但无论是对于希冀通过清理和留置旗地获得财政补充的北洋历届政府,还是对那些希望获得售租价款来改善生计的旗人地主,庄头都是他们不可缺少的依靠者。因为只有通过庄头们掌握的各类旗地册籍,北洋历届政府和旗人地主才能顺利地推进售租。对于这一点,北洋时期的历届政府都有着很清醒的认识。如他们在公文往来中说道,对于清理旗产而言,最为重要的就是找到旗地地册。如果旗地地册、佃户姓名以及旗地亩数与地点四至等信息都不够准确的话,旗地的清理留置工作从源头上就无法开展;[①]而要想搞清楚这些信息,必须找到实际经管旗地的庄头,因为他们不仅保有各类地册、佃户册等,而且世代盘桓于旗人租主与耕种佃户之间,各种情

---

① 《河北官产总处通令字第 4 号》,河北省档案馆藏档案,656-3-616。

况都比较熟悉,是清理留置旗地工作中最为重要的环节;①不仅如此,很多庄头都经管着两三个甚至更多个县份的旗地,因此能够获得此类庄头的协助,无疑将极大促进旗地的清理留置进程。基于此,北洋时期的历届政府在开展旗圈地亩和旗租地亩的清理留置工作时,都要通过各县竭力找寻到庄头并获得他们所掌握的各类旗地册据。

为了鼓励庄头积极向政府上交旗地地册,历届北洋政府还专门出台了针对庄头的奖励政策。如奉系军阀在1926年夏全面控制直隶省和京兆区之后,为了增加财政收入,很快就开始了对旗地的清丈留置工作,而专门负责这项工作的清理旗产事务局在8月便出台了《奖惩庄头催头办法五条》。而制定这一专门章程的原因,清理旗产事务局在给各县的训令中也说得很明白,"查旗圈地亩,陈报最关重要,催头辅助庄头亦有相当关系,兹为诱掖庄头、催头等出力赞助,并预防阻挠起见"。②

那么,这样的类似章程究竟有没有真正地起到作用呢? 来看一份这样的档案——《顺义县旗产官产清理分处关给总务处呈送各款的文件》。这份档案对于1927年京兆区顺义县官产处发给庄头的奖金进行了记载:庄头周福继协助清理前清定王府坐落于顺义县的旗地,定王府可得价款为2145.71元,庄头可得奖励金为42.91元;庄头杨玉斌、屈震和张永年三人协助清理前清阳志郡王府的旗地,郡王府可得价款为1882.08元,三位庄头可得奖励金共为37.63元;庄头屈震协助清理钟宅的旗地,钟宅可得价款为222.95元,庄头可得奖励金为4.46元;庄头杨星齐、于春安、崔芳甫三人协助清理前清内务府各司的旗地,内务府可得价款为2042.85元,庄头可得奖励金为40.85元;庄头徐鸿恩协助清理永良府的旗地,永良府可得价款为392.11元,庄头可得奖励金为7.84元。③ 通

---

① 《清理旗产事务局训令第90号》,河北省档案馆藏档案,656-2-820。

② 《清理旗产事务局训令第90号》,河北省档案馆藏档案,656-2-820。

③ 《顺义县旗产官产清理分处关给总务处呈送各款的文件》,北京市顺义区档案馆藏档案,2-1-423。

过这份数据,可以发现,庄头确实因为协助政府进行旗地的清理工作而拿到一些奖励金,但金额委实不多。由是庄头们并不是很配合政府的旗地留置工作。譬如在 1927 年 10 月 16 日,顺义县的一位旗地清理督察员王震生就向省局呈文称,他们在推进顺义县下坡村的旗地清理留置工作时,经管该村及附近多个村庄旗地的内务府老圈庄头商文英却隐匿不见,这样就无法得到其手中保有的各类旗地册籍,而商文英还同时是下坡村的村正,因商家在当地颇有势力,很多佃户在看到商文英都不配合旗地清理工作的情况后,也是予以效仿。对于这一状况,顺义县官产局不敢强来,而是由王震生多次通过各种关系好言相商,商文英才到县官产局进行报到,但又假托回家找寻地册等缘由,又是过了很多天仍不到县局交付地册,不仅如此,商文英对于自己家族承租的老圈地亩,也不按照章程申请留置。① 通过这两段档案资料中述及的商文英兼任内务府催头和下坡村村正的双重身份可以看到,庄头、催头其实不仅仅是旗地的实际信息掌握者,有些人甚至借着多年掌管旗地获得的经济利益已经成为当地农村颇有势力的人物。而身为村正,商文英也并不配合旗地清理,并对政府的催传隐匿不见。这种情形不仅在顺义发生着,而是在当时的京兆区和直隶省各县普遍存在。

## 二、庄头对旗地留置权的争夺

虽然庄头们如前所述并不积极配合政府对于旗地的清理和留置工作,但是在政府的严催之下最终还是得呈缴地册。但是,他们在呈报地册等时却常常虚报旗地数目甚至违反旗地政策规定而由自己取代佃户资格以获得旗地的留置权。

以 1926 年的直隶省获鹿县清理该县的内务府旗地为例。1926 年夏,奉系军阀全面控制京兆区和直隶省后,很快在省一级设立了清理旗产事务局;至

① 《顺义县旗产官产清理分处给京兆尹公署顺义县公署的文件及布告传票》,北京市顺义区档案馆藏档案,2-1-418。

于旗地所在各县,则分别设立了清理旗产事宜分局来推进具体的工作。获鹿县清理旗产事务分局正是在这样的背景下成立的。1926 年 6 月 27 日,获鹿县清理旗产事务分局成立,这一机构的负责人由该县县长兼任。该分局甫一成立,就立刻催传各个庄头。因为获鹿县清理旗产事务分局通过调查发现,获鹿县的旗地一向是由该县各个庄头自行经管的,县政府中没有任何相关档案。① 因此,该县推进旗地清理和留置工作的第一步必然是找到这些庄头以及他们手中的各类旗地册据。

通过调查,获鹿县共有 7 名皇庄庄头承领前清皇庄地亩共计约 67 顷29 亩:

居住于大郭村的庄头匡则恭,隶属于前清内务府镶黄旗,经管皇庄地亩约9 顷 17 亩,每亩年租金为大钱 300 文,每年 11 月向前清内务府缴纳旗租;

居住于大郭村的庄头匡成,隶属于前清内务府镶黄旗,经管皇庄地亩约 4顷 50 亩,每亩年租金为银 1 钱 8 分,每年 11 月向前清内务府缴纳旗租;

居住于大郭村的庄头匡智,隶属于前清内务府镶黄旗,经管皇庄地亩约 9顷 17 亩,每亩年租金为大钱 300 文,每年 11 月向前清内务府缴纳旗租;

居住于大郭村的庄头王正祯,隶属于前清内务府镶黄旗,经管皇庄地亩约10 顷 64 亩,每亩年租金为大钱 300 文,每年 11 月向前清内务府缴纳旗租;

居住于于底村的庄头谢永和,隶属于前清内务府镶黄旗,经管皇庄地亩约17 顷 34 亩,每亩年租金为大钱 300 文,每年 11 月向前清内务府缴纳旗租;

居住于于底村的庄头谢洪麟,隶属于前清内务府镶黄旗,经管皇庄地亩约4 顷 50 亩,每亩年租金为银 1 钱 8 分,每年 11 月向前清内务府缴纳旗租;

居住于宝坻县的庄头鄂宝川,隶属于前清内务府镶黄旗,经管皇庄地亩约11 顷 7 亩,每亩年租金为银 2 钱 6 分,每年 11 月向前清内务府缴纳旗租。②

除了上面这份藏于河北省档案馆的《获鹿县皇产地亩册》,笔者还在中国

---

① 《联军筹饷督办饬查旗租各数》,河北省档案馆藏档案,656-2-820。
② 《获鹿县皇产地亩册》,河北省档案馆藏档案,656-3-1139。

第一历史档案馆所藏《清代谱牒档案》中找到了《内务府管理三旗银两庄头处庄头七名坐落获鹿县地亩册》①：

庄头匡成坐落获鹿县地 4 顷 50 亩

庄头匡则恭名下坐落获鹿县地 9 顷 17 亩（其中庄窠 1 处）

庄头匡智坐落获鹿县地 9 顷 17 亩（其中庄窠 1 处）

庄头谢洪麟坐落获鹿县地 4 顷 50 亩

庄头王正祯坐落获鹿县地 10 顷 64 亩（其中庄窠 3 处，房 17 间）

庄头谢永和坐落获鹿县地 17 顷 34 亩（其中庄窠 2 处，房 12 间，自种地 10 亩）

庄头郭宝坐落获鹿县地 11 顷 7 亩

通过对比可以发现，这两份分别为北洋时期和清朝年间的地亩册是基本吻合的，唯一出入之处在"鄂宝川"和"郭宝"。其间原因，前文已经论述，在此不赘。

虽然，获鹿县清理旗产事务分局已经充分掌握了这些庄头的具体情况，但在催传这些庄头呈缴他们手中详确的旗地地亩册时，他们却依然隐匿不见。后获鹿县分局"派员调查、按村登记"，②这些庄头才不得不露面。但此时的他们往往少报旗地数量，甚至声称应由自己留置获得旗地的留置权。

由于前已述及的清代的庄头顶补制度，因此当民国政府旗地清理人员开始寻找各庄头时，找寻到的往往是清末最后统计中登载在册庄头的儿子或孙子。例如，根据档案显示，王正祯是从清代同治四年（1865 年）开始充当皇庄庄头的，除了经管获鹿县的旗地，他也同时经管着坐落于清苑县和安肃县（后改名徐水县）等县的旗地地亩。王正祯去世之后，他的儿子王训顶补为庄头，王训去世之后，又由王训之子王凤云接充为庄头。

① 《内务府管理三旗银两庄头处庄头七名坐落获鹿县地亩册》，中国第一历史档案馆藏档案，《清代谱牒档案》，财务 1312。
② 《清理旗产事务局训令第 131 号》，河北省档案馆藏档案，656-3-1139。

关于获鹿县王姓庄头的情况,可以参见图5-2。

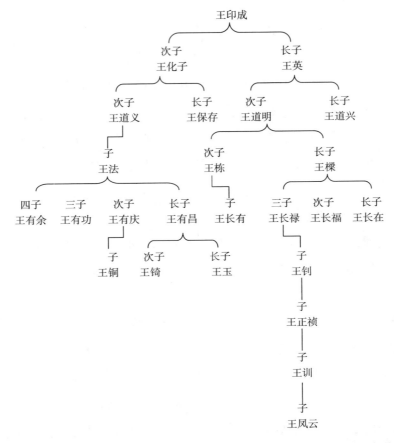

**图5-2　管理三旗银两庄头处镶黄旗获鹿县大果村居住庄头王正祯呈报家谱图**

资料来源:《管理三旗银两庄头处宣统二年获鹿县大果村居住庄头王正祯呈报家谱图》,中国第一历史档案馆藏,《清代谱牒档案》,人事1045。

此外,河北省档案馆所藏的一份档案,又为我们提供了北洋政府时期王家的更多信息。1916年9月,居住于获鹿县大郭村的王树勋在一份给县政府的呈文中提道:

> 窃民已故曾祖王有庆于乾隆四十六年八月买到董群保、董赶生
>
> 兄弟名下坐落于底村业地二顷二十五亩,银一千二百二十七两三千

二分,又于乾隆五十六年十月经民长曾祖王有昌手买到郭百福、郭得福名下坐落于底村业地三顷六十二亩,价银五千四百四十四两,又于道光二十五年十二月经民祖王铜手买到奎光名下坐落大郭村业地五顷九十三亩四分,价银二十二两正,三次共买地十一顷八十亩零四分共合价银八千六百七十一两三钱二分,均经立有官契凭册可验,并有奎光遗交原有红契一纸,惟民祖遗地亩向系自己耕种,以资养赡,比他项旗圈地亩各有佃民承种缴租者不同。自民祖王铜去世之后,家计日下,屡年将地亩典当于民间,以资度日,只剩有田地数十亩,于光绪年间经民已故胞兄王训手赎回当出地一顷有余。所有前者当出地亩当时均立有当契,并注明三年期满钱到准赎等语。承当地亩之人止居典当地位并无所谓佃户之名称,并照民间典当地亩习惯将当地人应纳钱粮照交业主,但亦为数甚微,多者每亩百文,少者五十文不等。此地虽系买自旗产,无粮可纳,究属多此一举,然亦乃乡间典当地亩之习俗所系。但此地既均立有当契,又注明三年期满,钱到准赎等语,此地确已证明乃是典当地亩,每年承当人所交之少数钱文实系仿照民典当地亩之习惯,应交本地主之钱粮并非佃种圈地者所谓年纳租额也。光绪三十一年三十二年间有本县人谢某强暴横行,勾串北京克公府,意欲强霸民所有地亩。彼时民因图保障祖业起见,故于光绪三十三年将所收承当人之钱粮全数投充恭王府,屡年照数纳缴,故相沿将及二十年,并无问题发生。①

这段档案的信息量是比较大的,为了便于理解和说明,可以再结合看一下前面宣统二年(1910年)的王家家谱。

在目前已经开放的《清代谱牒档案》中,可以找到从同治元年(1862年)开始直至宣统二年(1910年)每三年编修一次的《管理三旗银两庄头处庄头家

---

① 《获鹿县大郭村民人王树勋因留置事呈县知事》,河北省档案馆藏档案,656-2-820。

谱》。在这之中,笔者找到了关于获鹿县王姓庄头家族的 17 份家谱。根据这些呈报的家谱图,我们可以看到同治元年(1862 年)时庄头为王有余,同治四年(1865 年)时王正祯开始充当庄头。在这份家谱中,并没有出现王树勋的名字,但根据前文,我们可以获知王树勋为王训的胞弟。

王家在清代初年带地投充到内务府,开始成为皇庄庄头。在家族鼎盛时期,曾经大量购入其他旗人或庄头在本村的土地。虽然后来日益没落,不断将土地典当出去,甚至在光绪年间由于同县人的欺凌而投充到恭王府下,但在之前从乾隆四十六年(1781 年)到道光二十五年(1845 年)的 60 余年间,王姓庄头家族花费 8600 余两白银买地 11 顷 80 余亩,足以见得这一家族曾经的富庶。

于是,当 1926 年奉系军阀更大规模地推进旗地的清理和留置时,清苑县政府就向获鹿县政府发函,请求将经管清苑县部分旗地的庄头王正祯协传到清苑县去配合相关工作。由于王正祯早已去世,所以获鹿县清理旗产事务分局所找到的是仍居住于大郭村的王凤云,也就是王正祯的孙子。王凤云是这样对办事人员说的:

> 具禀庄头王正祯之孙王凤云,年三十六岁……为恳祈恩准将身造具地亩坐落花名清册咨送过县,免身过县受累。事缘蒙恩票转准清苑县公署咨转庄头王正祯赴县以凭咨送等因,理宜候送过县,但王正祯系身祖父早已病故。身故祖父王正祯在世时充当内务府庄头,同治四年领有坐落清苑、安肃(今安肃改名徐水)等县地亩共地三顷四十五亩八分八厘每亩,每年所收租钱多寡不等,每年共收京钱一百五十六钱八百六十八文,每年旧例十二月中将租解交。嗣据身祖父病故,传至身父名下接续办理。迫后身父因家事忙迫身人幼小,兼之收租解租种种周折至少亦得一个余月,实是难以兼顾,是以托令正定县属肖家营表叔王连成往徐水、清苑等县按册收租,身父同身家别项租钱赴内务府解交。身父宣统元年病故,身仍托令表叔王连成照册

收租。今身表叔王连成亦故二年以来,身实是未经赴清苑、徐水等县收过租钱,所收租钱内除盘费一切外应解银洋二十来元之谱,皆系身垫办解交。兹蒙票传王正祯到案咨送,奈身祖父王正祯早故,身又未经赴清苑、徐水等县收过租钱即将身解送无非受累。再三思维,惟将坐落清苑、徐水等县花名地亩并共收租钱京钱若干造具清册一本呈交恳祈。①

虽然王凤云的应答还算周全,但是经过清苑县清理旗产事务分局的复查,王正祯名下应该领有旗地 7 顷 11 亩,而其孙王凤云所呈交的经管清苑县地亩册中却只记载有旗地约 3 顷 29 亩,与清苑县调查的数目差了总数的一半以上。清苑县清理旗产事务分局由此指出,王凤云一定还有私自隐藏的地亩册不肯交出。虽然不知此案后续如何,但通过这样一个数据的对比,就可以想见王凤云所呈报的旗地数量仅在清苑一县就相差如此之多,更不要说还有徐水县的旗地!

获鹿县清理旗产事务分局在将该县的旗地情况调查清楚之后,认为按照旗圈售租章程的相关规定,这些旗地需要由各租种佃户进行备价留置。② 但是,获鹿县的 7 位皇庄庄头则指出,他们所经管的旗地并不是普通的旗圈地亩,而是属于前清皇室的私产,只是如常每年 11 月向佃户收上租金在上缴给前清内务府即可,无需像普通旗圈地亩那样进行清理留置。③ 面对庄头们的质疑,获鹿县政府和获鹿县清理旗产事务分局经过多番讨论,仍然维持原案,即这些庄头经管的皇庄地亩必须像普通旗圈地亩那样进行清理和留置,同时宣称根据章程规定,这些庄头并不具备留置旗地的资格,而是由那些已经实际承种旗地达到 10 年以上的佃户具有留置权。

---

① 《清苑县请协传庄头王正祯过县办理清私产地亩卷》,河北省档案馆藏档案,656-2-979。

② 《清理旗产事务局公函第 31 号》,河北省档案馆藏档案,656-2-820。

③ 《庄头匡智等呈》,河北省档案馆藏档案,656-2-820。

但最后真的如获鹿县政府和获鹿县清理旗产事务分局所宣称的那样吗？在 1926 年 6 月获鹿县清理旗产事务分局制备的《获鹿县皇产地亩册》中，庄头王正祯经管的获鹿县旗地坐落于大郭村、于底村、东简良、西简良、康家庄、马村和石桥村，旗地数量分别为 459.91 亩、104 亩、25 亩、52 亩、43 亩、102 亩和 244 亩，总计约为 10 顷 64 亩。① 但在庄头王正祯经管的旗地于 1927 年全部留置完毕后，我们通过获鹿县清理旗产事务分局制备的《获鹿县处分过庄头王正祯承领内务府旗地佃户姓名亩数册》却发现，经过清理留置的原庄头王正祯名下的旗地却为 11 顷 27 亩。这样，真正获得处分的地亩数比王正祯之孙王凤云所呈送的地亩数还要多出将近 1 顷。乍看之下令人费解，因为庄头们往往是少报自己所领有的旗地数量的。那么此中原因为何？ 其实，只要将留置前后的两份地亩册进行仔细对照，个中原因便逐渐明了。笔者通过对《庄头王正祯名下坐落获鹿县皇产地亩》和《获鹿县处分过庄头王正祯承领内务府旗地佃户姓名亩数册》②这两份地亩册的对比，发现留置前后近 1 顷的差距主要体现在王正祯所居住的大郭村所经过处分留置的地亩上。根据 1926 年留置前的地亩册，庄头王正祯在大郭村经管的旗地数量为 459.91 亩；而根据 1927 年留置后的地亩册，大郭村共有总数为 593.98 亩的旗地经过留置变为普通的民粮地；而且根据政策，这一时期的旗地留置资格是由实际承种旗地地亩超过 10 年的现佃户享有的。③ 但当笔者仔细对照留置前后大郭村的地亩和留置人员，却可以发现，庄头王正祯家族取代了很多实际耕种旗地的佃户而自己留置了旗地，且这种情况的数量多达 176.19 亩。由此就可以发现，庄头在最初并不配合旗地的清理和留置工作，后来在政府严令之下不得已去配合留置时，则常常取代佃户的留置资格而由自己获得留置旗地的机会。各个

---

① 《获鹿县皇产地亩册》，河北省档案馆藏档案，656-3-1139。

② 《庄头王正祯名下坐落获鹿县皇产地亩》，河北省档案馆藏档案，656-3-1139。《获鹿县处分过庄头王正祯承领内务府旗地佃户姓名亩数册》，河北省档案馆藏档案，656-4-395。关于这两份册据的具体内容，可参见文尾附录。

③ 《清理旗产事务局训令第 131 号》，河北省档案馆藏档案，656-3-1139。

时期的清理留置政策虽然都有规定要保护耕种旗地佃户的留置权利,但各级管理机关在已经获得售租价款达到逐利目的的前提下,便往往对庄头们违反留置政策的行为放任自流。

这种情况正如清理旗产事务局自己所道明的那样,"当清理旗产之始,传知各庄头令其呈报租册,则匿不肯见,及派员调查、按村登记,又复要求自居原佃,归其一人升科、一家暴富"。即使庄头的行为被相关人员举报,但是旗地管理机关也只是以必须依靠庄头才能进行旗地的清理和留置为其讳言,于是庄头在地方上也被称为"地虫子"。①

因此,在北洋时期,京直地区的很多庄头都借助清理留置旗地之机一跃而为真正的土地所有者。② 如顺义县下坡村的庄催商文英,他家祖上一直充任内务府庄头,属正黄旗下,清同治三年(1864年)时其祖上商长锁根据《内务府会计司大粮庄老圈庄头比丁清册》记载为四等庄头。③ 由于世代经管旗地,下坡村的商家积累了大量财富。在民国政府进行旗地留置前,商文英已经充任该村村正成为该村的核心人物。而在留置大量旗地后,商家在当地的势力一直延续到新中国成立之初。④ 再如青龙县大巫岚乡大院村的翟姓家族。清初顺治年间,镶白旗和正蓝旗在青龙圈占了土地;康熙年间,又有正白旗12名千总率领鹰手来到青龙圈地用以为清皇室猎取野鸡。因此,在青龙设立的皇庄和王庄就几近百所,庄头数量也随之甚多。由于青龙县水源充足、土地肥沃,每年产粮较多,加之庄头"取租多索而少交,田主受其侵害,佃户受其侵渔",因此该县的庄头十分富裕。这种光景一直延续到清代晚期甚至民国时期。而翟家的祖先翟春艳,就是青龙这些庄田庄头中的总庄头,俗称"庄头搭子",负

---

① 萧铮主编:《民国二十年代中国大陆土地问题资料》,台湾成文出版社、美国中文资料中心合作1977年版,第39827页。

② 《青龙文史资料》,转引自铁男:《清代河北旗地初探》,《满族研究》1994年第2期。

③ 定宜庄、邱源媛:《旗民与满汉之间:清代"随旗人"初探》,《清史研究》2011年第1期。

④ 《顺义县旗产官产清理分处给京兆尹公署顺义县公署的文件及布告传票》,北京市顺义区档案馆藏档案,2-1-418。

责管理该县县北、县南众多庄头。据新中国成立后该县政协副主席杨勇回忆，翟春艳家到了民国时期，依旧财力雄厚，是当地的核心势力。翟家的宅院很大，占地40多亩，建房100多间，主院三进三出，其中有门房、二门房、正房各五间。主院东西两侧还分别建有跨院，东跨院里设厨房，西跨院里设碾坊。此外院里还设有古义堂、善德堂和九思堂。门房设有东西两个大门，门洞里挂着黑红漆棍，擅入者打死勿论。两个大门外面各蹲有一对石狮，旁边立有上、下马石。由于翟家大院在该县远近闻名，于是人们都习惯称这个村子为"翟家大院"，以后为了简便，就把这个村子称为"大院村"。① 由此可见翟姓庄头在当地的声势。

# 小　　结

有关庄头的探讨，是笔者研究旗地过程中最感兴趣的一个问题。庄头是一个介乎旗民之间、满汉之间的特殊群体。如同旗地一样，庄头并未随着清朝的灭亡而消失。不仅如此，许多庄头还借着民国政府清理旗地之机获得旗地留置权，从而蜕变为新时期农村社会的真正地主。考察庄头在基层社会组织和关系网络中扮演的角色，探讨其与普通汉族农民的关系，是以往民国时期河北地区农村社会关系研究中所未曾涉猎却又亟待解决的。而本书虽然对北洋时期的京直旗地庄头进行了探讨，但由于资料所限，也只是迈出了尝试性的一小步。笔者希冀通过日后的实地访谈及进一步的资料搜集，能够对这一问题做出更广泛、更深刻的研究。

---

① 刘玉宗、殷雨安：《青龙满族》，民族出版社2005年版，第39、59—62页。

# 第六章　北洋时期京直旗地
# 变迁中的诸面相

纵观北洋时期,旗地变迁所呈现出的是一幅极其错综复杂且耐人寻味的画卷。在这幅画卷中,历届北洋政府、旗人地主、耕种旗地的佃户、旗地的实际经营者——庄头依次登场,刻画出了时代剧变下每个群体追求自身利益最大化的鲜明特色。而处于这幅画卷最中心的,便是作为这些群体利益源泉的旗地。于是,围绕旗地展开的博弈,在这些群体间激烈进行着。面对利益,他们之间亦敌亦友。本章主要探讨这四个群体围绕旗地所展开的博弈,并对这场历时十余年博弈的结局进行分析。

## 第一节　旗人地主与佃户、庄头之间

在清代,旗人作为清政府恩养的特殊群体,生存技能极其缺失。随着辛亥以后特权的丧失,旗人原有的生活秩序被彻底打破,尤其是经济方面愈加窘迫。因此,对于很多旗人而言,旗地租金作为一种经济来源此时愈显重要。袁世凯时期曾经颁发了《清室优待条件》以保护旗人的私产,但随着时代变换,连前清皇室都会遇到包括佃户不交租金、庄头盗卖旗地、旗地所在各县政府的推诿息事等各种困难,由此我们也就不难推断,普通旗人在收取租金时又将是何等的困难。

## 一、旗人地主与佃户

随着国体变更，民主共和观念日益深入人心，因此广大民众对于社会改革抱有极大的期望。在直隶地区，耕种旗地的佃户们拒绝向旗人继续交纳旗租并要求收回旗地的运动不断高涨。关于这一状况，我们可以从 1913 年一些庄头联名向前清内务府呈递的文书中进行了解：

> 自去岁军兴以来，庄头等承领顺、直各州县境内差地各佃户应交租项，多有借端不交者。庄头等于去岁差期，业已竭力筹措，勉为交纳。追至今春，庄头等赴乡追索欠租，各佃均不认交。乃乡间纷纷传说，有谓大清皇帝已经退位，庄头即同消灭者；有谓已归中华民国征收钱粮，一地不能交两租者。因思转瞬即至麦秋上忙租期，若不早定通行特别保护新章，今岁租项，必致无法征起，庄头等何以交差。设有贻误，咎将孰归。恭查上年颁布皇上辞位诏旨时，中华民国优待条件第七条内称，大清皇帝辞位之后，其原有之私产，由中华民国特别保护等语。伏思庄头等承领顺、直各州县境内差地应交差银，本系供奉皇室之用，今既蒙中华民国允许特别保护，自应妥定特别保护细章，通行各州县，以免将来临事无所适从。庄头等不揣冒昧，合词吁恳中堂、大人恩准鉴察。嗣后遇有狡佃借端抗租者，应如何由该管地方官传佃追租之处，请拟特别保护细章，呈请袁大总统俯允通饬顺、直各州县立案，并按村出示晓谕承种庄头差地佃户等一体遵办，以期实行特别保护而使庄、佃均有遵循，实为公便。①

在收到庄头这一联名呈文后，前清内务府立即向民国政府进行交涉。当

---

① 《溥仪内务府会计司三路庄头为请立保佃收租章程事之禀文》，中国第一历史档案馆藏档案，26-476-802。叶志如：《辛亥革命后原清皇室土地占有关系的变化》，《历史档案》1983 年第 2 期。

时的总统是袁世凯,他在前清逊位后一直是予以优待的,因此便马上下令给京兆区和直隶省的各县地方政府,要求他们张贴告示,各租种旗地的佃户必须按时向经管皇室庄田的各庄头交租,并要求如果日后再有庄头告发佃户不交租金等情况,各县地方政府必须予以协助办理解决。①

但即便有时任大总统的严令,佃户拒绝缴纳旗租的情况依旧普遍存在。同时,佃户的要求还得到了社会的支持。譬如 1913 年大秋后,京兆区的永清县第四乡民众要求议事会和参事会相关人员在 10 月赴天津召开直隶联合会,然后共同向直隶省议会提议佃农暂缓交纳旗地租金。对此,永清县的议事会和参事会还具体列出了五条不应继续交纳旗租的理由,并登载在《北京日报》上。此后,永清县的议事会和参事会还将这些在永清一带的村庄公开散布贴出,提倡佃户拒交旗租,使得这一地区的旗地地租收取更为困难。

针对这种情况,前清内务府只能再次向总统府呈请。他们重申:根据民国政府的《清室优待条件》,应对旗地收租特别保护,但是佃户们却"托词图赖",因此民国政府应该将《清室优待条件》等"大张晓谕,以儆刁风"。接着,前清内务府又通过给民国政府扣了一顶信守条约的大帽子来指出,民国政府曾明令当今世界都是以彼此遵守条约来维护和平,那么在国内各省的都督、各地方行政官员,也应带头遵守各类政策制度以作为其下属官吏的典范,但是现在各地方的议会竟然不遵守政府的优待皇室的政策和命令,甚至直隶省议会竟然提出将佃户向旗人缴纳旗租改为向国家纳税。然后,前清内务府气愤地指出,直隶省议会不过只是个向政府提出建议的机构,根本没有任何行政权力,而且这一提议也还并未得到直隶省都督的核准,而永清县的议事会和参事会却以此为基础擅自在永清县的各个村庄张贴告示,煽动各耕种旗地的佃户不向庄头缴纳旗地租金,这种行为不仅破坏了皇室的收入,也影响到了庄头

① 《溥仪内务府会计司为原皇庄佃户仍旧交租之晓谕》,中国第一历史档案馆藏档案,26-476-802。叶志如:《辛亥革命后原清皇室土地占有关系的变化》,《历史档案》1983 年第 2 期。

的生存。① 在收到前清内务府的具文控诉后,袁世凯于当年 12 月 8 日下令直隶省和京兆区必须严格要求旗地所在各县遵守《清室优待条件》,认真保护各县旗地租金的收取,并张贴告示通知前清各皇庄的壮丁等务必按时缴纳丁粮。

由此可见,在北洋初年这场旗人与佃户的利益争夺中,袁世凯政府对旗人的收租给予了宏观的政策性的保护。然而伴随第一次世界大战的爆发,中国面临的国际形势急剧变化,这也促使袁世凯对待旗人土地的有关政策发生了很大转变。由于第一次世界大战的爆发,袁世凯政权已经不能期待获得以英国为首的欧洲诸国的财政援助;而俄国的参战,则使得北洋政府在外蒙古和东北地区方面的压力减弱。因此对于当时的袁世凯政权来说,增加财政收入成为当时北洋政府的重中之重。于是,从 1914 年末开始,全国的田赋清理与官产整理开始加紧进行。不过,在直隶省和京兆区最初的清理过程中,旗地仍未被纳入清理升科的范畴之内。但在 1915 年周学熙任北洋政府财政总长之后,他所颁布的《整理京兆所属租籽地章程》开始规定,除皇庄以外的一切旗地都必须纳税升科。从此以后,旗地的清丈和处分就成为历届北洋政府增加财政收入的一条重要途径。同时,对于政治、经济地位日益没落的旗人来说,他们也希望通过卖出自己的旗地来维持生计,因而才有了民国初年许多旗人打出"愿以所得地价提出一部报效国家"这一幕。而对于耕种旗地的佃户而言,他们本来希望在改朝换代之后拿回本属自己的土地,因此对旗人这一举动非常不满,并联名向直隶巡按使朱家宝进行控诉。朱家宝在直隶地区进行调查之后,认为"溯查旗圈性质,原系民产,与祖遗产业迥异。民地被圈以后,地主变为佃种,纳租而不纳粮,是移国家之粮赋拨予旗人食租,略如前代食邑之例,故前清定例不准无故增租夺佃,一地二养具有深意。若亦照民地之价买与原佃

---

① 《溥仪内务府为所属庄头请拟保佃收租章程事行总统府函稿》,中国第一历史档案馆藏档案,26-476-802。叶志如:《辛亥革命后原清皇室土地占有关系的变化》,《历史档案》1983 年第 2 期。

或原佃无力承买招人另售,固非事理之平。然以旗人生计日迫者较多兼收租困难,若不少予通融,准其卖租,亦非体恤之道"①。不久,朱家宝就以前述调查为基础制定了《直隶省旗圈售租章程》。因为当时旗地一事在京兆区和直隶省引起了很大风潮,所以朱家宝的提案很快就通过了北洋政府财政部和内政部的审核并颁布施行。以《直隶省旗圈售租章程》为起点,日后历届北洋政府虽更迭频繁,但在其执政时期均制定了由耕种旗地佃民出一定代价留置的旗地清理政策。

不可否认,历届北洋政府出台的旗地清丈政策对于改善旗人的生计以及厘清田赋均有益处,但从总体而言他们出台旗地政策的初衷还是扩充自己的财政收入。正是出于这个考量,旗地的清丈政策才得以在北洋时期不间断的被强制推行着。其实,在这场旗人地主与耕种佃农的较量中,表面看来仿佛是旗人地主的利益获得了满足,但实际上他们只是北洋政府满足自身经济利益的附属物而已。

这一点,我们尤其可从前清内务府皇庄的处理上得以验证。在北洋政府时期,只有冯玉祥执政京兆地区时期对待前清皇室采取了强硬姿态而将皇庄一并处理。而北洋时期的其他政权,包括与冯玉祥执政京兆同时、掌握直隶地区的奉系则都保留了前清皇室对皇庄的管理权。然而,对于已经丧失政治特权的前清皇室来说,收租时所遇到的困难随着时间的推移也越来越多。如1915年4月庄头金凤銮向前清内务府会计司呈文称,他在霸县经管着10顷55亩的皇室庄田,但很多佃户自从民国建立后就不再向他缴纳旗租,于是金凤銮只能向前清内务府申请将其经管的旗地改由该县县政府进行征收。收到金凤銮的申请后,前清内务府没有办法,只能将金凤銮的申请转呈给北洋政府的内务部,请求北洋政府转交给京兆尹下令霸县政府代为管理并征收原金凤銮所经管的旗地,等其找到合适的庄头可以接替顶充时再行

---

① 胡国宾编:《直省旗租案文汇编》上卷,首都图书馆藏,民国十四年铅印本,第2页。

交接事宜。① 由此可见,由于佃户拒不交租,使得一些庄头只能无奈退出由自己所掌管的旗地。再如,1918 年 6 月庄头高作霖、高明格向前清内务府申诉称,他们经管着坐落在涿县等地的内务府庄田,此前他们前往收租时,都没和佃户之间发生过什么不愉快的事情,能够很顺利地完成收缴租金的任务。但自从清帝退位、民国成立以后,潘永山、刘玉、刘瑞、刘从和王荣等佃户,已经连续 7 年没有缴纳旗租。而当庄头高作霖和高明格找这些佃户催缴旗租时,这些佃户都以受灾作为理由,一再拖延。1918 年年景不错,高作霖和高明格再次前往催缴租金,虽然二人阐明了各种利害关系,但这些佃户依旧不肯缴纳租金,不仅如此,佃户们甚至否认自己佃种的土地是前清的皇室庄田。最后,高作霖和高明格略带夸张地说,佃户们对待他们不仅是恶言相向,甚至意欲对他们动用武力,所以他们也不敢再停留于那里,只能回来向前清内务府具状说明,并请求联系涿县知事协助法办这些佃户。②

在毗邻京城的大兴县,耕种旗地佃户抗租不交的情况也屡见不鲜。1921 年 1 月,庄头白松秀就佃户"霸租不交,并有盗卖官圈"等情况向前清内务府进行呈诉称,他经管着大兴县和昌平县等地的内务府庄田,但租种庄田的一些大兴县佃户苏仕立、杨增茂、李庆、杨增寿、王建奎、刘亭良、刘东顺、刘荣等人不但联合起来拒缴旗租,甚至声称"清室无权,此租分文不交,你等有何能力",这样就使得以前按时交租的佃户们也开始竞相观望。同时,庄头白松秀还指出,家住昌平县东埠头村的佃户孙谦甚至私自将 30 余亩皇室庄田卖与了皖系军阀的重要人物、曾任北洋政府交通总长的曾毓隽改做荷花池,而每亩的售价高达大洋 80 余元。白松秀找佃户孙谦理论,斥责他怎敢私自卖出旗地,

---

① 《溥仪内务府为庄头金凤銮退还差地事咨内务部文》,中国第一历史档案馆藏档案,26-476-802。叶志如:《辛亥革命后原清皇室土地占有关系的变化》,《历史档案》1983 年第 2 期。

② 《庄头高作霖称为请民国政府查办佃户抗租事致中堂之呈文》,中国第一历史档案馆藏档案,26-476-802。叶志如:《辛亥革命后原清皇室土地占有关系的变化》,《历史档案》1983 年第 2 期。

而孙谦则声称曾毓隽是官,他要买,自己也没有办法。庄头白松秀也明了虽有佃户孙谦贪财的原因,但面对曾毓隽,他们确实没有办法对抗。1920年直皖战争中皖系失败后,曾毓隽被通缉,其财产被全部没收。白松秀听说后,便赶紧前往北京,向前清内务府说明各种情由,请求将这30亩卖与曾毓隽的庄田悉数收回,仍由其进行经管,并说明这30亩旗地并未改做荷花池,佃户仍在依旧耕种,因此应张贴告示谕令佃户恢复向其缴纳租金。遇到这样的情况,前清内务府也只能再次请北洋政府内务部来联系京兆尹和大兴县知事,派出警役前往东埠头村传令佃户交租。①

由此可见,历届北洋政府虽然名义上保留了前清皇室对旗地的管理权,但当皇庄出现收租问题甚至被盗卖的问题时,他们往往推诿拖延。这之中最为关键的原因,就是清丈一般旗地的收入还可有部分流入各级政府的囊中,而皇室庄田的收入由于《清室优待条件》完全归前清内务府所有,各级政府尤其是地方政府既得不到经济上的实惠,还要为处理这些问题耗费人力物力,于是他们自然对前清内务府并不真正出力协助。而这些也会促使耕种此项旗地佃户的抗租行为随着时间推移愈演愈烈。

## 二、旗人地主与庄头

庄头这一特殊群体的出现与消失,与旗地的变迁紧密相连。前文中已对庄头在清代的设立及庄头的继承制度进行了简要追溯,也对庄头在北洋政府时期的表现尤其是旗地清丈过程中的行为做出了探讨。下面,主要对发生在北洋时期旗人地主与庄头之间的利益博弈进行还原并分析。

由于世代继承制度,庄头们往往富甲一方。但在清代,无论他们借由经济力量获得再多的权势,也不能摆脱旗下当差甚至奴仆的社会地位。但是随着

---

① 《溥仪内务府为庄头呈诉佃户聚众杭租致内务部函》,中国第一历史档案馆藏档案:26-476-802。叶志如:《辛亥革命后原清皇室土地占有关系的变化》,《历史档案》1983年第2期。

清帝的逊位,很多庄头见风使舵,对待旗人的态度发生了极大变化。譬如一些庄头利用自己多年经租、实际掌管旗地的优势或向旗人地主隐匿少报旗地的数目或完全对旗人地主避而不见、将旗地租金纳入己囊。

1913 年 10 月,前清内务府因为庄头欠租问题呈文直隶都督,申请将这些庄头欠租地亩撤归各该县收管。文中说道:家住永清县蔡家营的四等庄头周瑞暖,经管着坐落在永清县蔡家营村、北小西关村、西达子营村以及东信安镇四道横、朱家坟村的皇室庄田,总数为 29 顷 88 亩余;家住蓟县的半分庄头侯金,经管着坐落在遵化县小安平庄、大安平庄、张家庄和三屯庄的皇室庄田,总数为 9 顷 22 亩余,而这两个庄头从民国建立后就没有再向前清内务府上缴租金。面对前清内务府的质疑,他们或是借口所领有旗地的县份遭受水灾奇重,或是借口佃户们拒不交租,而恳请缓交租金。对此,前清内务府已经允许他们缓交 1 年。但是到了 1913 年该交租的时候,这两个庄头依旧"分厘未补,一味巧饰推延,实属狡猾已极"。因此,前清内务府申请将他们承领的差地全部撤出,换由其族中其他亲丁接任。如果无人接任的话,则将这些地亩改归各该县征解。等到有人可以接任时,"再为行文指对"。[①] 从这段资料可以推测,如果这类经管 9 顷甚至 29 顷的庄头都抗不缴纳旗租的话,无疑旗人在政治经济特权完全丧失的情况下生计将更加困难。

为了催促庄头们尽快缴纳旗地租金及欠租,前清内务府还在 1913 年 12 月 24 日发布堂谕,称:其属下各庄头从 1912 年起,就借乡议会、联合会等阻挠佃户缴纳旗租为借口,常常不将租金交齐。虽然对这些庄头一再宽容,但他们仍旧抗延观望。由于一些庄头到了规定日期还不交租,于是将其革退。而一旦被革退,这些庄头则又去到内务府请求开恩仍由他们经管旗地,甚至还有的庄头跑到当地政府狡辩控诉。对于这些情况,前清内务府请求北洋政府在旗

———————

① 《溥仪内务府为欠租庄头地亩撤归各该县收管事咨直隶都督文》,中国第一历史档案馆藏档案,26-476-802。叶志如:《辛亥革命后原清皇室土地占有关系的变化》,《历史档案》1983 年第 2 期。

地所在各县广贴告示,严令各庄头按期缴纳旗租;如果再有纠结其他庄头抗不交租或观望拖延的,除了将为首者从重惩办外,还要将其他未交足租金的庄头,无论数目多少,全部革退,决不姑息;为了督促庄头按时交租,前清内务府提出可由各县政府将《清室优待条件》和取消直隶省议会阻挠收取旗租议案的命令,广而告之,以避免一些庄头和佃户等散播谣言;对于那些确实遭受天灾的县份,也必须要由直隶都督和民政长查验清楚之后,才能酌情确定更改后的旗租数目。此外,前清内务府也希冀通过对各庄头晓之以情、动之以理来说服他们按时缴纳旗租。前清内务府称,各庄头于前清时都是深受皇恩,现在皇室困难,庄头们应该"激发天良,踊跃输纳",而不该由于政权变换就"心存轻视,希图少交,致干罪决"①。从这段资料可以看到,失了特权的前清内务府对于此时的庄头只能软硬兼施,一面恫吓庄头如不按时交租就将其革退,一面允诺若确有灾情也可在调查属实后酌情减免。

但此后,庄头们不按时缴纳旗租的事件仍不断发生,甚至愈演愈烈。于是,1917 年 6 月,前清内务府会计司革退了一批东路和南路庄头,并在革退的堂谕中说道:这些前清内务府属下的庄头,从 1916 年起就不能缴纳足额的租金。经过严令交纳九成至五成五的,分别勒限补交;对于那些欠交在五成以下的,则一律斥革。但因为这次要革退的庄头数量较多,所以已经让内务府亲丁亲自去告知这些庄头,如果能在两个月内将所欠钱粮补齐,而且态度端正,可以允许他们继续充任庄头。结果在期限时间内,除了庄头高长瑞补足十成租金外,其他大部分庄头虽然也进行了补交,但却未能交够足数。对于这些庄头,本应一律革退。但考虑时事艰难,所有交到五成五及六、七、八、九成的庄头,仍可从宽处理,暂时免除革退。对于那些补交租金达到五成五以上的庄头,可由"已革"改为"记革",但其所欠钱粮必须在大秋之际补交;对于那些未能补交钱粮到五成五的庄头,除了查明确实是由于天灾等原因造成的,其他一

① 《溥仪内务府为催促庄头从速完欠皇租之堂谕》,中国第一历史档案馆藏档案,26-476-802。叶志如:《辛亥革命后原清皇室土地占有关系的变化》,《历史档案》1983 年第 2 期。

律实行革退。按照这样的标准,前清内务府于 1917 年共革退了东路和南路的
5 名庄头①。从这一次革退庄头可以看到,其实前清内务府对于欠租的庄头已
经一缓再缓,从给定期限必须交齐到逾期补交能够达到 55% 可再次予以推
迟。前清内务府的这种做法其实完全是出于无奈。但是在这样的宽缓之下,
仍旧有 5 名庄头被革退,由此也再次说明了旗地的收租之难。

然而随着时间推移,旗人地主所面临的还不仅仅是收租困难,庄头盗卖皇
产的事情甚至也屡有发生。

根据 1 份现藏于中国第一历史档案馆的资料显示,前清内务府曾在 1918
年 8 月致函武清县署,请其协助查明居住于该县的庄头杨志贤等盗卖皇室庄
田的问题。根据武清县大龙庄佃种豆粮庄地的 36 户佃户代表王长年等到内
务府控诉,一直经管这处豆粮庄的庄头杨志贤与其族人杨景昌,在武清县假借
内务府命令,要将这些豆粮庄地卖掉,还请县署协助饬令租种的佃户留买。并
称如果佃户不留买的话,就可卖给他人。这些佃户见状,只能派代表到内务府
问清此事。内务府在知晓后,当然非常愤慨,其指出,杨志贤承领的内务府庄
田属于皇室私产,而杨志贤本人不过是内务府所设立的收租人,怎么会有售地
的权力;而且内务府也并没有任何关于出售旗地的文书,如果真如佃户们所
言,那么庄头假称内务府卖地的消息就更是可恶。后来当庄头与佃户对质公
堂之时,内务府才知道庄头杨志贤已经盗卖了庄地数亩,现在竟然要将剩余的
庄地也都盗卖,而且佃户也上呈了这些地亩的地图。据这些佃户禀报,他们都
是耕种旗地的原佃户,并且有庄头杨志贤先辈给他们先辈立下的引佃字据为
凭证。佃户和庄头当堂对质中,佃户代表言之有据,但庄头却支吾不清。②

---

① 《溥仪内务府会计司为革退东路南路庄头之堂谕票底》,中国第一历史档案馆藏档案,
26-476-802。叶志如:《辛亥革命后原清皇室土地占有关系的变化》,《历史档案》1983 年第
2 期。

② 《溥仪内务府会计司为请查明杨志贤等盗卖皇产致武清县函》,中国第一历史档案馆藏
档案,26-476-802。叶志如:《辛亥革命后原清皇室土地占有关系的变化》,《历史档案》1983 年
第 2 期。

1920 年 1 月,前清内务府又收到了来自玉田县耕种旗地佃户王克慈等揭发庄头盗卖皇产的控诉。家住距离玉田县城 60 里贾言庄的佃户王克慈控诉称,隶属于内务府会计司的大粮庄头解佛佑,自道光元年(1821 年)开始充当庄头经管内务府庄田,他承领的庄田分别坐落在玉田县窝洛沽镇的贾言庄、沈庄以及林南仓镇,共计 9 顷。到了道光十九年(1839 年),解佛佑因拖欠钱粮被革退,后由家住丰润县魏家坟的张绍兴补交了其拖欠的钱粮,而得以接充为庄头,按例每年向佃户收租后交予内务府。张绍兴于光绪七年(1881 年)病故后,由其子张长久接充为庄头,但庄头名册上的名字并未改写。佃户王克慈等称,张长久性格暴躁,民国建立后,又假借前清内务府的名义拆卖其经管的皇室庄田。据查,张长久假称自己为旗地地主,通过对位于窝洛沽镇一些旗地的留置(留置价格分别为每亩银洋 3 元、4 元和 5 元不等),获得卖租款;张长久也以此种方式,通过对位于沈庄子和林南仓的旗地的留置获得卖租款。对于这些情况,佃户王克慈等接着控诉道:"惟民等系贾言庄承种差地,历有年来,虽不称老佃亦属清民。若任庄头(即张长久)敛财囊有,借皇府为名,欲将民等承种之差地售卖,迫胁各佃留置。询其皇府,即拆卖官圈差地,得有皇府札文,亦必须有本县训令作凭,则敢留买。"不过,由于张长久既拿不出内务府卖地的文书,又没有县政府的训令,所以佃户们并不敢留置,结果张长久竟到玉田县署状告佃户王克慈等霸地。1918 年玉田县庭审时,张长久呈递了一份契据,这份契据是旗人述春于同治四年(1865 年)卖地给张长久的父亲张绍兴。经过查明,张绍兴确实买过述春的旗地,但交易发生在咸丰十一年(1861 年),而且交易的土地并不是庭审的相关土地,因此张长久是在意图通过造假来侵占皇室庄田的相关款项。这样,当玉田县公署要求张长久呈上起租原册时,张长久怕被揭穿只能谎称原册丢失,因此案悬未结。到了 1919 年 10 月,玉田县署依法判决,判令庄头张长久将卖地所获的价款,悉数退回。张长久不服玉田县公署的判决,又请求移转到遵化县控诉。对此,佃户王克慈等接着指出,无论是有清一代还是现在,皇室庄田的所有权都归内务府,庄头等人不过是享有管理权,而耕种旗地的佃户则只是享有地役占有权;关于所有权的界定,是根据其性质及法律所规定的,皇室庄田是不动产,前清内务府如果丧失庄田,就不再具有限制它的权力;耕种旗地的佃户如果丧失地役占有权,就不再享有佃种的权力;庄头如果在管理旗地上有过失,也是负有相应责任的,而张长久竟敢盗卖皇室庄田且剥夺佃户的佃种权,实在是罪无可恕! 最后,佃户王克慈等请求前清内务府调出庄头地亩册,并由遵化县知事以地亩册为基础,查明案件,既使得前清皇室不受损失,也使得佃户们可以继续佃种旗地。针对来自玉田佃户的请求,前清内务府特别致函遵化县政府,希望其能协助查明此事。①

关于上述两桩疑案,笔者并未找到其他资料来明了结局。但是根据当时各县政府认为皇庄地亩收入与其无关而一贯的推诿态度,不难想象武清县署和遵化县署对于这样两宗疑案的调查处理应该并不上心而最终敷衍了事。

确实,我们可以想象出随着清朝覆灭而导致的旗地收租困难等问题,因此肯定存在庄头无法按时交纳旗租的现象。但很多其他案例同时又告诉了我们这样一个事实,那就是曾经作为旗下听差甚至奴仆的庄头此时更多的是借着自己及祖上多年经管旗地的特权,甩开旗人地主,大肆为自己谋得经济利益。虽然北洋历届政府都明令各地保护皇产收租,前清内务府也不断就相关纠纷致函民国政府内务部和各相关地方政府,但真正处理此事的地方当局往往事不关己、高高挂起。因此,他们推诿息事的态度无疑就使得这类事件屡屡发生而得不到真正的解决。

### 三、旗人地主所面临的其他挑战

对于丧失政治特权的旗人地主而言,除了要面对来自佃户甚至自己昔日奴仆庄头的挑战外,还要应付一些地痞流氓甚至其他旗人的伺机抢夺。

---

① 《溥仪内务府为严禁庄头盗卖皇产事致遵化县公署函》,中国第一历史档案馆藏档案,26-476-802。叶志如:《辛亥革命后原清皇室土地占有关系的变化》,《历史档案》1983年第2期。

　　1915 年 5 月,前清内务府就收到了一封庄头控诉地痞流氓霸占皇室庄田的呈文。根据这封来自通县四等庄头徐仓儿和张永达①的控状,我们可以了解到:这两个庄头分别经管着通县的皇室庄田共计 18 顷 94 亩余,由于毗邻河岸,所以一直是此坍彼种。1912 年 6 月,由于运河大水的冲击,将这块庄田冲为了两段,并冲归新河逛南地 10 顷余。1913 年春天,该县地痞曹静波和曹荫三等人将此处庄头地霸种约 3 顷 80 亩余,并诬造契据投税升科为普通民地。对此,庄头徐仓儿和张永达以唯恐承担迷失官地责任为理由,于 1914 年 4 月到内务府呈诉,请求前清内务府联系顺天府尹和通县知事调查该事,然后按照原数量补足庄头经管的地亩。后经通县知事多次传讯曹静波、曹荫三、李瑞升等人到县署调查,验明他们所呈交的契串不符,这块地亩确为霸种的庄头差地,于是通县知事在 1914 年 11 月,严令曹静波、曹荫三、李瑞升等人将其霸占地亩退还给庄头徐仓儿和张永达。但这些地痞却故意拖延,庄头徐仓儿和张永达只能在 1915 年 5 月再次呈诉到通县县署,县署再次判令曹荫三等将霸种的皇庄地亩先行归还约五六十亩,由庄头徐仓儿和张永达暂种,待将这块地亩完全清丈完毕再如数拨清,结果曹静波、曹荫三、李瑞升等人仍然霸地不退。这样,庄头徐仓儿和张永达经管的皇室庄田,便被地痞霸种长达 3 年之久。这样不仅庄头受到了经济损失,而且承种这些庄地的佃户也都因此失业。针对这种情况,庄头徐仓儿和张永达只能再请前清内务府照会通县地方当局,请其再次协助饬令曹静波、曹荫三、李瑞升等人将霸种的庄头地亩如数退还。②

　　除了这些地方上的地痞流氓,甚至一些旗人也乘机标榜革命党而抢夺旗地。以通州一桩纠纷为例。1913 年 5 月,住在通州的庄头于长久向前清内务府

---

　　①　根据《内务府会计司档》记载,徐仓儿领有坐落通州、香河和三河的庄地共计 2210 亩,张永达领有坐落通州、香河和三河的庄地共计 1399 亩。可推测,这两个庄头在当地应该是具有一定实力的富户,但民国成立后仍然难抵当地地痞对其经管旗地的侵占。

　　②　《溥仪内务府为请札饬通县查办庄头呈诉占地案事咨内务部文》,中国第一历史档案馆藏档案,26-476-802。叶志如:《辛亥革命后原清皇室土地占有关系的变化》,《历史档案》1983 年第 2 期。

会计司呈文称:其承袭先祖于椿的庄头职位,经管着位于通州北门外十里铺辛庄村南地的皇庄 1 顷、马各章村西地 2 顷 23 亩余,两块地亩共计 3 顷 23 亩余。1912 年清逊民建之际,京直地区社会混乱,隶属于正白旗下的一旗人吴玉秀,竟然假借自己是"爱国党"而对这些皇室庄田进行了霸占。庄头于长久无奈,只能向内务府说明此间情况,而前清内务府也只能致函顺天府请其协助办理。①

此外,官民勾结共同霸占旗地的事件也时有发生。以 1918 年庄头项继瑞之母孀妇项王氏控诉族人项华樵贿赂县知事关押其子导致无法按时收租一案为例。这件案子是这样的:1916 年,项王氏的儿子项继瑞接替已故前庄头项士奎充任庄头。项士奎是因为被匿名举报且族内有人舞弊并私吞庄地款项被革除,项继瑞则是卖掉家产补交了这笔款项才接任庄头。其实,就是族人项华樵盗卖了庄地并举报项士奎有问题。但是,项华樵反而纠结增集兰、齐子年等人唆使已故庄头项士奎之妻项齐氏,合谋捏造伪证,并贿赂县知事,向项继瑞不断寻衅,抵制项继瑞充任庄头。而且本该项继瑞收取的庄地租金却被项华樵等人从佃户那里强行收走。当项继瑞向项华樵追问这件事情时,项华樵又贿赂县知事要将项继瑞革去庄头职位,并将其关押在县衙。这样就导致项继瑞无法按期向内务府交差。无奈之下,项继瑞之母只能到京向前清内务府申诉冤情。②

通过上述三个案例我们可以发现,虽然有关旗地纠纷经过地方当局审判可以判定是非曲直,但是判定结果却很难得到有力的执行。不仅如此,如果一旦发生地方当局主管官员接受侵占旗地人员贿赂的情况,则会使得旗地租金的收取更为困难,旗人地主的利益也就更难获得真正的保障。

---

① 《溥仪内务府为庄头呈控旗人恃党、占差地事咨顺天府文》,中国第一历史档案馆藏档案,26-476-802。叶志如:《辛亥革命后原清皇室土地占有关系的变化》,《历史档案》1983 年第 2 期。

② 《项王氏为控项华樵唆佃贿串知事关押其子租课难收之呈文》,中国第一历史档案馆藏档案,26-476-802。叶志如:《辛亥革命后原清皇室土地占有关系的变化》,《历史档案》1983 年第 2 期。

## 第二节　佃户与佃户（原佃与现佃）、庄头之间

在北洋政府时期伴随旗地清丈留置而引发的多方博弈中，广大耕种旗地的佃户无疑占据重要地位。因为这一群体不但被牵涉的范围最广，而且是最为关键的出资方。他们需要在旗地留置过程中先后直面旗人地主、北洋政府，甚至面对来自同属乡村的其他佃户和庄头的利益争夺。他们会在买与不买之间犹疑、会在能否买到时抗争。因此，佃户与佃户、佃户与庄头之间的利益博弈，也是我们探讨北洋时期京直地区旗地变迁过程一个不能忽略的重要问题。

### 一、原佃与现佃

中国民间，历来有推典习惯的存在。清代时，政府严禁旗民交产，因而旗人便在经济困难时将旗地私典给民人。此外，民人在经济困难时也会将旗地再次典给其他民人，而耕种旗地的佃农在经济困难时也常会将自己所耕种的旗地推当给第三者，因此有了民国相关档案中经常出现的原佃和现佃。于是，在北洋时期的旗地留置中，就不可避免地会发生原佃与现佃之间就留置权的归属问题产生争执。

下面就来看几桩这样的纠纷案例。

获鹿县于底村佃户李成基祖上曾承租旗地 99 亩，其父李光珠在世时继承了其中 2 亩的承租权。民国初年，李成基之父李光珠因无钱使用而将其承种的旗地转当给同族人李光泰。当获鹿县开始办理旗地清丈留置事宜时，李成基认为应由他享有旗地留置升科的权利。而李光泰则认为应由其留置旗地，并最终成功留置升科。李成基不服，于是将李光泰起诉至获鹿县署，希望能夺回旗地的留置权，不过最终并未成功。① 这是一例现佃成功留置的案例。

---

① 《于底民人李成基等为佃种旗地事的禀文》，河北省档案馆藏档案，656-4-375。

获鹿县于底村的佃户李继隆之父在世时,曾从同村赵景秀名下承当大郭村匡姓庄头承领的旗地 15 亩。至获鹿县清丈旗地时,李家已承种这处旗地 30 余年。但当李继隆到获鹿县署办理旗地留置升科时,发现赵景秀之子赵成和也来申报留置事宜。李继隆认为其同村之人武增才、武正书等因旗地留置升科产生纠纷后,最终都由政府判定由现佃享有升科权利。既然自己承种旗地时间比武增才、武正书年限更长,就应该由自己享有这一权利。因此,李继隆希望县署能够"将赵成和等名字剔除,准身报地升科,则感大德无暨矣"。①

该村另一佃户李延绪也认为应由作为现佃的自己来获得旗地的留置升科权。李延绪之父李立久在光绪十八年(1892 年)以乡地为中间人,转当了同村李生云佃种的旗地 2 亩,"立有当契为凭"。至获鹿县清理旗地时,李延绪家已佃种此块旗地 34 年。但李延绪听说李生云用其弟李庙成的名字,将这 2 亩旗地与其佃种的其他 18 亩旗地"共开二十亩偷行呈报"。因此,李延绪来到县署请求由其以 34 年的现佃身份获得这 2 亩旗地的留置升科权。②

关于上述三件案例,笔者只找到了原佃或现佃一方的论述资料,下面这桩案例则更全面地体现了原佃和现佃就旗地留置权展开的辩论。

获鹿县于底村的佃户李永登称,他在 1910 年向庄头王树勋承买了 10 亩旗地的佃种权,"言明价值一千吊,许身永远承种安置茔田,不得变更"。但因一时未将价款凑足,因此"先交钱四百吊,立有永远承种契据。民始殡葬先祖与是地"。后在 1911 年,经王树勋中间说合,李永登又将这 10 亩旗地的承佃权转当给同村的赫登禄,并在当契上写明"承种期限五年为满,届期钱到赎回",仍归李永登承种。但当"本年值回赎地亩之期","赫登禄张横狡猾,巧假升科明令,将身诬控在案"。李永登接着称,赫登禄倚仗其是村佐,找人中间沟通,希望"霸占民地八亩,谨给民地二亩作为了事,民不应允"。但是赫登禄却伪造证据,私自强行将此块地亩留置升科。因此,李永登将赫登禄告到

---

① 《于底民人李成基等为佃种旗地事的禀文》,河北省档案馆藏档案,656-4-375。
② 《于底民人李成基等为佃种旗地事的禀文》,河北省档案馆藏档案,656-4-375。

县署。

面对李永登的控诉,赫登禄是这样回击的:赫登禄称他从 1911 年开始佃种大郭村王树勋旗地 10 亩,双方订立了佃契为凭。当时王树勋向赫登禄好言相道,说这片旗地中有一块茔田,是打算在去世后使用的。赫登禄念及王树勋的庄头身份,便答应将这八分有余的茔田借用给王树勋,并在佃契中进行了补充说明。但令他没有想到的是,王树勋在 1912 年又将这片茔田借给他的外甥李永登,将李家的旧坟冢迁至该地埋葬。赫登禄觉得反正是块茔田,无论埋葬何人都是一样的,因此并不以为意。后获鹿县署公告全县,凡是佃种旗地者必须凭契到县报请留置升科。1926 年 6 月 25 日,县署派范、李两位调查员到于底村调查旗地事宜,当时赫登禄就拿出了证据向两位调查员进行了申请,并给予了注册。这些都有两位调查员可以作证。但是没想到当县署传佃户去县城办理手续时,信票上却并没有赫登禄的名字。当赫登禄去询问两位调查员时,他们都声称李永登也拿着凭据去县署申请,声称他向王树勋承佃在前,因此将赫登禄的名字涂改为李永登的名字。赫登禄认为这是因为庄头王树勋见佃种旗地者可以进行留置升科从而真正拥有这块土地,因此起了"不良之心",便勾结其外甥李永登"欺身懦弱,无能祈托有字号之人员,硬行涂改霸地升科安粮"。没有办法,赫登禄只能请求获鹿县长予以查明,判定他的留置权利。①

上述案例都是发生在获鹿县的于底村。一村之中就已发生这么多佃户之间关于旗地留置权的纠纷,我们就可以想见当时旗地留置过程中京直地区各县村中的实际情况。也由此可以想见当时广大佃农的矛盾心态:面对政府的强令留置,佃农们发起过反旗地变民运动;但当自己的留置权被剥夺时,佃农也是心有不甘,希望能由自己获得土地的所有权。

而对于这些原佃、现佃之间关于旗地留置升科权的纠纷,县署往往推诿敷衍,或是将案件交与"评判会核议"、或是"侯饬调查员向该村代表究询核夺"。

① 《于底民人李永登、赫登禄为旗地升科互控霸地》,河北省档案馆藏档案,656-4-354。

由于笔者并未找到获鹿县署关于上述这些案件的其他资料,因此并不知晓它们的最终结果。但根据上述案件,笔者似乎可以做出这样的推断:在以农业立国的中国社会里,"耕者有其田"应该是每个农民心中最深的渴望。因此,他们反对过历届民国政府所制定的高额留置旗地地价,但当这一切都势在必行时,稍有能力的佃农都会竭尽所能去获得土地的所有权。而由于民间土地流转的普遍性,谁应该享有土地的留置权又会导致乡间佃农产生新的纠纷。而在这样的争夺战中,那些经济能力更强或是有着些许官府关系的佃户,则可能更胜一筹。

## 二、佃户与庄头

### (一) 旗地买卖中的佃庄纠纷

民国初年,庄头不仅常对旗人地主隐匿不出甚至盗卖旗地,还常常侵占佃农的应有权益。

1917 年 1 月,在涿县就发生了一起庄头将旗地私自卖给当地天主教堂的案例。涿县民人李忠在 1913 年通过中间人李信分别向王海峰和耿张氏承买了一块旗地的佃种权,而且王海峰和耿张氏都给李忠书立了推佃字据。但是经管此块旗地的庄头唐和却倚仗自己信奉天主教,而硬将李忠佃种的两块旗地送给了当地天主教堂。涿县知事在收到李忠的控诉状后,立即派法警同传原告、被告到县署调查。对于原告的指控,庄头唐和声称李忠买王海峰之地确为事实,而他也并未将这块旗地送给天主教堂。原告李忠又指出,听说天主教堂的神父"不日须在伊所买庄基地建筑教堂,恐肇事端,不得不呈请核办"。于是,涿县知事亲自来到该教堂,但是神父却声称,这块旗地是他从旗主爆耀斋手中直接买得,并出具了旗主爆耀斋卖地的契据。涿鹿县知事在将相关契据调查清楚后,认为爆耀斋只是卖租,而并不是卖佃,而旗地向来是只能卖租不能增租夺佃的。于是涿县知事将这一规定向天主教堂神父进行了阐明,但该神父却依旧坚持要在此块旗地上建立教堂,而且声称已将此教堂的建筑工程商定,不便停止。虽然涿县知事经过调查认为此案其实就是庄头唐和从中作梗渔利,但因为涉及了外国人的教堂,涿县知事便无力判定本属于原告李忠的权利,而最终不了了之。①

### (二) 旗地清理中的佃庄纠纷

在京直地区旗地的清理留置过程中,佃户和庄头围绕旗地的留置权归属展开了更为激烈的较量。

在直隶省获鹿县,于底村、大郭村、东简良、南简良、马村、石桥村、康家庄是旗地存在较为集中的几个村庄,经管该处旗地的庄头也大都居住在这几个村庄。获鹿县旗地的清丈留置工作是在 1926 年张作霖奉系主政这一地区时开始进行的。

1926 年,获鹿县政府在接到省厅要求进行旗地留置升科的事项后,便在全县贴出告示,要求承种各项"旗圈无粮地亩者"都要办理留置事宜,留置权"概归现种地户升科注册安粮"。然后获鹿县县长派出调查员范鹏程、李振声奔赴该县各村,请各村村长及村副带领调查员在村庄中鸣锣示众:要求凡是承种各项旗地及无粮黑地的,都要由现种地户一律报明升科、注册安粮;如有人匿地不报,一经查实,就要"照章罚办"②。此外,获鹿县县长还下令县保卫队持传票到于底村和大郭村等村庄,传令各庄头带着他们承领旗地的各项契据,随保卫队人员到县政府呈交查验。③

笔者此前已经论及这些庄头如王凤云等起初并不配合旗地清理机构的工作,例如避而不见甚至虚报地亩册,但当他们发现政府的强令是不能违背的时

① 《涿县民人李忠诉庄催唐和盗卖旗地》,中国第一历史档案馆藏档案,26-476-802。叶志如:《辛亥革命后原清皇室土地占有关系的变化》,《历史档案》1983 年第 2 期。
② 《康家庄等村村长禀诉庄头强赎地亩升科》,河北省档案馆藏档案,656-3-42。
③ 《获鹿县知事为保卫队持票赴于底大郭村等查旗租地亩》,河北省档案馆藏档案,656-4-345。

候,往往又夺取佃户的权利而主张由自己进行留置,获得土地的所有权。因此,就会出现一种看似令人匪夷所思的情况,即这些村庄最终成功留置的旗地数量多于庄头们起初时呈报的旗地数量。而且前后两份地亩册中,承种旗地的名单也会发生很大变化,即在后一份已成功留置并报县署备案的地亩册中,庄头往往取代佃户留买了旗地。

下面,我们就具体看看在这些村庄旗地留置的过程中,佃户和庄头都就旗地的留置权归属做出了怎样的举动。

在获鹿县的大郭村,居住着匡则恭、匡成、匡智、王正祯等庄头的后人,他们的家族经管坐落该县的一些内务府皇庄已百余年。其中,匡则恭经管旗地9顷余,匡成经管旗地4顷余,匡智经管旗地9顷余,王正祯经管旗地最多,为10顷余。① 在大郭村,旗地所占数量比重较大,而且多为"匡、王二姓侍强独占"。② 其中,根据王正祯之孙王凤云最初所报,其在大郭村经管的旗地数量为459.91亩,但根据获鹿县政府在1927年留置后的统计,经留置的原属王正祯承领的大郭村旗地却为593.98亩。这两个数据的差别说明的是王凤云曾向获鹿县政府少报了旗地的数量,而经过前后两份地册的对比,还能发现在留置后的地亩册中,由庄头王正祯取代佃户留置的旗地就多达170余亩。③

其实根据奉系军阀主政时期颁布的旗地清理章程,应该是现佃具有留置资格,因为其认为租种旗地的现佃租种时间一般都超过了10年,而且他们在最开始租种时,也都付出了一定的典价,因此旗地的留置权理应由现佃享有。④ 但在实际的清理过程中,庄头王正祯之孙王凤云却不断取代佃户来获得旗地的留置权。1926年9月,大郭村就有杜成瑞等20余户村民集体赴县署进行申请留置旗地。他们指出,他们所居住的大郭村、于底村等村庄之中,

---

① 《获鹿县皇产地亩册》,河北省档案馆藏档案,656-3-1139。
② 《大郭村村民代表为旗地恳请升科事的禀文》,河北省档案馆藏档案,656-4-394。
③ 《庄头王正祯名下坐落获鹿县皇产地亩》,河北省档案馆藏档案,656-3-1139;《获鹿县处分过庄头王正祯承领内务府旗地佃户姓名户数册》,河北省档案馆藏档案,656-4-395。
④ 《清理旗产事务局训令第131号》,河北省档案馆藏档案,656-3-1139。

土地多为旗地,且主要为匡姓和王姓庄头控制,现在政府要求旗地留置升科为普通民粮地,但这些庄头却违反政府命令隐不升科,不仅如此,这二姓庄头还依仗自己家族世代经管旗地的便利,想方设法增租夺佃。因此,杜成瑞等耕种旗地的佃户提出他们承种本村旗地约有百亩左右,请求获鹿县政府查明此事后允许他们进行自己佃种旗地的留置和升科。①

对于杜成瑞等人的诉状,王凤云是这样回应的:首先,他自述了自己土地的流转详情。据王凤云称,其曾祖王有庆在乾隆四十六年(1781 年)八月花费1227 余两白银从董群保、董赶生兄弟名下买到坐落在于底村的土地 2 顷 25亩,又在乾隆五十六年(1791 年)十月花费 5444 两白银从郭百福、郭得福名下买到坐落在于底村的土地 3 顷 62 亩,又在道光二十五年(1845 年)十二月由其祖王铜花费 22 两白银买到奎光名下坐落大郭村的土地 5 顷 93 亩,三次共计买地 11 顷 80 亩余,花费银两共计 8671 两余,且都有"官契凭册可验","并有奎光遗交原有红契一纸"。王凤云称"民祖遗地亩向系自己耕种,以资养赡,与他项旗圈地亩各有佃民承种缴租者不同"。在其祖王铜去世之后,由于家计日下,于是逐渐将这些地亩典给他人"以资度日",后"剩有田地数十亩",但光绪年间其胞兄王训又赎回了当出地亩 1 顷有余。而且之前他家所典当的地亩"均立有当契",并"注明三年期满钱到准赎等语"。因此,王凤云称这些从他家承当地亩的人只是典当而不应具有所谓佃户的身份,"并照民间典当地亩习惯将当地人应纳钱粮照交业主,但亦为数甚微,多者每亩百文,少者五十文不等"。其次,王凤云称这些土地虽是"买自旗产,无粮可纳,究属多此一举,然亦乃乡间典当地亩之习俗所系"。不过既然这些地亩当初都订立了当契,又注明"三年期满钱到准赎等语",就已证明这些土地是典当地亩,"每年承当人所交之少数钱文实系仿照民典当地亩之习惯",因此"应交本地主之钱粮"并不是那些佃种旗圈地所称的租额。接着,王凤云又声称:因为光绪三十

① 《大郭村村民代表为旗地恳请升科事的禀文》,河北省档案馆藏档案,656-4-394。

一年(1905 年)至光绪三十二年(1906 年)间,"有本县人谢某强暴横行,勾串北京克公府",想要强占他家所有地亩,为了维护祖业,他家才在光绪三十三年(1907 年)"将所收承当人之钱粮全数投充恭王府",每年"照数纳缴",迄今已近 20 年。然后,王凤云又称:1923 年 2 月间,本县人杜成瑞从其手中典当"民地四十亩大钱二千吊",但杜成瑞承种这块土地还未满一年,就勾结佃种此块民地的佃户李光斗"出名代表典当民地",他们"持所执当契"于 1923 年 6 月呈请县署,请求按照无粮黑地进行升科。而王凤云也就此事到县署呈讼,"旋因时局不静,故无何等结果,至今各家所执当契均存在县署卷内"。最后,王凤云称:在 1926 年新的清理旗产章程公布之后,杜成瑞、李光斗等人再次到县署申请留买,想要霸占这些土地,"而县长被其蒙混,误将新旧典当民地各家认作佃户,准其留买"。于是,王凤云奔赴保定,向保定分局局长呈上"地契三张",证明这些地亩都是其家"自种养赡地亩"。王凤云认为如果将他家的地亩按照旗圈售租章程第三条处分,那么他就可以凭借"现有祖遗红契"按照原价将地亩赎回进行留置升科;如果"该典当民地各家所持既均为当契,并皆注明三年期满钱到准赎等语",就也可证明这些土地都是典当地亩,杜成瑞、李光斗等人并不具备佃户资格。王凤云还指出,杜成瑞、李光斗等人"向与恭王府无关系,亦并无持有何等证据",如果获鹿县署将杜成瑞、李光斗等人当作原佃,准许他们留置升科,也与"旗圈售租章程第三条所载等语完全不符,而民默将屡世祖置遗业无故失去,亦断无此理也"①。

保定分局长在收到王凤云的呈状后,将其转发获鹿县署,获鹿县署又将此案转交县评判会议处。评判会在调查审验王凤云呈交的契据之后,认为王凤云所呈控的地亩"原属买自旗租,并非买地",而且其又在光绪三十三年(1907 年)时"投充恭王府",王凤云是作为庄头向各佃户收租,而不是"转交王府收款",这一情况也有王凤云"交租收据可考"。获鹿县评判会还指出,既然王凤

---

① 《联军筹饷督办饬查旗租各数》,河北省档案馆藏档案,656-2-820。

云声称这些地亩是"自置业地",但是经查这些地亩并无历年"应纳粮银"的记录,因此这些土地"确系旗地,毫无疑义"。① 据此,获鹿县议会将调查结果呈交获鹿县署,于是获鹿县署驳回了王凤云的申诉。对此,王凤云认为"评判会处置不当"②,再次提出申诉,依然被驳回。

此外,王凤云还将西简良村佃户邓玉德、匡鸿儒一纸诉状告到县署。王凤云称:他在宣统年间将7亩7分5厘地亩当给西简良村邓玉德3亩4分,当给邓群和4亩3分5厘。1912年,王凤云出价将这些地亩全部赎回,并按照普通租种民地办法仍将地3亩4分租与邓玉德承种,其余地4亩3分5厘租与同村的陈士志承种。但王凤云屡年向邓玉德索要租金,邓玉德都不给。王凤云让邓玉德将地交回,邓玉德也不交回,这种情况一直延续至今。王凤云称其还有坐落在本村的站台地一段,计11亩。光绪年间王凤云之父在世时,将这块地亩当给本村的匡鸿儒,"共价大钱二百四十二吊",当时约定"三年为满,钱到地赎"。1923年,站台煤店与王凤云商量想承租其这块地亩,于是王凤云找到匡鸿儒,希望将地赎回。当时匡鸿儒称可将煤店需用地亩由其先行占用,等他找到当契,载明了当时典当价钱,再收钱将地交出。于是王凤云先将煤店所需之地租给其修改房院,共计占地3亩8分。之后,王凤云多次催促匡鸿儒查找当契,以便交价赎地,但"屡催屡推,亦不收价,亦不退地,延至于今"。现在政府下令将旗产地亩留置升科,王凤云认为理应由他享有这项权利,并已"开报在案"。后王凤云听说邓玉德、匡鸿儒也在申报留置土地,于是王凤云找到他们进行问询,邓玉德"理屈词穷,无法巧辩",但匡鸿儒则坚称连煤店占用地3亩8分在内的11亩地,都应由他留置升科。于是王凤云将邓玉德、匡鸿儒一并告到县署,希望归还自己的留置升科权。③

关于这桩案件的结局,笔者通过分析《获鹿县处分过庄头王正祯承领内

① 《联军筹饷督办饬查旗租各数》,河北省档案馆藏档案,656-2-820。
② 《大郭村王凤云为收回佃当地本人升科的禀文》,河北省档案馆藏档案,656-4-351。
③ 《大郭村王凤云为收回佃当地本人升科的禀文》,河北省档案馆藏档案,656-4-351。

务府旗地佃户姓名亩数册》,发现匡鸿儒还是获得了这 11 亩土地的留置权。由此回推,获鹿县署应是经过调查认为王凤云所称的地亩均为旗地,而匡鸿儒则为现佃具有留置资格,但邓玉德却没有获得旗地的留置权。其中原因,发现匡鸿儒除了这 11 亩地,还成功留置了大郭村的其他 4 块旗地,共计 19 亩。笔者推测匡鸿儒能够在大郭村共计留置 30 亩旗地,说明其本身具有相当的财力。这就使得匡鸿儒在与同样具有一定财力的王凤云争夺留置权时,较之一般穷苦佃户更具抗争力。匡鸿儒借助财力能够获得旗地的留置权,而其他普通佃户在与王凤云的抗争中则可能处于劣势。这一点,也可通过王凤云成功获得大郭村 176.19 亩旗地的留置权获得印证。

再来看一些获鹿县佃户与其他庄头就留置权归属产生的纠纷案件。

1926 年 10 月,东简良村村长崔连任和村佐崔炳魁、张士魁向县政府呈上诉状,控诉庄头张纪云、张黑子、王凤群阻挠该村佃户照章留置升科。崔连任等人称,本村民人张明伦租种了 10 亩内务府庄地、崔进城租种了 17 亩内务府庄地、张群太租种了 9 亩 2 分的内务府庄地、崔印业租种了 6 亩的内务府庄地,他们所租种的内务府地亩都是出价从庄头张纪云、张黑子和王凤群手中承典过来,而且有相关契据为证明,因此他们可以以原佃的身份来享有留置旗地的优先权。在调查员来到东简良村调查旗地时,这 4 人也经过村长、村佐的证明将这些旗地呈报在案。但是庄头张纪云、张黑子、王凤群等人却"朋比为奸、串通一气",声称"地有纠葛"而阻挠张明伦、崔进城、张群太、崔印业等佃户留置升科。以致县政府"票传之际",将张明伦等佃户"摘出未传"。因此,崔连任代表这些佃户向县政府呈上崔进城等佃户持有的佃契,希望归还这些佃户的留置升科权。①

同月,大郭村佃户姚正书也将庄头张殿元告到县署,声称由于张殿元夺佃致使其不能留置升科。姚正书称,他佃种庄头张殿元经管的旗圈牛录地 8 亩,

---

① 《东简良村民代表村长崔连任为庄头阻挠佃户升科的禀文》,河北省档案馆藏档案,656-4-360。

1924 年遵照县公署命令曾将佃契呈验,"听候升科核办"。现在按照政府谕令"凡种旗圈地亩者,以原佃户一律升科",于是在调查员来到大郭村调查时,姚正书便将这 8 亩旗地申报在案,后将留置价款"遵章照交代表人"。但是庄头张殿元却借口此项旗地"内有纠葛",以致县署票传时竟将姚正书"摘去未传,致身不能照章升科"。姚正书认为自己确系原佃资格,而且"并无别项纠葛,应由身升科方合定章"。姚正书最后指出,"庄头等所管旗圈地亩一律以原佃升科,业经办有多起",但"张姓庄头竟赖以地有纠葛阻挠佃户不能升科",而且他所佃种的土地确为牛录无粮旗地,"该庄头毫无凭据",竟借地有纠纷而"狡赖强争升科"。因此,姚正书希望县署根据定章判定由他享有这 8 亩旗地的留置权。① 此后,姚正书又于同年 11 月、12 月两次上书。笔者并未找到姚正书与庄头张殿元纠纷案的后续资料,因此笔者推测此案似乎不了了之。

　　大郭村另一佃户杜石来也就庄头夺佃、致使其不能留置升科向县署进行了控诉。杜石来称,他佃种庄头张黑子的无粮牛录旗地 13 亩,已佃种十余年。政府下令"佃种牛录旗地,以原佃户呈报注册升科",因此在调查员来到大郭村进行旗地调查时,杜石来已经以原佃资格申报在案。但庄头张黑子却"恃强狡赖",阻碍杜石来以佃户身份进行留置升科。无奈之下,杜石来只能请获鹿县长调查并归还他的留置权。

　　同时,该村佃户姚双峰、姚宪章也就庄头张黑子夺佃、致使不能留置升科向县署进行了禀诉。姚双峰、姚宪章称,本村周振书、赵成德、刘香吟等佃种庄头张树琴经管的旗圈地亩,已经根据章程留置升科。但是姚双峰、姚宪章佃种旗地的经管庄头张黑子却在他们呈报留置时,借口这些旗地有纠葛,阻挠他们留置升科。而且张黑子"谋心不良","硬行狡赖"这些地亩是北京张耀庭的旗地,"欲鱼目混珠,狡占原佃之位,强争升科"。姚双峰、姚宪章认为,庄头就是帮助旗地地主催租之人,并不享有原佃资格,因此无权进行留置升科,而且张

---

① 《大郭村民人姚正书为庄头张殿元夺佃不能升科一事的禀文》,河北省档案馆藏档案,656-4-378。

耀庭的旗圈地亩坐落与该县地亩坐落并不相符。姚双峰、姚宪章最后还指出这些地亩"均系牛录旗圈地",而且他们"均已佃种数十年",因此请求判定他们具有留置升科权。①

1926年12月,大郭村佃户杜镜堂、张献瑞则代表该村更多的"贫穷佃户"向县署控诉了庄头夺佃、致使他们不能留置升科。杜镜堂、张献瑞称,他们已在前任县长任内代表本村佃种旗地的陈二毛等十余户人家申请准予留置升科,并已将"各佃户花名、种地亩数、年限及该管庄头姓名开列花单在案"。但由于办理过程中前任县长卸任,以致"悬延至今,尚未办理"。根据现"清理旗产处另订新章",规定庄头"仅有催租之权,并无佃户升科资格"。本村这些耕和旗地的佃户"俱系极贫小户",租种旗地三五亩,"有百余年者、有数十年者",而且佃户张善庆家在其佃种旗地上"安茔已历三代"。最后,杜镜堂、张献瑞指出本村的这些佃户都以耕种旗地为业,"以求生活","若不令其升科管业,必致别无生路,势将置之死地",况且这些佃户本就具有留置升科权,因此希望县署能"令该佃户等一律升科","以救贫苦蚁命而断纠葛"。

由于并未得到县署的答复,于是杜镜堂又联合本村的杜双峰、张祥云于1927年1月,再次向县署进行了呈诉。杜镜堂等人首先指出,1923年获鹿县长"会同委员专员及评判员"开评判会议决了旗地留置办法,首条就是由现佃享有旗地的留置升科权,"同众表决,何其正大光明,举凡佃户无不称颂藻鉴大德"。现在政府公布的新章第六条内也明令"现佃户有优先留置权","议案既经成立,自应积极进行,何容再绥"!接着,杜镜堂等人指出庄头"为旗人催租之役",但借着不断剥削佃户,"现在均称巨富"。政府令旗地出售,"庄头既非佃户,又非原主",因此就不应具有留置升科资格。因此,杜镜堂等人恳请县长能够按照章程办理旗地留置事宜,确定他们这些佃户具有旗地的留置升

---

① 《大郭村民人杜福来为庄头张黑子阻挠佃户升科的禀文》,河北省档案馆藏档案,656-4-380。

科权。①

面对佃户们的不断控诉,王凤云、王树勋和匡尊亲这些庄头则在 1927 年 12 月间联合起来,就自己已经留置升科旗地的行为进行了辩解。

庄头匡尊亲的表态十分强硬,他说自己已按章程规定缴价升科,但听说 "现租地各户又复欺朦",因此希望县署能够"杜捣乱而免欺朦"。匡尊亲称他 有坐落在自己居住的大郭村及于底村、石桥村、东简良村和南简良村等地亩 1 顷余,"因人工粪料、耕养不便,按照普通现租种地亩办法将地租与各该村花 户租种",因每块地的地质不同,因此每亩旗地每年所要交纳的租金也是不同 的;而且他经管的旗地在最初与佃户订立契据时,都是每年再议再租,因此既 不是指地借钱也不是典当与人。接着,匡尊亲指出,当收到政府下令旗产地亩 需要进行留置并升科为普通民粮地的告示后,他已经按照相关政策规定进行 了留置并业已升科完毕,而且已经领到了土地执照,希望县政府不要听信这些 佃户的狡辩而质疑他的留置权。

庄头王树勋向获鹿县政府呈诉称,他经管着所居住的大郭村的 9 亩余内 务府庄地,对于这些地亩,他是按照普通民粮地的经营方式,租给本村民人张 献瑞 7 亩、高群明 2 亩 5 分,这两块土地的地质不同,租金价格也是不同的;同 时,他在将地租与二人时,也约定每年再议再租,因此既不是指地借钱也不是 典当与人。接着,王树勋继续指出,他也是根据政府的训令照章将这些地亩留 置升科,并已通知过张献瑞和高群明二人,但当县政府派调查员到大郭村进行 调查是否有应该申请留置而并未留置的旗地时,张献瑞和高群明二人却将自 己已经留置升科完毕的地亩再次申请留置。最后,王树勋提出,希望获鹿县政 府不要受张献瑞和高群明二人欺骗以致产生纠纷。②

对于这几位庄头的联名上呈,获鹿县政府很快就做出了十分简洁明了的

---

① 《大郭村村民代表为旗地恳请升科事的禀文》,河北省档案馆藏档案,656-4-394。
② 《大郭村匡尊亲等照章升科卷》,河北省档案馆藏档案,656-2-851。

回复,即这些土地既然已经被这些庄头留置升科,为避免后续纠纷起见,"自不能再许他人复争"①。

从上述佃户与庄头有关旗地留置权而产生的纠纷以及政府的表态,似乎可以得到这样一个判断:对于佃户和庄头在旗地留置前就留置资格产生的纠纷,县政府往往会以明令规定的章程判定由佃户享有留置权;但当庄头采取各种借口和手段抢先成功留置旗地后,则无论佃户甚至各村村长为庄头夺佃强取留置权而不断进行控诉、还是庄头为了维持自己已取得的留置权对佃户进行进一步打压,当地政府都会做出息事宁人的表态,即维持最先完成缴价留置人的留置权,因为政府已经达成了获取留置价款的初衷。

即便如此,这些居住于乡村中的"巨富"②——庄头似乎对土地的要求依然没有得到满足。

1929 年 8 月,康家庄的村长武玉山和村副武俊德、大郭村的村长杜双峰和村副杜宪章、石桥村的村长易卿云和村副李光荣、于底村的村长崔评诗、东简良村的村长胡东甫、马村的村长聂洛聘以及西简良村的村长佐洛现就联名上书县政府,状告庄头屡次强赎这些村庄中村民已经留置升科的地亩,"以致地户久受讼累"。这些村的村长、村副称,他们都是当时各村办理旗地升科的代表人员。他们这些村庄中的很多民人都佃种庄头旗圈地亩。1926 年县政府派调查员范鹏程、李振声到各村,并请他们这些村长、村副及代表人员让其村的乡地在村鸣锣示众,告知旗地留置事宜。后这些村庄中佃种旗地的村民都按照章程规定办理了缴纳价款留置升科事宜,"并经县政府委派评判员曹日新、刘运泰、张久钦、牛辅辰共同评判其事"。康家庄、大郭村、石桥村、于底村、东简良、西简良、南简良及马村这 8 个村庄共计留置旗地 120 余顷,涉及佃户 2000 余名,"有卷可查",并已"按户发给升科执照税印文契,各执为凭","又经各该升科之地户完纳粮银"已 3 年有余。但一些庄头却"恃强不遵定

---

① 《大郭村匡尊亲等照章升科卷》,河北省档案馆藏档案,656-2-851。
② 《大郭村村民代表为旗地恳请升科事的禀文》,河北省档案馆藏档案,656-4-394。

章,屡次强赎已升科之旗地,动辄涉讼"。武玉山等各村村长、村副都是1926年时各村旗地升科代表人员,由于庄头屡次闹事,因此他们也"往往受此拖累"。无奈之下,这些村长、村副只能联名请求县政府"维持原案,杜绝讼端"①。

对于这8个村庄村长、村副的联名控状,当时的获鹿县县长是这样回复的:"旗圈地升科纳粮系奉令遵章办理,各户领有执照印契业已三年。查卷属实,是旗地已变为民地。各庄头当然无告争之可能。仰各该村村长副等传谕各户一体知照此批。"②

乍看之下,获鹿县政府的批复维护了已留置旗地佃户的权利、驳斥了庄头的举动,似乎与之前县署维持庄头所取得留置权的回复有所矛盾。但实际上,此次批复却是又一次北洋政府获得经济利益后不问后事行为的佐证。

## 第三节　北洋政府与庄头、佃户之间

在北洋时期京直地区旗地的变迁过程中,政府无疑充当着一个最为重要的角色。因为正是由于历届北洋政府出台的一系列旗地政策,才推动旗地如此大规模的向民地转化着。必须承认的是,由北洋政府所推动的旗地地权变化符合时代发展的趋势,并且有利于厘清土地问题,是中国地政近代化过程中应该迈出的一步。但当我们今天梳理这历时十余年的京直地区旗地变迁史,也会很明显地发现历届北洋政府清丈旗地的最大目标是满足自己在经济方面的需求。正是基于这一原因,才使得京直地区旗地的变迁史既包含了符合历史发展的一面,也不可避免地带有着种种弊病。下述北洋政府与庄头、北洋政府与佃户之间关于旗地问题的博弈还原,可以详细地揭示这段特殊的历史。

---

① 《康家庄等村村长禀诉庄头强赎地亩升科》,河北省档案馆藏档案,656-3-42。
② 《康家庄等村村长禀诉庄头强赎地亩升科》,河北省档案馆藏档案,656-3-42。

## 一、北洋政府与庄头

庄头世代经管旗地,他们不仅是有清一代统治者用以维护、延续旗地制度的支撑纲络,而且到了北洋时期也俨然成为历届政府推进清理、留置旗地工作的重要依托。正是基于如此特殊且重要的地位,历届北洋政府在清理旗地的过程中都非常依靠庄头。如他们在公文往来中说道,对于清理旗产而言,最为重要的就是找到旗地地册。如果旗地地册、佃户姓名以及旗地亩数与地点四至等信息都不够准确的话,旗地的清理留置工作从源头上就无法开展①;而要想搞清楚这些信息,必须找到实际经管旗地的庄头,因为他们不仅保有各类地册、佃户册等,而且世代盘桓于旗人租主与耕种佃户之间,各种情况都比较熟悉,是清理留置旗地工作中最为重要的环节②;不仅如此,很多庄头都经管着两三个甚至更多个县份的旗地,因此能够获得此类庄头的协助,无疑将极大促进旗地的清理留置进程。基于此,北洋时期的历届政府在开展旗圈地亩和旗租地亩的清理留置工作时,都要通过各县竭力找寻到庄头并获得他们所掌握的各类旗地册据。

为了鼓励庄头积极向政府上交旗地地册,历届北洋政府还专门出台了针对庄头的奖励政策。如奉系军阀在 1926 年夏全面控制直隶省和京兆区之后,为了增加财政收入,很快就开始了对旗地的清丈留置工作,而专门负责这项工作的清理旗产事务局在 8 月便出台了《奖惩庄头催头办法五条》。而制定这一专门章程的原因,清理旗产事务局在给各县的训令中也说得很明白,"查旗圈地亩,陈报最关重要,催头辅助庄头亦有相当关系,兹为诱腋庄头、催头等出力赞助,并预防阻挠起见"③。

北洋政府在利用庄头的同时,还常与庄头达成并不符合其自身制定的政

---

① 《河北官产总处通令字第 4 号》,河北省档案馆藏档案,656-3-616。
② 《清理旗产事务局训令第 90 号》,河北省档案馆藏档案,656-2-820。
③ 《清理旗产事务局训令第 90 号》,河北省档案馆藏档案,656-2-820。

策的某些交易行为。民国年间旗地政策的主要精神,就是由耕种旗地的佃户出一定代价留置自己耕种的旗地。因此,这些佃户是留置旗地的第一人选。虽然庄头可以通过协助政府办理旗地清丈留置事宜获得一定的奖金,但数量却颇为微薄。于是,在旗地清理之初,他们的表现往往是隐匿不出、不配合政府。但在政府的严催之下,庄头最终还是得向政府呈缴地册。不过他们在呈报过程中常常虚报旗地数目甚至违反旗地政策规定而由自己取代佃户资格以获得旗地的留置权。虽然历届北洋政府的旗地政策中都明确规定佃户享有留置权,但却往往对于庄头违反政策取代佃户进行留置的行为放任自流,因为他们所最为关心的得到留置价款的初衷已经得到满足。

由此可见,庄头与北洋政府之间主要是一种合作关系。虽然庄头的某些作为会违背北洋政府的旗地政策,但出于庄头能为其带来经济利益的考量,北洋政府最后往往对庄头们听之任之,而最终达成二者利益共赢的局面。

## 二、北洋政府与佃户

北洋政府与耕种旗地佃户之间的博弈,贯穿于旗地政策从制定到实施的全过程。

### (一) 旗地政策制定中的较量

前已述及,随着清逊民建,广大耕种旗地佃农发起了"拒绝交纳旗租、要求收回旗地"的运动。但随着《清室优待条件》的出台,这一运动并不受到政府的支持而渐渐平息。同时,旗人们因为普遍受到社会的歧视不易得到工作机会,生活愈加艰难,因此开始更大规模地卖出旗地换取生活来源。在京直地区,有关旗地买卖纠纷也随之越来越多。时任直隶巡按使朱家宝在接到有关呈控后,根据对这一地区旗地情况的调查认为:旗地虽为前清以特权圈占,但此时却不能剥夺旗人的旗地所有权,因为它事关旗人的生计;同时他也意识到旗地虽与耕种旗地的佃户有着各种头绪的关联,但也不能令佃户无偿收回旗地以免旗人生计无着,而是需要制定一个合理的价格以使原佃获得土地。于是,陆续颁发了《直隶省旗圈售租章程》《京兆清查官产处处分八项旗租简章》。这两份文件的主要精神,就是由耕种旗地的佃户出一定的价钱留买旗地,旗圈地的售价款归旗人地主,八项旗租地的售价款归民国政府,佃户从此兼得旗地的使用权和所有权。

这些政策有利于北洋政府、旗人地主甚至各级机关的工作人员,但对广大耕种旗地的佃户则极为不利,因为他们本来每年只需交租即可,而现在却需要一次性付出大量价款。他们不仅提出了抗议,而且也说明了理由,这些旗地本就是其祖上遗留下来,不过是由于前清初年暴力圈占等原因不得不从所有者变成佃种者,因此有清一代都是规定不许增租夺佃的,但现在政府以清丈土地为理由,虽名曰售租,但实在与普通售地无异,是错误的做法。① 广大耕种旗地的佃户们虽然进行了种种的反对抗议,但相对于北洋政府而言,他们所发出的声音却改变不了旗地清丈的大方向,而只能就一些旗地政策的细节做出抗争,以求尽量减少留置旗地给自己带来的负担。当时,恰逢曾经被解散的第一届顺直省议会再次恢复。于是,作为广大佃户的代表,顺直省议会开始就旗地清丈政策与政府进行了多轮谈判。

### 1. 旗圈地方面

1916 年 11 月 5 日,《直隶省旗圈售租章程》颁布。根据这一章程,如果出售地块有民间习惯的租金定额,则以年租金价格的 10 倍为留置价格;如果因各类情况没有租金定额的话,则按土地质量分为上、中、下三个等级,上等地亩为 10 元每亩,中等地亩为 8 元每亩,下等地亩为 6 元每亩;如果遇到前两项都不适用的情况,则由相关地方政府派员酌情办理②。顺直省议会首先对这一售价规定进行了驳斥。顺直省议会认为,既然章程中也说到只许售租不许售地,却又制定了一系列不同地价,并且将售卖价格与地质问题牵扯在一起,这

---

① 胡国宾编:《直省旗租案文汇编》上卷,首都图书馆藏,民国十四年铅印本,第 1 页。
② 胡国宾编:《直省旗租案文汇编》上卷,首都图书馆藏,民国十四年铅印本,第 2 页。

是自相矛盾。① 因此,顺直省议会主张,关于旗圈地亩留置价格的制定应该以每年具体的租金为基础,留置佃户和旗人地主协商定价,这样才有利于平息旗地纠纷。然后,关于佃户留置旗地后升科的年限,顺直省议会也认为不应在留置当年升科,而是应该缓至 10 年之后以示对广大佃户的体恤。此外,对于《直隶省旗圈售租章程》第九条的规定,即老圈契置旗地不需套用前述 10 倍年租金的留置办法而只需按照普通民地买卖办法然后升科为普通民地即可的政策,顺直省议会认为应该删除,并改为只要不是原佃户契买旗圈地亩的只需要"报县税契"而不需要进行升科②。

针对顺直省议会的这些修改意见,制定《直隶省旗圈售租章程》的朱家宝分别予以了回应。关于章程第九条的修改问题,朱家宝认为老圈契置地亩乃是按双方立定契约时的价格来契置的,所以肯定是和普通旗圈地亩不一样,因此在《直隶省旗圈售租章程》第九条中才会规定这类地亩不等同于一般旗圈地亩办理,为了避免歧义,可以将原来条文"无论老圈契置及向有一定租价者准按每亩租价加十倍出售"一句中的"老圈契置及"去掉即可。关于升科年限问题,朱家宝指出顺直省议会所提出的留置地亩应在 10 年后起征的问题,并不合适。关于原因,朱家宝是这样解释的:粮赋问题是政府一项最为重要的经济来源,有清一代,由于暴力圈占等原因使得民人由土地所有者而变为佃种者,由原先向国家缴纳田赋而变为向旗人租主缴纳钱粮,是将国家的粮赋收入来补贴旗人,这不仅增加了民人的负担(一般旗租数额高于田赋数额),而且也使得国家遭受了损失;现在根据《直隶省旗圈售租章程》,民人可以通过一定的价格买回自己对土地的所有权,那自然就应该恢复向国家交纳粮赋,这与以往向旗人缴纳地租相比负担已经减轻;如果说佃户因为一次缴清 10 倍租金

---

①　胡国宾编:《直省旗租案文汇编》上卷,首都图书馆藏,民国十四年铅印本,第 2 页。
②　关于顺直省议会 1916 年 12 月 7 日所发《修正直省旗圈售租章程》的原文,可参见王立群:《民国时期河北旗地变革研究(1912—1934)》,博士学位论文,首都师范大学历史系,2009 年,第 186 页。

的价款而无力马上向国家上缴田赋的话,可以适当推迟起征年限,但10年之期过长并不合适。对于顺直省议会提出的增补第九条"凡非原佃契置旗租仍照本章程第六条之规定报县税契勿庸升科"的建议,朱家宝则指出前清旗人之所以可以收取租金而不向国家缴纳田赋,那是前清赋予旗人的特权,现在旗地一旦由佃户留买,性质就完全变了,佃户理应向国家尽缴纳田赋的义务,因此必须报粮升科。①

根据朱家宝的这些回复意见,顺直省议会于1916年12月进行了开会研讨,他们认为:

首先,通过调查旗圈地的沿革可知,凡是旗人从前清政府那里领有的旗地称为老圈,但是后来出价从旗人那里典买来的旗地称为契置,这两类地共同构成了今天所说的旗圈地。既然《直隶省旗圈售租章程》第九条中规定"老圈契置旗地应照旗民交产例办理,不适用本章程之规定",那么这一政策所提到的要售租的旗圈地到底指的是什么?朱家宝省长在回复文中称可将"老圈契置"去掉,按事实来说尚属无妨,但是如果仍然保留原章程中的第九条,恐怕会在之后的旗圈售租过程中引发纠纷案件。所以顺直省议会提出可按朱家宝来文中所说将章程第三条"老圈契置"去掉,但请求将《直隶省旗圈售租章程》的第九条去掉,"以免误会反生枝节"。

其次,顺直省议会认为旗圈地是由前清政府无偿取得,现在由民国政府无偿收回,也属正当。但由于《清室优待条件》,而不得不格外通融,并可借以维持旗人的生计。但这些优待条件是国家给予旗人的,却要由佃户代为承担经济代价,因此需要以缓征田赋以显示对佃户的体恤。虽然田赋负担小于交租,但是佃户毕竟需要一次性缴纳年租金10倍这样巨大的数额,如果以利息来计算的话,即使留置旗地的佃户在10年之后再行缴纳田赋,其实也是没有获得任何好处的。相应的对于国家来说,即使在留置10年之后再行征收田赋,也

---

① 胡国宾编:《直省旗租案文汇编》上卷,首都图书馆藏,民国十四年铅印本,第5页。

依然属于额外利益。对于朱家宝所提议的 10 年缓征期限太长，可改为 8 年后起征，倒是可以参考，因为毕竟在一定程度上减轻了佃农的负担，而且也无大碍于国家的利益。

最后，顺直省议会提出，旗圈地亩之前的售租属于自由买卖。前清时，买租之人仍可按照原租额收取租金，而且只需缴纳土地交易税、无需升科为普通民粮地。顺直省议会正是以这一民间习惯为基础提出的修正章程第九条，而且因为旗圈地的特殊性（租属买主、地属原佃），升科方面确实不易规定。既然朱家宝省长来文称此项规定不太合适，那么就该在升科时确定地主姓名以免日后产生纠葛。旗圈地的留买一般都以原佃为第一人选，而对于并非原佃留买的可改为"租主指租借债"，即还是一律由原佃户缴纳土地交易税并升科为民粮地，由佃户借债的债权者来出留置价款，同时由双方立定契据，将原先应该缴纳的年租金作为现在的利息，按年付给债权方，待佃户可以缴清总价款时即可解除与债权者的借债关系。顺直省议会提出，按照这个办法，既对于租权、地权两不相妨，而且"旗圈名称亦可渐渐消灭"[1]。

在上述研讨基础上，顺直省议会对旗圈地的售租章程进行了重新修订[2]。1917 年 1 月，直隶省长朱家宝将顺直省议会重新修订的旗圈售租章程报请内务部审核。内务部在审核后，又将顺直省议会的修订章程转发了京兆尹。对于顺直省议会这次重新修订的旗圈售租章程，内务部和京兆尹都认为未尽妥善。譬如京兆尹在向内务部回复意见时就指出：关于顺直省议会制定的《重订修正直隶旗圈售租章程》各条规定与京兆区的处理情况大体来说尚无抵触，但在京兆区颁布的清查章程中规定黑地升科后粮额为 4 分，因为租籽地起租较少所以在升科后粮额定为 3 分，而顺直省议会此次修订的《重订修正直

---

① 胡国宾编：《直省旗租案文汇编》上卷，首都图书馆藏，民国十四年铅印本，第 6 页。
② 关于顺直省议会 1916 年 12 月 29 日所发《重订修正直隶旗圈售租章程》的原文，可参见王立群：《民国时期河北旗地变革研究（1912—1934）》，博士学位论文，首都师范大学历史系，2009 年，第 186 页。

隶旗圈售租章程》中第七条规定"凡原佃投税时同时升科,由县知事比照四邻科则折中议赋"这一条却是与京兆区的规定相抵触的,而且京兆区的租籽地是在升科为民粮地后当年就需缴纳田赋,而不是待到 8 年之后才起征粮赋。如果京兆区推行顺直省议会制定的《重订修正直隶旗圈售租章程》,那么京兆区已经升科并向国家缴纳粮赋的留置者必将纷纷到官府进行诘难,不利于清查地亩的进行。因此,京兆尹向内务部提出顺直省议会制定的《重订修正直隶旗圈售租章程》应该再次进行修改。①

对于京兆尹提出的意见,顺直省议会回复仍坚持修改意见,并请按照他们修订的章程办理旗圈地的售租事宜。不过在随后的两年中,顺直省议会一直没有得到内务部的回复。

1919 年 12 月,新一届的顺直省议会成立。他们再次重新修改制定了《修正旗圈售租章程》呈送直隶省长,希望能够马上给予公布,并推选代表王秉嘉议员到北京与内务部进行直接交涉。② 王秉嘉在与内务部进行交涉时提道:近年来顺直省议会一直派人到直隶各地调查旗圈地的具体情况,发现有旗人民人私下直接买卖而产生纠葛的,有地痞包买勒卖造成官司的。可以说,在民间旗圈地的私下买卖中,价格有高有低,没有一定准则,因此造成纷争不断。追根溯源,都是因为旗人和民人在买卖时没有一定的章程可以遵循,由此导致纠纷,而且法庭也没有法律作为依据,所以使得一些奸民和贪官污吏借机串通一气,使普通百姓遭受损害。如果长此下去,贻害无穷!而如果实行顺直省议会之前制定的旗圈售租章程,不但可以保证旗人地主免遭财产的损失,确保人民尽到向国家纳税的义务,还可使得国家不名一钱就能在数年之后增加一笔财政收入,无异于一举三得。因此,新一届的顺直省议会认为应该迅速将《重订修正直隶旗圈售租章程》颁布。同时,新一届的顺直省议会经过再次将原章程条款逐一讨论,认为可以将第七条规定的升科问题按照京兆尹提出的修

---

① 胡国宾编:《直省旗租案文汇编》上卷,首都图书馆藏,民国十四年铅印本,第 8 页。
② 胡国宾编:《直省旗租案文汇编》上卷,首都图书馆藏,民国十四年铅印本,第 12 页。

改意见改为每亩科则一律按 3 分完纳,其余各项条款则无需再改。①

这时,京直地区再次易主。刚刚在直皖战争中取得胜利的直系军阀曹锟出任直隶省长。曹锟提出,既然顺直省议会一再开会对旗圈地售租章程的合理性进行研讨,而且顺直省议会的研讨结果也是建立在其议员亲自赴当地民间调查的基础上,那么按照顺直省议会制定的修订章程办理应该合于实际,因此批准将顺直省议会制定的修正旗圈售租章程传令各县知事按照办理。这样,经过五年与政府的交涉,顺直省议会制定的旗圈地售租章程终于在 1921年获得通过。其主要精神就是:留置旗圈地的佃户可以年租 10 倍的价格进行留置,并可在升科为民地的 8 年之后开始向国家缴纳粮赋。不过,在那个“城头”经常变换“大王旗”的年代,这一对广大佃农而言留买旗地还算“较轻”的政策并未持续多久。随着冯玉祥发动北京政变、奉系张作霖全面主政直隶省和京兆区等一系列局势的变化,京直地区的主政者不断更迭,随之而来的还有旗地清理、留置和升科政策的不断变换。这样,对于已经缴纳过留置价款的广大佃农而言,他们还要随着时局变换继续缴纳新政权所要求的验契和换契费用。

## 2.八项旗租地方面

1916 年,皖系军阀段祺瑞控制北洋政府政权后,出台了《京兆清查官产处处分八项旗租简章》,这一章程规定了八项旗租地亩留置的基本原则,即留佃、增租和卖租。具体来说,分别是指:租种八项旗租地的原佃户应以年租金的 10 倍备价留置地亩;如果原佃户不能在 1917 年下忙之前缴纳留置价款,则对其将租金增加 1 倍;如果原佃户在 1917 年下忙开征时声明不想留置地亩并承担不了增加租金的,经该县政府查清属实后可将此类地亩卖与他人,在第三方留置并升科为普通民粮地后,可按租籽地的标准将粮额定为 3 分,并允许留置人参照租籽地的增租办法与耕种旗地的佃户协商增加年租金。

---

① 胡国宾编:《直省旗租案文汇编》上卷,首都图书馆藏,民国十四年铅印本,第 10 页。

这项政策一出台，不仅招致了京兆区广大租种八项旗租地佃农的抗议，也遭到了顺直省议会的反对。顺直省议会提出：八项旗租地虽名为租，但在前清时都是由所在地的地方官征收后将其与普通粮赋一起报解国库，而且长久以来这种特殊地亩在民间被私相授受，转承之人都付出了一定代价，清帝逊位民国建立之后，转承之人也已经照章验契税契。基于此，顺直省议会指出八项旗租地亩其实已经与普通民地无异，但现在政府不但出台政策强迫民众缴纳年租额的 10 倍进行留置，而且还规定如果不能按时缴纳留置价款就要进行增租甚至卖租(即前已述及的，如果原佃户不能在 1917 年下忙之前缴纳留置价款，则对其将租金增加 1 倍；如果原佃户在 1917 年下忙开征时声明不想留置地亩并承担不了增加租金的，经该县政府查清属实后可将此类地亩卖与他人)。不仅如此，这一政策出台后，京兆各县县署就开始派出专人办理此事，而并不估计民众的实际经济情况。顺直省议会更是气愤地指出"似此苛虐行为，殊非共和国家所宜出"。因此，顺直省议会认为政府不应强迫民众留买八项旗租地亩，并提出了八项理由予以说明：(一)土地是构成国家的重要要素之一，每寸土地都属于国家所有。因此从公法而言，国家对于人民有征收租税的权力。而民众之间所有的土地买卖则属于私法上的关系。现在政府以国家的资格将土地卖给人民，是逾越了公法及私法的界限。因此这一政策于法理不合，这是不应该强迫民众留买八项旗租地的第一条理由。(二)收租权力属于国家所有，这是没有问题的。旗圈地亩作为前清一项赋予旗人的特权，民国时期本该取消。不过碍于优待条件的原因，所以有旗圈售租的规定。但是八项旗租地亩既然已由民国政府完全接收，就应将其还之于民，改为普通民地向国家缴纳田赋。但现在政府居然要耕种八项旗租地亩的百姓留买此项地亩，这显然是不合理的。这是不应该强迫民众留买八项旗租地的第二条理由。(三)关于卖地的具体含义，是指将自己对土地的所有权卖与他人，而自己则从此与此地再无关系。现在政府既强迫民众留买八项旗租地亩，又命令民众在留买之后缴纳税契并向国家纳赋，这无疑使得留置旗地的广大佃户在刚刚付出一笔大额留置价款之后还要再添负担,等于雪上加霜。而对于国家来说,已经获得留置价款却又接着索取其他利益,属于典型的压榨民人。这是不应该强迫民众留买八项旗租地的第三条理由。(四)如果是人民私种不向国家缴纳田赋的地亩可以称之为"黑地",这无疑是违法行为。人民种八项旗租地亩,每年向政府缴纳租金,这是守法行为。但政府却规定,只要种黑地之民众能向国家缴纳税契,则仅令升科而不追既往;对于租种八项旗租地亩的民众,却强迫其先是出价留买再向国家升科纳赋。这是典型的"违法者获赏、守法者受罚也"。这是不应该强迫民众留买八项旗租地的第四条理由。(五)根据《直隶财政说明书》,该地区的八项旗租地亩共计39000余顷,每年征银420000余两。以政府规定的年租金10倍留置来计算,那么京直地区耕种八项旗租地亩的广大佃户们就是要付出4200000两的留置价款。京兆区和直隶省近来水灾旱灾频频发生,民众生活已经十分艰难,如果因此项政策导致民众生计难以维持,就有可能激起大的民变,这难道对国家有利吗?这是不应该强迫民众留买八项旗租地的第五条理由。(六)法律条款上有公用征收的条款,是指国家用民地。查京汉铁路、京张铁路和京奉铁路所占用的直隶、京兆土地之中,既有旗圈地亩、旗租地亩,也有普通民地。这些土地在由国家征用时给的价钱并未有所区别,由此可见政府对于八项旗租地亩和普通民地早已视为相同,这也说明八项旗租地亩已无官产性质可言。这是不应该强迫民众留买八项旗租地的第六条理由。(七)各县官产中都有学田,租种学田的佃户在无力承种时可由学官收回佃给他人,不准民人私相授受,这是承种官产的通例。而民众在获得八项旗租地亩的佃种权时都付出了代价,前清政府也是因此规定不得随意取消佃户承种资格的。现在民国成立,反而要将八项旗租地亩拍卖,实在是与多年来的民间习惯相抵触,不合情理。这是不应该强迫民众留买八项旗租地的第七条理由。(八)有清一代,旗圈地亩向来不许增租夺佃,民国政府也规定只许售租不许售地,这是碍于优待条件而对旗人的格外通融。现在民国政府以八项旗租地亩为前清公产为理由,而要将此类地亩进行售租,会让广大耕种此类地亩的民众认为民国共和时代反而还不如前清专制时代。这是不应该强迫民众留买八项旗租地的第八条理由。①

基于上述理由，顺直省议会经过讨论提出了"处分八项旗租办法四条"：第一，八项旗租地亩性质与普通官产不同，因而应该效仿普通民粮地，只将原先缴纳的旗租改名号为粮赋即可；第二，八项旗租地亩因为地质肥瘠差别而租金不同，按照所处地方相似民地比照确定粮赋即可；第三，八项旗租地亩的契据，或者名为推契，或者名为杜退，现比照普通民粮地相应改名为典契或卖契即可，然后根据相应的规章制度缴纳契税；第四，将之前制定并发布的《京兆清查官产处处分八项旗租简章》予以废除。②

直隶省省长朱家宝在收到顺直省议会制定的《处分八项旗租办法大纲四条》后，转给财政部审核，财政部则坚持原章，提出八项旗租地亩确实属于官产，应该按照原章办理，而且财政部还引用《大清会典》中关于旗地的记述作为他们回绝顺直省议会的理由。

财政部首先引用了一段清朝统治者为自己圈占土地行为进行美化的言辞："顺治元年上谕，我朝定都燕京，期于久远。凡近畿各州县，无主荒田及前明皇亲驸马、公伯、内监，没于寇乱者，无主庄田甚多。尔部清厘，如本主尚存及有子弟存者，量口分给。其余尽分给东来诸王、勋戚、兵丁人等。"③根据这段话，北洋政府财政部指出，前清统治者圈占的土地本就是没有主人的田地，即使说前清所圈占的土地中有民人田地的话，既然已经将民田分给了八旗各属，就说明民人对土地的所有权已经被剥夺，而只是拥有佃种权，终清一代都是如此。关于这一点，北洋政府财政部接着引用前清《户部则例》中所提到的"民人佃种旗地，即使旗地租主变换，但佃户仍可以佃种此地，且不能随意增租

---

① 胡国宾编：《直省旗租案文汇编》下卷，首都图书馆藏，民国十四年铅印本，第2页。
② 胡国宾编：《直省旗租案文汇编》下卷，首都图书馆藏，民国十四年铅印本，第3页。
③ 鄂尔泰等修：《八旗通志》卷十八，东北师范大学出版社1986年版，第310页。参见王立群：《清代直隶旗地考述》，《黑龙江史志》2014年第5期。

夺佃"就是证明。将土地所有权归于旗人、将民人列为佃户拥有使用权,不准无故增租夺佃,就是为了体恤佃户。但是也说明既然不许"无故",就说明只要有欠租及欲自种的情况发生,仍可撤佃退地。如果说土地所有权是属于佃户的,就不会有这样的规定。顺直省议会研讨中所提到的"永不准增租夺佃"说法不知有何依据? 而且前清同治年间即已经放开了旗民交产的禁令。凡是旗地不论老圈还是契置都准许旗人民人之间自由买卖,然后由承买方税契升科,如果旗人没有旗地所有权的话,怎么能够进行交易? 如果说是卖租而不是卖地,那么承买者怎么可能在交易后缴纳土地交易税升科为普通民粮地? 北洋政府财政部还列举了前清《户部则例》中的又一条文,即"民佃官赎旗地"后,由官府发给印照,而耕种旗地的佃农是不能够私自推佃的,否则要按照盗卖官田的法律条文治罪,由此财政部提出这也是八项旗租地亩应该被定性为官产的证据。

　　基于上述论述,财政部指出:民间关于八项旗租地亩的私相买卖虽付出了一定代价,但毕竟属于私相授受,政府从未承认,只是因为在民间沿袭已久,政府不便咎其既往罢了,本部正是鉴于这一原因才提出八项旗租地亩处分时均应由原佃留买。接着,财政部指出:本部已规定只要能按期留买的,只需出原租额的 10 倍,即使以卖租而言,价格也不算高。况且原佃留买之后改租为粮,以后每年的负担已经减轻很多,对于留买佃农来说实在没有吃亏之处。财政部甚至提出:八项旗租地亩处分以来,经过各县县知事的恳切劝导,各地留买还算踊跃,也没有什么反对风潮。既然本部管理财政,在当下经济如此困难之时,自然应该设法为国家改善经济状况。此项官产卖出的预算收入不下百万元,而且也初见成效,如果取消再从何处才能筹到此项巨款? 况且对于那些已经出钱留买的民众来说,如果取消这一清丈政策,也会导致纠纷产生。因此对于顺直省议会提出的意见,本部委实难以照办。如果说为了体恤民众,可以派人到各县根据具体情况,放宽办理期限,以示通融。① 由此可以看出,财政部

---

① 胡国宾编:《直省旗租案文汇编》下卷,首都图书馆藏,民国十四年铅印本,第 5 页。

将八项旗租地亩的清理丈放作为解决政府经济困难的重要途径,当然不会轻易取消这一政策。

对于财政部的这一回复,顺直省议会马上给予了回击,他们提出"有大惑不解者五,有堪为痛哭流涕者二"。

顺直省议会指出,关于财政部所引用的《大清会典》中所说八项旗租地亩或本由官征或则先为旗地而后查抄没收动用国帑改为官有,前清二百余年间从未属于民有,因此八项旗租地亩属于官产。其实追溯前清入关之初,旗地都是由圈占民地而来,无论是最初的土地主人还是现在民间私相授受,都应属于民产。因此,财政部所引用的证据实属错误。而且自民国以来,八项旗租地亩的税契、验契都是按照普通民地的章程办理,因此无论是从民间习惯还是国家法令而言都应该视为民众的私产。姑且不论《大清会典》的规定是否正确,即使是从法律效力而言,新法令产生了,旧法令就应当废止,这是各国的通例。现在根据前清的一纸空文就置民国的法令于不顾,这是我们"大惑不解者一也"。

关于财政部所说前清所圈占的土地虽有民产,但既将民产分给各旗,那么民人对于土地的所有权就已经被剥夺的说法,顺直省议会认为:关于前清的圈地本就属于暴政,现在民国政府成立,许多前清旧制中与民国国体相抵触的,都已经被取消。因此,将前清的这项圈地恢复为普通地粮,将其还之于民,才与民国《临时约法》中有关保护人民财产自由的规定相符合。现在财政部竟说既然已将民产分给各旗,那么民人对土地的所有权就已经被剥夺。这种解释姑且不论是否正确,只从将前朝法典奉为金科玉律,而将民国约法视如弁髦而言,也令人疑惑。这是我们"大惑不解者二也"。

关于财政部将前清《户部则例》中"民人佃种旗地,即使旗地租主变换,但佃户仍可以佃种此地,且不能随意增租夺佃"作为可以将八项旗租地亩作为官产进行清理的理由,顺直省议会指出:圈地行为本就属于厚旗薄汉的举动,但前清唯恐犯众怒而特别制定调剂办法,即不许夺佃增租。这一方面是为了限制旗人所有之权,一方面也是为了维持人民固有之产,前清政府是期望通过这样一地二养的办法减少纠纷。这是前清国祚得以延续二百多年的一个重要原因。而关于撤佃退地，前清《户部则例》虽然有这一规定，但数百年来从未有真正这样处理过的案例。况且撤佃退地既然是以拖欠钱粮或欲自行耕种为先决条件，那么反过来推证就是说如果并未拖欠钱粮或者不想自行耕种就不能撤佃退地，这样才说得通。既然以财政部《户部则例》作为论证理由，那么现在耕种八项旗租地亩的广大佃户们既没有拖欠钱粮，而政府也并没有打算去自行耕种，怎么可以撤佃退地呢？连前清专制时代都没有做出的事情，今日之民国政府却欲行之，难道共和政体下的政府还不如专制政体下的政府吗？这是我们"大惑不解者三也"。

关于财政部所称"前清同治年间即已经放开了旗民交产的禁令，凡是旗地不论老圈还是契置都准许旗人民人之间自由买卖，然后由承买方税契升科，如果旗人没有旗地所有权的话，怎么能够进行交易？如果说是卖租而不是卖地，那么承买者怎么可能在交易后缴纳土地交易税升科为普通民粮地"等作为八项旗租地亩应该被定性为官产的证据，顺直省议会指出：税契所表示的是地权在不同人手中的流转，而升科所表示的是以国家粮赋取代原先的租权，这是完全不同的两个概念，因此升科与地权并无关系。而税契作为和地权相关的重要存在，《民国税契章程》中规定八项旗租地亩是与普通民地一样要投税的，这不正是说明了民人是享有土地所有权吗？而财政部在文中称既然"另有地权承买者何能税契"则更说明了民人享有土地所有权，怎么会被财政部反过来视作八项旗租地亩是官产的论证理由呢？实在是自相矛盾！这是我们"大惑不解者四也"。

关于财政部所称"民间私相典卖旗租地亩，虽然新的承租者也是付出了一定代价的，但毕竟属于私相授受，政府从未承认，只是因为沿袭已久，政府不便咎其既往"的说法，顺直省议会指出，如果八项旗租地亩确实属于官产，那么民人间私相推佃的行为自然是违法的，对于这样的事情政府即使不予以废除也应该立即禁止，这才是正确做法。但自民国成立以来，政府规定民人间进行八项旗租地亩的典卖必须进行税契,就说明政府是认可民间的这一行为,并不违法。现在财政部又说政府从未承认私相授受,实在是前后矛盾。这是我们"大惑不解者五也"。

接着,顺直省议会又指出,有关国家的经济当然应该量出为入,但如果不能权衡轻重、做长远规划,就不算合理理财。同一收入也有益富与促贫的区分,同一支出也有生产与消耗的差别,如果以促贫的收入来提供消耗的支出,这样连一个家庭都维持不了,更何况是一个国家?八项旗租地亩的租金本来就重于普通民地的粮赋,即使此项地亩属于官产,那么对其进行清理和留置,对于政府而言相当于提前得到了 10 年左右的租金,但对于民众来说则需要一次性拿出如此巨款,这必然使得民众更加贫困!而政府在拿到这笔款项后,不过是用于弥补政治用途等开销,这种开销是没有尽头的,而通过剥削百姓获得的这种收入则是有限的!如果长此以往,在这种收入结束后,又怎么继续满足政府越来越大的胃口呢!不过是饮鸩止渴罢了,根本不可能这样持续下去!因此从政府财政收入角度来解读,这是"堪为痛哭流涕者一也"。农民在顺直地区民众中的占比是很大的,其中极为贫穷的又占到了 80% 以上。对于八项旗租地亩,富人嫌其租金过重,贫者利其地价较轻,因此承种八项旗租地亩的以贫困农民居多。如果在丰收之年,输租纳课并购买牛和粮种之外,也仅够维持生计而已,而遇到天灾等情况则连基本生计都很难维持!可以说,贫苦农民终年勤劳尚且可能达不到温饱,而一些政府冗员无所事事却又过得逍遥自在!现在又要将多数贫苦农民赖以生存的土地作为官产处分,以供给这些游手好闲的政客挥霍。何况政府卖地所得价款对于他们而言不过是沧海一粟,但因此失去生活来源的贫苦农民却不下百万。难道政府想让数以百万计的贫苦农民难以维持生计而被逼走上作奸犯科甚至更极端的道路吗?这样对政府又有什么好处呢?因此从普通民众生计角度而言,这是"堪为痛哭流涕者二也"。①

---

① 胡国宾编:《直省旗租案文汇编》下卷,首都图书馆藏,民国十四年铅印本,第 8 页。

虽然顺直省议会做出了上述"大惑不解者五""痛哭流涕者二"的请命,但财政部还是维持了继续处分八项旗租地亩的决定,仅将原章规定的"逾期以15 倍、20 倍缴价"做出了稍许调整。财政部也承认随着按租额 10 倍留买的期限到期,如果不进行一定变通,确实对于一些佃农来说非常困难。因此可以取消原章中逾期留买需 15 倍、20 倍加价的办法,而一律以 10 倍为准。但是对于那些八项旗租地亩有推契并已税验的可按年租金的 9 倍留买,留买期限可缓至本年阴历年底。对于那些实在没有能力的留买佃农,可以给予加租,取消原章中不能留买而要标价拍卖的规定,以免造成纠纷。最后,财政部再次重申了清丈处分八项旗租地亩对于政府财政收入的重要性。财政部称,当时无论中央政府还是地方政府财政都很困难,再加上整顿学警、举办事业的经费也筹措无着,而将处分八项旗租地亩的钱款五成归中央、五成归地方经费,既可解决中央也可解决地方政府的一些财政困难。① 由财政部的这段叙述,也可侧面揭示出京兆尹一直极力反对顺直省议会决议的原因。

从上述财政部对于顺直省议会意见的反应,我们可以得出这样一个结论,即无论顺直省议会拿出怎样的论证来说明应该取消八项旗租地亩的处分,但是对于迫切需要增加财政收入的北洋政府来说,它是无论如何都不会取消这一政策的。

顺直省议会也意识到了这一点。1918 年 7 月,顺直省议会在与政府的再次磋商中,就改变了以往要求取消八项旗租地亩处分的激烈态度,而是较为温和地请求变通八项旗租地亩的处分政策。顺直省议会是这样说的:既然财政部取消了原章第一条所说的逾期 15 倍、20 倍加价及无力购买则插标另卖的规定,就说明财政部还有一定的体恤民众艰苦的意思。因此本议会为通融起见,也不再对八项旗租地亩的性质问题固执己见。现提出三条变更意见。第一,关于加租的规定,本意就是为了促使佃农尽快购买,而不是在于增租。这

---

① 　胡国宾编:《直省旗租案文汇编》下卷,首都图书馆藏,民国十四年铅印本,第 9 页。

项规定没有必要完全加以否定,只是需要对加租的量予以界定,以避免日后各地自由确定加租数额,而发生畸重畸轻的弊端。其实那些无力留买的佃农多为贫农,因为贫苦留置不起反而再次加重其负担,已不在情理之中,如果再任各地随便对其加租,这些民众还如何过活? 因此,本议会经过研讨认为加租数额可定在原租额的十分之一以内,这样既可促进留买又可限制各地随意加租。第二,财政部既然将留买期限缓至阴历年底,就说明财政部也意识到了民众留买的困难。而本年顺直各地几乎都遭受了水灾,民众本就颠沛流离、无以为生,怎有余力留买地亩? 距离期限已时日无多,虽说政府此项规定原意是为督促留买,但此时实际情况则无异于禁其留买。本议会根据对顺直地区农民实际生活状况的调查认为,此项限期应缓至 1919 年阳历年底。第三,八项旗租地亩处分政策的出台,是由国家提出,地方未便参与。既然政府因为财政困难不愿取消这一政策,而现在国家艰难似乎也不适合完全取消,因此本议会认为应将留买价格改为原租额的 5 倍,完全归于中央政府财政部,同时取消拨归地方的五成,这样也有助于八项旗租地亩的尽快处分。①

　　对于顺直省议会此次做出的退步,财政部并未给予答复,而是再次下令直隶省按照《京兆修正处分八项旗租简章》办理清丈事宜。对此,顺直省议会"殊堪诧异",认为这一简章既然冠以"京兆"字样,就不应将直隶纳于其中。此章程不但很多条文不合理,而且也不是全国通案,只应在其本地区实行。因此顺直省认为,即便承认了这一章程,也必须保证其有利于国家的同时也要无害于民众,这样才能推行。而京兆章程规定的处分方法、留佃价额、增租标准以及售租期限等条款,均有不合理之处,因此提出修正意见。在此基础上,顺直省议会拟定了《顺直处分八项旗租简章》十六条报送直隶省长,请其转报财政部并予以公布。②

---

　　① 胡国宾编:《直省旗租案文汇编》下卷,首都图书馆藏,民国十四年铅印本,第 9 页。
　　② 顺直省议会:《审议京兆修正处分八项旗租简章理由书》《顺直处分八项旗租简章》,载胡国宾编:《直省旗租案文汇编》下卷,首都图书馆藏,民国十四年铅印本,第 13 页。

关于顺直省的这一建议,京兆尹发文直隶省长称:考虑到民生艰难,京兆区已经按照财政部意见,按六成五减收。现在顺直省议会提出要按原租额的5倍进行处分,取消原先划拨地方的五成。但现在各县按照六成五处分的已经达到七成左右,并且其中五成还是划拨地方所用。如果再次改变章程,无论对各地自治还是对政府信用都无好处。因此还是应该按照现章程办理八项旗租地亩的处分事宜。此外,京兆尹认为顺直省议会提出的增租十分之一过轻,"既不足以惩抗延,且已增一倍之户亦复有所借口,似非政体所宜"。财政部也认为京兆各县早就按照章程办理旗地处分事宜,现在不宜改变定章,以免引起纠纷。而且八项旗租地亩的处分事关国家税收,不在地方行政管辖范围内,也不应由省议会提出意见。①

对于财政部此次直接否定顺直省议会的提议权,顺直省议会仍然坚持自己对八项旗租地亩的处分有建议权,不过再次做出了退步。顺直省议会称既然京兆区的八项旗租地亩已经按照原章处分了大部,若完全否认,再将已处分的一律恢复,已不可能。因此,京兆区可以不按顺直省议会建议的章程办理,但直隶地区还未开始八项旗租地亩的处分,因此还是应该按照顺直省议会制定的章程进行办理。②

可以说,在这场有关旗圈地和旗租地亩处分政策的博弈中,顺直省议会代表了零散于今京津冀地区广大耕种旗地佃农的利益,不断向政府的强令做出抗争。但这些抗争在急于增裕财政收入的政府眼中是不值一提的。对于顺直省议会的提议,北洋政府或是不予理睬、或是坚决回绝、或是直接指出其并不具备提议的权力。面对北洋政府的强硬态度,顺直省议会提出的意见一退再退,却仍得不到政府的采纳。由此便不难想见,省议会尚遭此待遇,那么广大耕种旗地的佃农在具体留置过程中又将遇到怎样的难题!

---

① 胡国宾编:《直省旗租案文汇编》下卷,首都图书馆藏,民国十四年铅印本,第20页。
② 胡国宾编:《直省旗租案文汇编》下卷,首都图书馆藏,民国十四年铅印本,第22页。

### （二）旗地政策施行中的较量

20 世纪 20 年代,在今京津冀地区曾掀起过一场遍及大部县份的反"旗地变民"运动。以这场运动为切入点,是后人审视北洋政府推行旗地政策过程中与广大佃农互动关系的极好视角。

今天的京津冀地区在历史上常常遭受水患,民国时期水灾也是频繁发生。1917 年殃及京兆区和直隶省大部分县份的水灾,已给当时该地区的民众生活带来了巨大灾难。当时京直地区一片汪洋,房屋和田禾被冲毁的损失难以计量。[1] 1917 年的京直水灾发生后,虽然北洋政府也进行了一定的河工筹划、排泄积水,但由于当时政治、经济及军事上的多方原因,北洋政府未能真正全面筹划水利建设,解决水患发生的根本原因。因此 7 年之后,京直地区再次遭受了洪水之患。1924 年 7 月 30 日,卢沟桥的十一大桥洞都被洪水淹没,永定河京汉路铁桥也被完全淹没,而且此次京直水灾中洪水的高度甚至比 1917 年洪水的高度还要高出 0.9 米;永定河附近的乡村完全被洪水淹没,连张家口城内也被洪水淹没。[2] 其实,这一地区的水患大多与永定河的崩决有关。永定河的上游为发源于山西管涔山的桑干河,管涔山海拔较高,所以桑干河在下流时往往流速很快而且携带大量泥沙,当河水流至平原地带后,就会由于流速变慢而将所携带的大量泥沙沉于河床,使得永定河的河身不断抬高。这样,永定河的河道就会日渐被泥沙所淤塞,从而减少了可以容纳的水量,但从上游桑干河流下的水仍持续不断,就造成了永定河的崩决。[3] 1924 年的洪水发生后,水灾源头的水利建设依旧没有得到北洋政府的真正解决,以至于 1925 年再次发生洪水。据史料记载,1925 年的七八月间,京兆区和直隶省的水灾非常严重。在定兴县,"七月间霪雨连番,加之新城琉璃河水满溢四注,以致各村早禾晚

① 王秋华:《1917 年京直水灾与赈济情况略述》,《北京社会科学》2005 年第 3 期。
② 戴秀荣:《民国以来历次重要灾害纪要(1917—1939)》,《民国档案》1995 年第 1 期。
③ 邓云特:《中国救荒史》,上海书店 1984 年版,第 76—77 页。

稼,多被淹涝,纷纷赴县报灾"。水灾发生后,县知事郭光洽到该县受灾各村进行了详细调查,指出:该县的流城等 15 个村庄,由于地势低洼而使得庄稼被水淹没,当年基本没有什么收成,"合计成灾五分";西小村等 47 个村庄,"早禾晚稼被雨淹没,收成极减,核定歉收四分";费家庄等 102 个村庄,"或被雨水过力,或因洼地积水,收获减少,核定歉收三分"。① 这样,定兴县 160 余个村庄的收成都受到了较大影响。而玉田县的情况更为糟糕。该县从 8 月上旬开始就"大雨连绵、数日不止,山水暴注,澎湃奔腾,蓟运河水陡涨丈余,漫过荣辉双城,直抵远乡各河堤埝,冲去人口二名,其余漂没房屋牲畜财产物件,不可胜计,纷纷赴县报灾"。水灾发生后,县知事马景桂乘船赴受灾各村进行调查统计:该县的托床沽等 47 个村庄,"地势极洼,水势浩大,田禾漂没无道,情形极重,成灾十分";孟四庄等 16 个村庄,"地势洼下,田禾淹没,颗粒无收,情形亦重,成灾九分";老蒲庄等 50 个村庄,"水势虽小,田禾颗粒难收,情形次重,成灾八分";宋庄子等 41 个村庄,"水势稍小,虽闻有高粮,为秕楷均经泡烂,所收无几,成灾七分"②。这样,玉田县 150 多个村庄遭受了严重水灾,而且几近绝收。

由于受灾严重,各县耕种旗地的佃农纷纷请求放宽办理旗地。如南皮县佃农张凤仪等赴县署请求将其耕种的"带地投充旗产"从宽办理。虽然南皮县地方当局将张凤仪等人的请求转呈了直隶省长,但最后却被严词拒绝,"凡属旗圈各地,均应照章处分,事关通案,岂能独异"③。

可以想见,对于那些因受灾严重而歉收甚至绝收的广大佃农而言,基本生活都维持不下去,却还要被政府强令留置旗地。此时的他们,只能被逼走上反抗的道路。于是从 1925 年夏末开始,以受灾最为严重的玉田县为开端,滦县、遵化、丰润、迁安、蓟县和宝坻等县的反"旗地变民"运动陆续拉开,并在 1927

---

① 《定兴县被灾各村事后调查》,《益世报》1925 年 11 月 4 日。
② 《玉田县被灾各村实在情形》,《益世报》1925 年 10 月 9 日。
③ 《呈请宽办旗地未准》,《益世报》1925 年 10 月 17 日。

年 10 月达到高潮。

以玉田县为例。玉田县在清初原有民地 5216 顷 89 亩,被圈去 4599 顷 38 亩,又投充带去地 372 顷 59 亩,这样全县有 95.3% 的土地变为旗地。[①] 民国成立后,这一地区的旗地是在 1926 年奉系主政直隶、京兆后开始被强令留置。但是在历经 1917 年、1924 年尤其是 1925 年的水患之后,玉田县已是民生艰难,再加之该县"屡遭战事骚扰,索款要草,抓车拉夫,农民终日支应,痛苦实难忍受。只就山海关至北京之汽车路一项言,建筑修理除去抢占民地用派人之外,农民每亩亦摊至十元之钜"[②]。由此,便可想见当时玉田县人民所承受的沉重经济负担。

而奉系主政这一地区后,全然不顾天灾人祸,依然强令留置旗地,如不按期留买就要锁至县衙监禁,或押到军团部查办。因此,玉田县广大佃农不断向县知事请愿,请求宽缓办理旗地事宜。虽然民众的请愿呼声一浪高过一浪,但是丝毫没有得到当权者的同情。而且在 1926 年、1927 年的新旧年关交替之际,急于筹措军费的奉系更是加紧了清丈留置的节奏。玉田县署发布公告,该县旗地留置必须从阴历十一月十三日至腊月二十七日办理完毕。共分三期:"第一期每亩不论租子大小,一概售价一元二角上下,已背军团部原定章程一倍五倍之规定,另外收附捐一成及验契费;第二期收一元余;第三期收二元余"。最终,在这种强逼之下,玉田县爆发了声势浩大的反"旗地变民"农民暴动。1927 年初的旧历腊月初三,玉田县的五六千佃农就拟到县署请愿缓办旗地。"幸有人深恐由此惹起事端,对于聚众多方排解,经一日之久,始将民众劝散。"这一天的请愿虽未达成,但是广大佃农却依然要求必须宽缓办理旗地留置事宜。但当时的玉田县知事在得知此事后,非但没有出面安慰广大佃农,反而态度十分强硬。于是腊月初八,玉田县各村代表再赴县城,并沿路聚集共

①　赵令志:《清前期八旗土地制度研究》,民族出版社 2001 年版,第 346 页。
②　《玉田县旗租发生纠葛》,《益世报》1927 年 1 月 17 日。《玉田事变之真相——县长应付失当致激众愤》,《大公报》1927 年 1 月 17 日。

万人左右直奔县议会,希望县议会议长能够带领他们到县署请愿。当时玉田县议会议长不在,广大佃农只得请该会某书记率领他们来到玉田县署。广大佃农"均环跪署前",由该书记拿着佃农的请愿书交至县署内。随即县知事召集佃农代表进县署问话,但"以人多未办到"。于是玉田县知事走出县署询问民意,广大佃农一再强调生活困苦,而年关又近,因此请求县知事能将旗地一事暂缓办理。但是县知事以"聚众喧哗难以谈话",再次命令广大佃农推选代表 5 人入县署谈话。最后,玉田县知事允诺可将该县旗地办理事宜暂缓 1 个月办理,并让 5 名代表出去解散聚会民众。代表们没有办法,只能走出县署告知聚会民众县知事的答复。聚会民众认为缓期 1 个月办理并不能解决问题,因此仍跪在县署外并不散去。相持中,聚会民众"人多声杂,县知事无法排解,双方竟起冲突",县知事"言辞恫吓,并令警士开枪,威胁民众,激起众愤,遂将县署门窗打坏,农民亦被打伤"。随后,聚会民众又因县议会不能代表民众呼声,"反临时逃走,故将室内什物,聚于院内而焚之,以泄愤"。最终,经过玉田县中知名绅董"出面排解",玉田县知事才最终允许将旗地留置事宜缓至 1927 年夏天办理,广大佃农才随之散去。① 玉田县反"旗地变民"运动爆发后,天津《大公报》和《益世报》都进行了报道。《大公报》以"玉田事变之真相——县长应付失当致激公愤"为标题,直言指责玉田县政府,并将玉田县广大耕种旗地佃农的请愿书以及遵化县佃农的援助电报全文发表。《益世报》则以"玉田县旗租发生纠葛"为标题,报道了玉田县知事不念民生艰难、广大佃农无奈之下不得不去县署请愿。

由于知名报纸的接连报道,玉田县的反"旗地变民"运动在社会上引起了强烈反响,并得到了当时社会各界的广泛同情和援助。当时,由国民政府发动的北伐战争节节胜利,奉系军阀已是疲于应付,若此时再激起更大规模的民变,无疑将加重奉系军阀的统治危机。因此,奉系军阀不得不对玉田县的反

---

① 《玉田县旗租发生纠葛》,《益世报》1927 年 1 月 17 日。《玉田事变之真相——县长应付失当致激众愤》,《大公报》1927 年 1 月 17 日。

"旗地变民"运动采取怀柔政策,将玉田县知事撤职。对于旗地留置政策,奉系军阀则既未命令予以取消,也不再继续催征。

在玉田的临县遵化,旗地面积更为庞大,关联佃农也为数更巨。清初遵化原有民地 3772 顷 68 亩,后被圈去 3742 顷 29 亩,因此旗地占到该县土地总量的 99.2%。[①] 连续不断的水患,再加之奉系军阀的强令留置旗地,也使得该县广大佃农的反"旗地变民"运动随着玉田运动的浩大声势逐步拉开。代表广大佃农呼声的遵化县农民联合会称:遵化和玉田向来"地瘠民贫",加之近年来军阀们"予取予求",民众早已"不胜担负","民间经济,疏落万分,地方金融,异常吃紧"。"举凡百户之村,偶有急需,遍凑百元,乃至十数元,而不可得。"现在县署又派人到各村强令留置旗地,即使是中下人家,也需一次性拿出洋百元,"押解无门,群聚嗟叹"。但县知事非但不考虑百姓艰难,将民众呼声转呈上级,反而大多从旗地留置中谋取私利,"不得则压迫之、屠杀之"。因此"敝会敢代表遵玉七十万农民,郑重宣言,官租必须缓办,民意必不可侮。吾人自救互救之目的,必贯彻到底,而始罢休"[②]。

在距离北京更近的任丘县,清初原有民地 8870 顷 60 亩,被圈去 8254 顷 94 亩,因此旗地数量占到该县土地总量的 93%。[③] 随着奉系强令留置旗地命令的下达,任丘县广大佃农只能公推代表王树怀、徐发岐、刘得芳、赵峻岐、魏清浦、张宏勋等人赴省旗产清理处请求减轻旗地留置价额。任丘县代表们赴省请愿时称:1916 年时顺直省议会曾以清理旗地引起的纠纷为鉴,先后制定了旗圈地亩的售租章程和八项旗租地亩的售租章程,将售租价额分别定为年租额的 10 倍和 5 倍。虽然这一售租办法已经加重了人民的负担,但是为了维持住赖以为生的土地,民众倒可尽力筹措价款进行留置。但近年来水旱灾患频仍,民众已无力留置。但新成立的直隶旗产处,却又制定了比先前更加苛刻

---

① 赵令志:《清前期八旗土地制度研究》,民族出版社 2001 年版,第 346 页。
② 《遵化县农民援助玉田惨案》,《益世报》1927 年 1 月 23 日。
③ 赵令志:《清前期八旗土地制度研究》,民族出版社 2001 年版,第 345 页。

的留置价格,规定每亩上等 6 元、中等 4 元、下等 2 元,限期交纳,然后税契升科。任丘县旗地为数甚重,而耕种此种地亩的又多为贫农,实在无力留置。况且自 1926 年战事以来,"军队溃兵,往来十数次,焚烧抢掠,十室九空",而各村又需要供给军队粮秣车马,损失已不下数十万元,可谓"民力已竭,不胜诛求"。任丘县代表接着指出,"况民等村庄,与文安、大城毗邻,素称瘠贫洼下之区,自民国六年至十一年,子牙河两次决口,连年淹没,今年雨风为灾,庐舍倾塌殆尽,田禾尽成泽园。灾情之重,古昔未有",但现在颁发的旗地留置章程,政府强令推行不得不买,而购买价格又实在过重。在地势高上的村庄,尚可勉强按照章程"核减纳价";但"民等洼下瘠贫之区,实无力纳"。而该县清理旗地专员却"派差拘获,押打比追",因此只能派出他们这些代表赴省城请总办体恤民情,"恳请饬县专员停止刑讯、拘押等情,以救民命",并希望将所定留置价格减为原价五成,"并伏念民等洼下之区,一律按下等旗地办理,以苏民困而示体恤"。①

在滦县,广大耕种旗地的佃农也在玉田运动的影响下,于 1927 年 11 月发起了声势浩大的反"旗地变民"运动,并最终迫使县知事应允缓办旗地留置事宜。②

除了奉系主政时期声势浩大的反"旗地变民"运动,在后来的南京国民政府时期,今天的京津冀地区再次发生了大规模的反"旗地变民"运动。笔者认为了解这段历史,将更加有助于我们观察民国时期政府与佃户之间的关系。

1928 年北伐成功后,南京国民政府将直隶省改名为河北省,将原京兆区各县并入河北省,北京改称北平。从此,南京国民政府全面控制了原京直地区。虽然政权更迭,但对旗地的清理处分却依然进行。南京国民政府在这一地区先后设立了河北兼热河官产总处、河北官产总处负责旗地的清理和

---

① 《任丘县公民之呼吁声》,《益世报》1927 年 1 月 22 日。
② 滦县县委党史研究室:《滦县革命史》,中共党史出版社 2002 年版,第 51 页。

留置工作①,并先后出台了《国民政府行政院财政部办理河北热河官产验照暂行条例》《验照施行细则》《财政部官产验照处条例解释》《河北兼热河官产总处处理官产章程》等管理规定②。

对于南京国民政府这一系列举措在河北地区的施行效果,《益世报》以"变更旗产之乱"为题进行了总体性抨击:"自民国成立,旗产久有不能存在之势。革命成功以后,变更旗产之事更积极进行。然平东各县,迭遭兵燹,早已十室九空,再加此项输将,吸髓刮脂,诚属不堪其苦,办理此事人员,又多手续凌乱,专以吓诈为能。按此事正当办法,则应召集各庄头和平商酌,令将底册交出,欲变更某一部分,必择适中地点,为分局明白宣布,系变某项租粮,限期令佃户来变,使庄头辅助办理,逾期不到者,再照册按庄催传。乃不此之图,遽令班役变名之法警,协同公安分局腐败恶劣之警士,乱赴各村,择种有旗地之殷实而良懦者,叫嚣逼迫,且索川资酒资,满其欲壑而后已。至该户所有果系何种旗地不问也。如此杂乱无章,讵非国民政府变更旗产之怪现象乎?"③从这段资料我们可以看到,河北地区久经战乱,民众生活已是难以为继,更加难以筹措价款进行留置。但是政府的强令依旧执行,而办事人员在清丈过程中的盘剥勒索更是加重了民众的痛苦。

那么,各县的具体情况到底怎样呢?

首先以新城县为例,进行旗产清丈的官产局就被披露有八项弊端:"1.无旗地之人名被票传者;2.无姓名无旗地而村长佐及乡保被传者;3.被传后经声明无其地无其人政府置之不理而仍然票传者;4.有人无地或无人无地,经村长佐声明及乡保声明无有而仍被传者;5.任用地痞流氓土劣及其走狗为调查员,

---

① 河北省地方志编纂委员会编:《河北省志·政府志》,河北人民出版社 1994 年版,第 88 页。

② 参见王立群:《民国时期河北旗地的管理(1912—1934)》,硕士学位论文,河北大学历史系,2003 年,第 22 页。

③ 《变更旗产之乱》,《益世报》1929 年 2 月 18 日。

在乡村调查而藉以敲诈者尤多不可数;6. 传票之姓名不根据收粮红册,而用不伦不类之草册,任意票传兼施敲诈者;7. 有买地收据,而延迟不发给凭照,以便从中作弊者;8. 庄头暗受佃户贿买任意换村名改人名,百端诈财者。"可以看到,在新城县的旗地清理过程中,政府机构与当地地痞流氓沆瀣一气,敲诈民众。对此,《益世报》的评价是"新城官产局竟如是耶","在此青天白日之下,简直比军阀时代,还加甚万倍","似此成地方民众之最大痛苦,若不设法彻底革除,恐怕激起民众愤怒,一发而不可收拾"①。

在滦县,官产局局长王某自 1928 年到任后就在全县张贴布告,公布旗地清理简章:"出租旗地,照租数分三等,每亩租钱一吊二百以下者,为下等地,每亩价二元;租钱一吊二百至二吊者,为中等地,每亩价四元;租钱每亩二吊以上者,为上等地,每亩价六元。不论等次,每亩地价外,一律收二角办公费,出粮旗地,价目则未宣布。"开始办理时该县都按中等地价办理,但从 1929 年旧历年后则都按上等地价办理。到了 4 月,滦县官产局局长又示意需要留置旗地的各户,可以申请减低留置价格,他会将这些申请转呈省官产局。对此,留置旗地民众认为,王某之前并未明确宣布出粮旗地价目,也许是为了"留上下其手地步",后来又允许申请减低价额,或许是害怕之前"弊端败露被人告发"②。

迁安县是饱受战患的重灾区,"既遭直鲁之蹂躏,复有冯军之屯驻,粮秣供给、土匪骚扰,人民露宿野餐,情实可悯"。北伐成功后,该县还曾派代表赴北平向时任河北省主席商震哭诉民艰。但令该县民众没有想到的是,他们还未曾在战乱之后得以休养生息,就又被强令以每亩 3 元、4 元的价格留置旗地。虽然迁安县县党部根据民众的请愿,发函县政府请求暂缓办理该县的旗地留置事宜,但该县官产局局长李继仑却"不顾民意,非办不可"。1929 年 1月 24 日,官产局局长李继仑派流氓杨连发到该县的高引堡强令办理旗地留

---

① 《新城官产局竟如是耶?》,《益世报》1929 年 4 月 6 日。
② 《滦县变更旗产近闻》,《益世报》1929 年 4 月 16 日。

置,办理过程中"竟将七十老翁看押一夜,次日带回县府"。后这一老翁经多人保释,才被放出,但不久便"含恨离世"。后李继仑不顾民生艰难,派出更多人员赴该县各村,催促留买。1月26日下午,被逼无奈的张官营、高引堡等21个村庄的四五百民众,各持一面小旗,"上书请求缓办旗产、惩戒杨连发等标语",来到杨家店县党部进行请愿,"秩序井然,并无轨外行动"。后县党部委员出面对请愿民众进行了劝慰,并带领民众代表张公超等20多人赴县政府,向迁安县县长罗篴善详细陈述了请求缓办旗地留置事宜的理由,并请求严惩"欺压良民之杨连发"。①

这一时期的滦县民众,生活也很困苦。该县在1928年间饱受"军人之骚扰蹂躏、土匪之抢架焚烧、更加水害螟蝻,年景歉收,家无隔宿之粮,道多冻饿之莩"。但滦县政府并不顾及民生艰难,在1929年初临近春节之时,仍然派法警到该县各村庄强令耕种旗地的佃户们留置旗地。佃户们根本拿不出钱来,不管怎么哀求都没有用,除非拿出3元或4元贿赂法警,否则一定会被法警抓回县城处以重罪。对此,《益世报》做出了这样的评论:人民盼望革命成功,希望能够由此少受苛民之政之苦,但实际情况却适得其反;奉系军阀主政京直地区时,变卖官地,才1亩地1元左右,后来因为"卑官污吏之包办、土豪劣绅之吞却",才涨到每亩地3元或者4元;但现在南京国民政府主政了,留买一亩旗地却需要出价4元或5元,而且"胥吏临门,急如星火,使贫困村民不得安生"。因此,《益世报》发出呼吁,希望河北省政府能够体恤怜悯广大民众,或将留置地价降低,或将留置期限放缓,"则造福人民不浅矣"②。

除了旗地留置费用,南京国民政府还要求已经留置的民众再交一项验契费用,这样才承认他们之前旗地留置的合法性。因此,广大民众也就这一新的费用提出请求,希望予以减轻。

1929年4月,《益世报》就以"滦县施行验契人民请求减价"为题,对滦县

---

① 《迁安民众请缓办旗产》,《益世报》1929年2月4日。
② 《滦县催买官产》,《益世报》1929年2月3日。

人民请求减低验契费用的事情进行了报道。《益世报》指出，"验契保障产权，固属法良意美。然一元五角纸价，未免太重，民实难堪。即减为五角，纸价实有盈余"。况且河北各县历经战乱和匪患，还要供给军需，民众生活早已无以为继。再加之留置旗产，已使民众极尽艰难，但"实势如此，亦无可如何"。而现在再次增添验契费用，"实在力不能胜。恳转请酌减，以苏民困云"①。

安次县人民也就验契费用提出质疑，并由安次县指导委员会向河北省指导委员会提出了请愿。首先，安次县也陈述了本县的民生艰难，"久处军团铁蹄之下，受其剥削搜刮，久已民穷财尽、值此光复之后，奖励生产、休养生息，民艰尚难苏，何堪此以外之苛费"。接着，安次县指出了验契费用设置过高，按照《验照暂行条例》的规定，在南京国民政府时代之前取得的契照，都应进行验照，然后取得新的契照，当然也要同时缴纳相关费用，验照的不动产价格在30元以下的只收注册费0.1元，验照的不动产价格在30元以上的则要收取每张契纸收纸价1.5元、注册费0.1、教育费0.2元。安次县指导委员会指出，验照费的征收无疑会增加民众的负担，因此呈请河北省指导委员会希望其能转呈中央取消这一政策。②

虽然河北各县民众都对旗地留置费用、留置期限和验契费用提出疑问，并发动了请愿，但却并未得到河北省政府的回复。因此，一场新的反"旗地变民"运动再次在河北各县展开。

在宝坻县，清初时原有民地6890顷65亩，被圈去5817顷37亩，因此该县土地大多为旗地。③ 1925年，薛笃弼任京兆尹时，将旗地定为上中下三等，每亩价格分别为1元、2元和3元，并允许各户自愿留置，留置后便可报粮升科，改为民地。当时，多数有经济能力的宝坻县佃农进行了留买。1927年奉系全面主政直隶、京兆后，将旗地留置价格定为上中下三等，但价格每亩提高

①　《滦县施行验契人民请求减价》，《益世报》1929年4月29日。

②　《安次反对验契征费》，《益世报》1929年2月15日。

③　赵令志：《清前期八旗土地制度研究》，民族出版社2001年版，第346页。

到 2 元、4 元和 6 元。因价格提高，宝坻佃农的留置数量急剧减少，基本陷于停顿状态。南京国民政府主政河北后，旗产专卖委员会吴某于 1929 年 3 月上旬到达宝坻，协同宝坻县政府张贴公告，强令广大佃农必须留买，而且价格一律规定为每亩 6 元。这样定价与奉系时期所定最高地价相等，无疑再次加大了佃农留置的负担。在宝坻县城北的肖家堡等村庄，因为政府派法警进行了强催，因此"勉强留购三十余顷，价值一万余元"。这些留置价款被旗产专卖委员会吴某全部带走，而且只给留置各佃农留下了收据，并未发给正式的部照。在宝坻县城东的黄辛庄、桥上等十多个村庄，因为留置地价增加过多，而且又不能发给部照，因此这些村庄的佃农都无意留买。但是政府又催促甚急，于是这些村庄的 800 多名佃农集体赴县城，请求县政府能够减轻留置地价，并延缓办理期限。当时，宝坻县县长据称因公外出，旗产专卖委员会吴某也未在官产局，是一科长代为接见，因此这些佃农只能散去，相约改日再来请愿。宝坻县此次大规模请愿运动，受到了当时社会各界的普遍关注和支持。宝坻县各区区董也认为此事事关民生重大，也都推选了代表向县政府请愿从轻、从缓办理该县的旗地留置事宜，以免招致更大的纠纷。①《益世报》也以"宝坻大请愿，由于迫令民众留买旗产激起"为题对此事进行了快速报道。

在迁安，清初时原有民地 2315 顷 41 亩，后被圈去 1131 顷 7 亩，并投充带去地 861 顷 75 亩，因此旗地数量占到该县土地总量的 85.6%②，旗地留置事宜涉及民众数量巨大。前已述及，迁安县因饱受兵患匪害，民众生活已极尽艰难。南京国民政府强令留买旗地并征收验契费用后，迁安县的广大民众曾多次向县政府请求延缓办理旗地留置事宜，但是都遭到拒绝。无奈之下，迁安县的四五千民众在 1929 年 6 月 8 日齐赴县城，进行请愿。不过请愿人数虽众，但"秩序井然，毫无不安现象"。民众与时任县长戴鑫修进行了长达四五个小时之久的交涉，没有得到任何结果。而且县长戴鑫修态度十分强硬，最后突然

---

① 《宝坻大请愿·由于迫令民众留买旗产激起》，《益世报》1929 年 4 月 16 日。
② 赵令志：《清前期八旗土地制度研究》，民族出版社 2001 年版，第 347 页。

离场。离开时,戴鑫修还示意法警出面调停。但法警傅荣久会意为县长戴鑫修令其吓唬民众,因此造成双方纠纷升级。这时戴鑫修不但"不求正当解决,反用高压政策","饬令警察鸣枪示威",以致"民众群惊","请愿者中有被伤亡者"。随后,请愿民众捣毁了县政府各科室的门窗、桌椅,并将存放在二堂的地契文书搬到院子里,放火焚烧。县政府大堂上高挂的"正大光明"牌匾,也被请愿民众拽下,砸成两半。最终是经该县商务会会长凌星楼、显记纸厂厂长李显庭出面调解,县长戴鑫修迫于请愿民众的压力才勉强答应。① 这一事件,在当时引起了极大震动,《益世报》就在 6 月 13 日以"官民冲突"为题对此事进行了报道。7 月 2 日,《益世报》又以"迁安县戴鑫修贪污残暴八大罪状"为题发表文章,进一步揭发了戴鑫修"较昔时之贪者更贪,比旧时之污者更污"的行径。最后,河北省政府迫于社会各界的舆论压力,不得不于同年冬天撤销了戴鑫修的县长职务。当时迁安民众还据此编了一首歌谣:"五月里呀开榴花,榴花红来叶儿秀。迁安县起民众,打倒戴鑫修。"②戴鑫修走后,河北省政府又先后委任王乃勋、李毓琦、王廷翰赴迁安任县长一职,但这三人均因在推行"旗地变民"政策中不够得力,而走马灯似的被换掉。1931 年初,河北省政府又派来滕绍周充任迁安县县长。此人上任后,立即按照河北省政府命令推行"旗地变民"。滕绍周指令官产局局长张子禾带领团警分赴迁安县各个村庄,强令耕种旗地的佃户按照土质肥瘠程度,以每亩 3 元、4 元、5 元的价格留置。根据时人回忆,以旗地每亩平均 4 元的价格而言,迁安县就可收取近25 万元银元。当时,县内流传着这样一首歌谣:"迁安县衙真奇怪,竟将旗地变民卖。县官得利民纳钱,农民旧债结新债。"因此在 1931 年 5 月到 8 月间,迁安县再次爆发了反"旗地变民"的大型请愿运动。③ 由此就可以想象,旗地

① 《迁安・官民冲突》,《益世报》1929 年 6 月 13 日。

② 中共迁安县委党史研究室编:《迁安革命简史》,中共党史出版社 1992 年版,第 28 页。

③ 中共迁安县委党史研究室编:《迁安革命简史》,中共党史出版社 1992 年版,第 29—33 页。

留置给广大佃农所带来的负担实在难以承受,才迫使他们一次又一次地走上被迫请愿之路。

综观这两场发生于奉系和南京国民政府主政河北时期的反"旗地变民"运动,结果大相径庭。而其背后的深层次原因也颇为值得注意。奉系军阀主政京直地区不久,就迎来了国共合作领导的北伐战争。此间,作为征讨主要对象的张作霖奉系屡受重创。为了应付庞大的军费开支,奉系也强力推行过旗地留置政策。但由此导致的反"旗地变民"运动,反而迫使奉系两面受敌,不敢激化与统辖区域内民众矛盾的进一步升级。因此,面对京直地区各县风起云涌的反"旗地变民"运动,奉系采取了息事宁人的态度,允许暂缓办理旗地留置事宜。当然,此时的反"旗地变民"运动也正是得益于北伐战争的进行,才获得了胜利。但是,当民众期待的南京国民政府到来时,事情却并未向着他们想象的方向发展。获得政权的国民政府所采取的是较之奉系时代更为严苛且强硬的旗地留置政策,宝坻县八百余民众甚至迁安县四五千民众的请愿运动没有达到预期目的就是明证。这种情况正如滦县民众所哀呼的那样,"人民期盼革命成功,谓可减轻苛政,苏民困苦,乃今日却适得其反"。①

因此,民国政府与佃户之间的关系,则明显异于与庄头的关系。如果说在旗地留置过程中,政府与庄头达成的是相互合作、求取共赢的关系,那么政府与佃户之间则主要是一种索取与被索取、掠夺与被掠夺的关系。

---

① 《滦县催买官产》,《益世报》1929 年 2 月 3 日。

# 结　语

## 一

　　辛亥革命的积极意义是不言而喻的。随着清王朝的覆灭和中华民国的建立,五族共和成为新时期国内民族关系的基本原则。1912 年 1 月 1 日,孙中山在发表就任宣言书时,就指出:"国家之本,在于人民。合汉、满、蒙、回、藏诸地为一国,即合汉、满、蒙、回、藏诸族人为一人。——是曰民族之统一"①。随后颁布的《中华民国临时约法》则进一步指出:"中华民国人民,一律平等,无种族、阶级、宗教之区别。"②从此,旗人从曾经的特权阶层开始全面向平民化转型。这是历史发展的大势所在,不可避免。但伴随这一转型所产生的各种阵痛,使得旗人和新政府都面临了极大的考验。

　　对于旗人而言,政治特权的丧失,毋庸赘言,最为关键的还是生计问题的进一步恶化。对于北洋政府而言,虽有优待条件保护旗人的私产,但由于大多数旗人缺乏生存技能而陷入困境甚至绝境以致酿成新的社会问题,因此如何解决旗人的生计问题也成为摆在北洋政府面前的一道难题。两难之中,旗地

---

　　①　孙中山:《中华民国临时大总统宣言书》,载《孙中山选集》,人民出版社 1981 年版,第 82 页。

　　②　孙中山:《孙中山全集》第 2 卷,中华书局 1982 年版,第 220 页。

的出现对于化解这些紧张和矛盾起到了关键作用。

旗地，本是清政府赐予作为立国之本的旗人的一项恩养特权，也是清代不平等民族政策的重要体现。但因清帝逊位而产生的优待条件，使得旗人的这项权利得到北洋政府的承认和保护。于是，旗人在经济困难之时，就有了卖出旗地之举，而且旗人提出可抽取卖地的部分地价作为对于北洋政府的报偿，以使旗地能够更加顺利的卖出。北洋政府也看中了旗地售卖的巨大商机，将其视为解决财政困境的重要途径。因此，二者一拍即合，由此拉开了北洋时期"旗地变民"的序幕。

但是，以旗地问题为原点所辐射到的，绝不仅仅只有旗人和北洋政府。耕种旗地的佃户就是一个不容忽视也不能忽视的庞大群体。民国建立之初，这一群体就发起过无偿收回旗地的运动，虽无果而终，但京直地区各地抵制向旗人继续交租的事件却绵延不断。此外，曾经作为旗下听差甚至奴仆的庄头也是与旗地利益攸关且不容小视的群体。在清代，庄头的地位虽然不高，但由于世代经管旗地的特殊性，于是成为旗地之上的"二地主"。无论旗人还是北洋政府欲便利旗地售卖的进行，都离不开庄头的协助。而此时的庄头凭借自身的重要性，也要在"旗地变民"中分上一杯羹。

因此，在北洋时期京直地区旗地变迁的画卷中，旗人、北洋政府、佃户、庄头各自占据了不同的位置，并呈现出各自不同的形态特征。

## 二

以上是北洋时期京直地区旗地问题出现的原因。我们可从中看到，旗地在北洋时期的变迁不仅关涉多方且意义重大。但在这一问题产生之后的一百年间，却鲜少有论著论及于其，以致这一问题几近湮没于历史长河之中。有鉴于此，本书对能够见到的有关北洋时期京直地区旗地的各种原始叙事文本进行了详细的梳理，并对各种相关史实进行了细致的考察，以期还原它的本来面目。

如前所述,北洋时期的京直地区旗地问题源于解决旗人的生计和北洋政府的财政紧张,但因为涉及范围广泛,因此是一项浩大的社会工程。北洋时期的京直地区旗地问题,简而言之,就是旗地向普通民地转化以及围绕它所展开的一系列变迁。因此,考察北洋时期的京直地区问题,重要前提就是搞清旗地向民地转化的方式及其效果。这就是本书制度史部分中所叙述的旗地政策和旗地管理体系。而以这部分制度史为铺垫,我们又可看到一些社会史的内容。

清逊民建,旧有的统治政权基础受到了颠覆性的打击,但新政权的统治基础却并没有稳定地建立起来,因此随着北洋时期各个军阀力量的此消彼长,处于北洋政权中心地带的京兆区和直隶省不断变换着主政力量,而旗地政策也就一直随之处于频繁的变动之中。同时,旗地政策的施行,除了要得到旗人地主、耕种旗地佃户以及庄头这些依存旗地而生的群体的配合,还受到主流群体对于独特族群的包容度、国家与地方政府解决这一问题的态度方式等多重因素的影响,而这一切则是社会动荡、财力困难的民国政府所无力保证的。

此外,通过旗地政策的施行也为我们观察民国时期的乡村治理转型提供了视角。所谓民国时期的乡村治理转型,就是指国家政权下延并试图主宰乡村社会。在已有的研究成果中,几乎都表明这种动机是并未得以实现的,而且都是从国家与社会的连接人上寻找依据支撑自己的观点。但笔者通过对北洋时期京直地区旗地变迁的考察,拟对这一观点提出质疑。

北洋政府政权下延的初衷是靠一系列的相关政策及其施行来实现的,这些政策就包括了拓展县这一级的组织机构并强化其对乡村社会的控制能力,而要使得这些政策落到实处,政府又需要有强大的经济力量作为支撑。但这一点则恰恰是军阀混战、政权更迭频繁的北洋政府很难做到的。不过,在京兆区和直隶省,旗地收入的出现无疑为民国北洋政府照亮了一道曙光。于是,历届北洋政府主政京直地区之后,都会专门设立旗地管理机构施行它们的旗地政策,借以增加财政收入。由此,京直地区的旗地管理体系从无到有、从小到大。但由于处在复杂多变的政治环境中,旗地管理体系在制度设计及运作方面一直存在很大缺陷。究其原因,主要是缺乏有效的监督制度。科学的管理体系,应该有围绕实际操作展开的监督制度。但由于北洋政府设立旗地管理体系是以实现经济目的为中心铺陈开来的,因此其考核标准主要在于下级机构是否能够按期按量完成上级机构规定的任务,而下级机构在具体操作过程中的各种收受等陋习几乎不在监督之列。最终,体现在京直地区旗地之上的这种民国政权下延的矛盾就被转移到广大佃农身上。

笔者认为,以售卖旗地来解决旗人的生计、实现耕种者的"耕者有其田"的大方向是没有问题的。关键在于北洋政府是以什么样的政策、怎样的经办人员来实现它。因为促使北洋政府推动旗地变民的根本动力是其巨大的财政需求,这就决定了北洋政府必定要从旗地收入中分上一杯羹,而这也就接着决定了旗地的售卖价格可能高出普通佃农的承受能力,再加之经征人员的浮收、滥收使得佃农负担更加沉重,从而使得佃农们不断就旗地留置问题与政府进行博弈。从这个意义而言,北洋时期政府政权下延并不成功的关键在于政府财政需求与农民负担之间的矛盾。

当然,这种政府财政需求与农民负担的矛盾,并非旗地变迁中所独有,也并非北洋政府时期所独有,它是任何一个以农业立国的政府在任何时期都无法回避的问题。中国有句古话叫作"取之于民,用之于民"。如果政府能够把对农民的索取反过来"用之于民",无疑将极大地缓解政府财政与农民负担的矛盾,而这显然是北洋政府所不可能做到的。

# 三

北洋政府时期京直地区旗地大规模向民地的转化,确实为解决长期存在于今天京津冀地区的一项土地隐患提供了前所未有的契机,并有助于大多数长期耕种这一土地的民众实现"耕者有其田"。但可惜的是,北洋政府没有也不可能找到破解自身财政需求与减轻农民负担之间矛盾的钥匙,而这就使得京直地区"旗地变民"的历程也充满了种种矛盾和斗争。从这个意义而言,一个繁荣稳定、富强的国家是推动土地制度变革的重要基础。

　　旗地的历史早已消逝,但旗地变迁中所包含的种种对于后人的启示却从未远行。即便那些尘封于厚重史料中的各种关于旗地的文本本身,亦引发了笔者的诸多思考。写作过程中,笔者深感史料搜集难,运用更不容易。笔者在搜集北洋时期京直地区旗地史料的过程中,遍查了中国第一历史档案馆、中国第二历史档案馆、河北省档案馆、北京市顺义区档案馆中的相关档案,将其作为主要资料来源。但对于这些出自官方的档案文书,笔者深知需要其他类型的史料对其进行鉴别和互补。因此,笔者又遍寻了当时京直地区各县的县志、时人的各种调查报告、民国的各大报纸刊物以及新中国成立后各地的文史资料。在这些辅助史料中,要想获得有关旗地的有效信息,又需要耐心的翻捡,即便如此,也未必能获得多少有用的资料。但是,只要能通过它们获得一些直接甚至间接的史料,笔者都如获至宝、兴奋不已。同时,笔者也深知须将这些史料做正确的选择和取舍亦不是易事。实际上,材料的剪切就是陈寅恪所说"呼卢成卢,呼雉成雉"的问题。因此,避免将史料剪切、粘贴成方便自己叙述的文本,一直是笔者努力的方向。现在,史料已成文稿的一部分,笔者希望自己所做的是能使其尽量被挖掘而不是被扭曲。

# 参 考 文 献

## 一、档案资料

《清代谱牒档案》，中国第一历史档案馆藏。

《八旗都统衙门全宗档案》，中国第一历史档案馆藏。

《北洋政府政务档案》，河北省档案馆藏。

《北洋政府高等法院档案》，河北省档案馆藏。

《顺义县旗产官产清理处档案》，北京市顺义区档案馆藏。

《北洋时期内务部档案》，中国第二历史档案馆藏。

《北洋时期监察院档案》，中国第二历史档案馆藏。

《督办全国官产公署清理官旗营产通则》，国家图书馆北海分馆藏。

《河北各县田赋科则一览表》，中国人民大学图书馆藏。

《清理河北旗产善后方案》，中国科学院图书馆藏。

《清查地亩公牍》，中国科学院图书馆藏。

《光绪宣统民国户口册·镶红旗满洲二甲喇户口册》，中国科学院图书馆藏。

《直省旗租案文汇编》，首都图书馆藏。

瑞丰辑：《镶白旗满洲公牍》（民国四年至八年），中国社会科学院近代史研究所图书馆藏。

《醇王府资料》，中国社会科学院近代史研究所图书馆藏。

《房地契约文书》，中国社会科学院近代史研究所图书馆藏。

中国科学院民族研究所等编：《满族历史档案资料选辑》，1963 年铅印本。

中国第一历史档案馆编:《清代档案史料丛编》第1—14辑,中华书局1978—1990年版。

中国人民大学清史研究所、档案系中国政治制度史教研室合编:《清代的旗地》,中华书局1989年版。

中国第二历史档案馆编:《中华民国史档案资料汇编》,江苏古籍出版社1991年版。

# 二、地方志、文史资料

秦廷秀修,刘崇本纂:民国《雄县新志》,台湾成文出版社1969年版,据民国十八年铅字重印本影印。

陈宝生修,陈昌源纂:《满城县志略》,台湾成文出版社1969年版,据民国二十年铅印本影印。

洪肇林修,蔡寅斗纂:乾隆《宝坻县志》,台湾成文出版社1969年版,据民国六年铅印本影印。

臧理臣修,宗庆煦纂:《密云县志》,台湾成文出版社1969年版,据民国三年铅印本影印。

徐葆莹修,仇锡廷纂:民国《蓟县志》,台湾成文出版社1969年版,据民国三十三年铅印本影印。

李光昭修,周琰纂:《东安县志》,台湾成文出版社1968年版,据民国二十四年铅字重印本影印。

周志中修,吕植纂:《良乡县志》,台湾成文出版社1968年版,据民国十三年铅字重印本影印。

王亿年修,刘书旗纂:《任县志》,台湾成文出版社1968年版,据民国四年铅字重印本影印。

金土坚等编:《通县志要》,台湾成文出版社1968年版,据民国三十年铅印本影印。

刘延昌总裁,刘鸿书等编纂:《徐水县新志》,台湾成文出版社1968年版,据民国二十一年铅字本影印。

洪肇楙修,蔡寅斗纂:《宝坻县志》,台湾成文出版社1968年版,据民国六年铅印本影印。

韩淑文纂:康熙《顺义县志》,北京市顺义区政府2007年版。

杨得馨等主编:民国《顺义县志》,北京图书馆出版社 1998 年版。

李鸿章修,黄彭年纂:《畿辅通志》卷九五,商务印书馆 1934 年版,据光绪十年刻本影印。

河北省地方志编纂委员会编:《河北省志·政府志》,河北人民出版社 1994 年版。

吴廷燮等编:《北京市志稿》,北京燕山出版社 1989 年版。

金启琮:《北京郊区的满族》,内蒙古大学出版社 1989 年版。

金启琮:《北京城区的满族》,内蒙古大学出版社 1998 年版。

北京市政协文史资料委员会编:《辛亥革命后的北京满族》,北京出版社 2002 年版。

滦县县委党史研究室:《滦县革命史》,中共党史出版社 2002 年版。

# 三、典　籍

高宗敕:《清朝文献通考》,商务印书馆 1936 年版。

马齐等修:《清圣祖实录》,台湾华文书局 1964 年版。

光绪朝《大清会典》,载沈云龙主编:《近代中国史料丛刊》正编第 13 辑,台湾文海出版社 1966 年版。

贺长龄辑:《皇朝经世文编》,载沈云龙主编:《近代中国史料丛刊》正编第 14 辑,台湾文海出版社 1966 年版。

席裕福:《皇朝政典类纂》,载沈云龙主编:《近代中国史料丛刊》续编,台湾文海出版社 1974 年版。

巴泰等修:《清世祖实录》,中华书局 1985 年版。

王庆云:《石渠余纪》,北京古籍出版社 1985 年版。

鄂尔泰等修:《八旗通志·土田志》,东北师范大学出版社 1986 年版。

李洵等校:《钦定八旗通志》,吉林文史出版社 2002 年版。

《钦定八旗则例》,乾隆朝武英殿本。

托津等修:《钦定大清会典》嘉庆朝,载沈云龙主编:《近代中国史料丛刊》三编第 64 辑,台湾文海出版社 1987 年版。

甘厚慈辑:《北洋公牍类纂》,台湾文海出版社影印本。

马甫生等校:《八旗文经》,辽沈书社 1988 年影印本。

清光绪十六年《户部井田科奏咨辑要》,国家图书馆藏。

劳乃宣:《直隶旗地述略》,国家图书馆藏。

# 四、调查报告

李景汉:《定县社会概况调查》,中华平民教育促进会 1933 年版。

李景汉:《北平郊外之乡村家庭》,商务印书馆 1929 年版。

陈伯庄:《平汉沿线农村经济调查》,中华书局 1936 年版。

萧铮主编:《民国二十年代中国大陆土地问题资料》,台湾成文出版社、美国中文资料中心合作 1977 年版。

中国农村惯行调查会编:《中国农村惯行调查》,日本岩波书店 1952—1958 年版。

《民族问题五种丛书》辽宁省编辑委员会编:《满族社会历史调查》,辽宁人民出版社 1985 年版。

# 五、民国报刊

《大公报》《益世报》《东方杂志》《顺天时报》《申报》《直隶公报》《政治官报》《河北省政府公报》《民国日版》《晨报》《旗族》

# 六、论　著

## （一）图书

刘小萌:《满族的社会与生活》,北京图书馆出版社 1998 年版。

刘小萌:《满族从部落到国家的发展》,中国社会科学出版社 2007 年版。

刘小萌:《清代北京旗人社会》,中国社会科学出版社 2008 年版。

定宜庄:《最后的记忆——十六位旗人妇女的口述历史》,中国广播电视出版社 1999 年版。

定宜庄:《辽东移民中的旗人社会:历史文献、人口统计与田野调查》,上海社会科学院出版社 2004 年版。

定宜庄、邱源媛:《近畿五百里——清代畿辅地区的旗地与庄头》,中国社会科学出版社 2016 年版。

  万国鼎:《南京旗地问题》,中央政治学校地政学院研究报告之二,1935 年版。

  章福荣:《旗族存亡一大问题》,1922 年铅印本。

  李剑农:《中国近代百年政治史》上册,上海商业出版社 1947 年版。

  贾士毅:《民国财政史》正编上册,台湾商务印书馆 1962 年版。

  陈旭麓主编:《宋教仁集》(下),中华书局 1981 年版。

  傅筑夫:《中国封建社会经济史》第三卷,人民出版社 1984 年版。

  王钟翰:《王钟翰学述》,浙江人民出版社 1999 年版。

  王钟翰:《满族史研究集》,中国社会科学出版社 1988 年版。

  戴逸主编:《简明清史》,人民出版社 1984 年版。

  冯尔康、常建华:《清人社会生活》,沈阳出版社 2002 年版。

  张宪文:《中华民国史纲》,河南人民出版社 1985 年版。

  王先明:《中国:1911》,天津人民出版社 2000 年版。

  周学熙:《周止庵先生自叙年谱》,甘肃文化出版社 1997 年版。

  溥仪:《我的前半生》(上),群众出版社 1983 年版。

  宋恩荣:《晏阳初全集》(第 1 卷),湖南教育出版社 1989 年版。

  李文海:《近代中国灾荒纪年》,湖南教育出版社 1990 年版。

  费正清:《剑桥中华民国史》,上海人民出版社 1992 年版。

  郭得宏:《中国近现代农民土地问题研究》,青岛出版社 1993 年版。

  张静如、卞杏英:《国民政府统治时期社会变迁》,中国人民大学出版社 1993 年版。

  刁书仁:《东北旗地研究》,吉林文史出版社 1993 年版。

  从翰香:《近代冀鲁豫乡村》,中国社会科学出版社 1995 年版。

  魏宏运:《二十世纪三四十年代冀东农村社会调查与研究》,天津人民出版社 1996 年版。

  苑书义、任恒俊、董丛林等:《艰难的转轨历程——近代华北经济与社会发展研究》,人民出版社 1997 年版。

  丁中江:《北洋军阀史话》,中国友谊出版社 1992 年版。

  汪敬虞主编:《中国近代经济史(1895—1927)》,人民出版社 2000 年版。

  赵令志:《清前期八旗土地制度研究》,民族出版社 2001 年版。

  杜家骥:《八旗与清朝政治论稿》,人民出版社 2008 年版。

  吴趼人:《清末二十年目睹之怪现状》,大众文艺出版社 1999 年版。

  林家有:《辛亥革命与民族问题》,中山大学出版社 1992 年版。

秦国经:《逊清皇室轶事》,紫禁城出版社 1985 年版。

骆慧敏编:《清末民初政情内幕》,知识出版社 1986 年版。

曹雪芹、高鹗:《红楼梦》,岳麓书社 1987 年版。

于建嵘:《岳村政治——转型期中国乡村政治结构的变迁》,商务印书馆 2001 年版。

张鸣:《乡村社会权力和文化结构的变迁(1903—1953)》,广西人民出版社 2001 年版。

杨天石:《帝制的终结:简明辛亥革命史》,岳麓书社 2011 年版。

郑起东:《转型期的华北农村社会》,上海书店出版社 2004 年版。

李林:《满族宗谱研究》,辽沈书社 1992 年版。

祁美琴:《清代内务府》,辽宁民族出版社 2009 年版。

常书红:《辛亥革命前后的满族研究——以满汉关系为中心》,社会科学文献出版社 2011 年版。

戴迎华:《清末民初旗民生存状态研究》,人民出版社 2010 年版。

杨学琛、周运廉:《清代八旗王公贵族兴衰史》,辽宁人民出版社 1986 年版。

蒋芜苇、隋鸿跃:《爱新觉罗氏的后裔们》,上海人民出版社 1997 年版。

朱德裳:《三十年闻见录》,岳麓书社 1985 年版。

朱英:《辛亥革命与近代中国社会变迁》,华中师范大学出版社 2001 年版。

韩光辉:《北京历史人口地理》,北京大学出版社 1996 年版。

南开大学近代中国研究中心、南开大学历史学院:《近代中国社会、政治与思潮》,南开大学出版社 2000 年版。

吴景洲:《故宫五年记》,上海书店出版社 2000 年版。

[韩]任桂淳:《清朝八旗驻防兴衰史》,生活·读书·新知三联书店 1994 年版。

[美]黄宗智:《华北的小农经济与社会变迁》,中华书局 2004 年版。

[美]李怀印:《华北村治——晚清和民国时期的国家与乡村》,岁有生译,中华书局 2008 年版。

[日]内山雅生:《二十世纪华北农村社会经济研究》,李恩民译,中国社会科学出版社 2001 年版。

[美]杜赞奇:《文化、权力与国家——1900—1942 年的华北农村》,王福明译,江苏人民出版社 2003 年版。

[美]马若孟:《中国农民经济》,史建云译,江苏人民出版社 1999 年版。

[美]柯娇燕:《孤军:满人一家三代与清帝国的终结》,陈兆肆译,董建中校,人民

出版社 2016 年版。

Yoshiki Enatsu, *Banner Legacy : The Rise of the Fengtian Local Elite at the End of the Qing*, Center for Chinese Studies Publications, 2004.

［日］三谷孝［ほか］:《村から中国を読む華北農村五十年史》,東京青木書店 2000 年版。

## （二） 论文

何玉轩:《畿地圈拨将尽本》,《掌故丛编》第六辑,1928 年 6 月。

左云鹏:《论清代旗地的形成、演变及其性质》,《历史研究》1961 年第 5 期。

年洛敢:《北京的皇庄》,《北京晚报》1962 年 8 月 2 日。

杨学琛:《清代旗地的性质及其变化》,《历史研究》1963 年第 3 期。

赵书:《北京城区满族生活琐记》,《北京文史资料》第 55 辑。

杨德泉:《试论清初旗地的形成及其特征》,《扬州学院学报》1964 年第 1 期。

杨学琛:《关于清代皇庄的几个问题》,《历史研究》1965 年第 3 期。

杨学琛:《清代的王公庄园》,《社会科学季刊》1980 年第 1、2 期。

徐恒晋:《清代田庄性质初探》,《民族研究》1981 年第 4 期。

雷大受:《清初在北京地区的圈地》,《北京师范学院学报》1981 年第 4 期。

王钟翰:《清代旗地性质初探》,《文史》1981 年第 6 期。

李华:《清初圈地运动及旗地生产关系的转化》,《文史》1981 年第 6 期。

叶志如选编:《辛亥革命后原清室皇庄土地占有关系的变化》,《历史档案》1983 年第 2 期。

于德源:《清代北京的旗地》,《中国农史》1989 年第 3 期。

刘小萌:《乾嘉年间畿辅旗人的土地交易》,《清史研究》1992 年第 4 期。

衣保中:《清末东北旗地的发展变化与旗人地主的兴起》,《满族研究》1992 年第 1 期。

衣保中:《民国时期八项旗租地的丈放》,《吉林师范学院学报》1993 年第 2 期。

衣保中:《清代八项旗租地的形成、破坏及丈放》,《史学集刊》1993 年第 4 期。

崔勇:《清中叶畿辅旗地买卖的特点》,《河北师范大学学报》1994 年第 2 期。

李帆:《清代畿辅皇庄的经营与管理》,《辽宁师范大学学报》1995 年第 1 期。

赵毅、王景泽:《"革命排满"与八旗社会》,《东北师范大学学报》1995 年第 1 期。

丁世华:《民国时期北平土地的登记》,《北京房地产》1995 年第 3 期。

张福生:《清末民初北京旗人社会的变迁》,《北京社会科学》1997 年第 2 期。

张佩国：《土地资源与权利网络——民国时期的华北农村》，《齐鲁学刊》1998年第2期。

韦庆远：《〈庄头家谱〉与清代对旗地的管理》，《中国社会经济史研究》2001年第2期。

李怀印：《晚清及民国时期华北村庄中的乡地制——以河北获鹿县为例》，《历史研究》2001年第6期。

迟云飞：《清末最后十年的平满汉畛域问题》，《近代史研究》2001年第5期。

韦庆远：《论八旗生计》，《社会科学辑刊》1990年第5期。

金冲击：《辛亥革命和中国近代民族主义》，《近代史研究》2002年第5期。

赵令志：《论清初畿辅的投充旗地》，《河北学刊》2002年第1期。

赵令志：《京畿驻防旗地浅探》，《清史研究》1999年第3期。

杨国安：《册书与明清以来两湖乡村基层赋税征收》，《中国经济史研究》2005年第3期。

张泰山：《民国时期田赋征收人员的结构及其素质考察——以1927—1937年的湖北省为例》，《民国档案》2006年第2期。

张君卓：《1927—1937年华北田赋征收体制与农民负担》，《中国经济史研究》2006年第3期。

张佩国：《土地资源与权力网络——民国时期的华北村庄》，《齐鲁学刊》1998年第2期。

李怀印：《中国乡村治理之传统型式：河北省获鹿县之实例》，载黄宗智主编：《中国乡村研究》第一辑，商务印书馆2003年版。

魏影、王小红：《乾隆朝京旗回屯述略》，《历史档案》2007年第1期。

汪利平：《杭州旗人和他们的汉人邻居：一个清代城市中民族关系的个案》，《中国社会科学》2007年第6期。

李德芳：《民国时期乡村治理方式的变革：以河北定县为例》，《第二届中国地方治理学术研讨会论文集》2004年。

王立群：《北洋政府时期直隶旗地问题浅探》，《历史档案》2005年第3期。

王立群：《民国时期河北旗地的管理（1912—1934）》，硕士学位论文，河北大学历史系，2003年。

王立群：《北洋时期京直地区旗地管理述评》，《北京社会科学》2008年第1期。

王立群：《南京国民政府时期河北旗地管理考述》，《燕山大学学报》2008年第3期。

王立群:《民国时期河北旗地管理机关人员考察》,《民国档案》2010 年第 3 期。

王立群:《民国时期河北旗地政策述略》,《满学论丛》2011 年第一辑。

王立群:《北洋时期京直地区旗地庄头考述》,《北京社会科学》2012 年第 2 期。

王立群:《北洋政府时期京直地区旗地管理人员考述》,《满族研究》2013 年第 1 期。

王立群:《晚清民国时期获鹿县皇庄庄头考察》,《中山大学学报》2020 年第 4 期。

王立群:《民国时期河北旗地变革研究(1912—1934)》,博士学位论文,首都师范大学历史系,2009 年。

常书红:《辛亥革命前后的满族研究》,博士学位论文,北京师范大学历史系,2003 年。

张建:《变革时代·近畿地域·特殊群体——清初三朝直隶旗人群体浅探》,载常建华编:《中国社会历史评论》(第 11 卷),天津古籍出版社 2010 年版。

张建:《清代沧州驻防的设立、本地化与覆灭》,《吉林师范大学学报》2016 年第 6 期。

邓庆平:《清代直隶的旗地圈补与地方社会结构的变动——以清代卫所变革为中心》,《清史研究》2017 年第 4 期。

桑兵:《辛亥南北议和与国民会议》,《史学月刊》2015 年第 4 期。

郭呈才:《试析"丁巳复辟"破产后清室优待条件未遭废除的原因》,载《近代中国社会、政治与思潮》,天津人民出版社 2000 年版。

# 附　　录

附录 1　庄头王正祯名下坐落获鹿县皇产地亩册（1926 年王凤云呈报地册）

| 庄别 | 佃户 | 亩数 |
|---|---|---|
| 马村 | 安老清 | 6.66 |
| | 刘白白 | 8.75 |
| | 刘老黑 | 7 |
| | 安四连 | 14.16 |
| | 安九月 | 5 |
| | 师老文 | 3.25 |
| | 聂早来 | 10 |
| | 师畔全 | 10 |
| | 师长锁、师洛秀 | 6.5 |
| | 刘来群 | 2 |
| | 刘万林 | 10 |
| | 安洛梅、安洛旺 | 7 |
| | 师老杏 | 14 |

续表

| 庄别 | 佃户 | 亩数 |
|---|---|---|
| 大郭村 | 刘老云 | 5.8 |
| | 周老善 | 20.5 |
| | 周老贤 | 14.5 |
| | 姚洛务 | 12.5 |
| | 王洛立 | 11.5 |
| | 姚洛明 | 2.5 |
| | 杜洛秋 | 31.1 |
| | 姚洛德 | 1.3 |
| | 聂中和 | 13 |
| | 高山群 | 3 |
| | 姚洛慎 | 1 |
| | 姚洛茂 | 2.5 |
| | 王洛利 | 32 |
| | 姚降喜 | 2.5 |
| | 姚洛珍 | 4 |
| | 姚老自 | 2 |
| | 刘洛珍 | 8 |
| | 杜洛德 | 4 |
| | 刘洛荣 | 1 |
| | 聂永泉 | 1.5 |
| | 刘保成 | 4 |
| | 刘福祥 | 3 |
| | 田洛林 | 4 |
| | 田洛顺 | 2 |
| | 杜洛恩 | 3.5 |
| | 高贵子 | 2 |
| | 田保全、田二红 | 2.5 |

| 庄别 | 佃户 | 亩数 |
|---|---|---|
| | 聂洛现 | 2.5 |
| | 聂至合 | 2 |
| | 聂洛掌 | 2.32 |
| | 杜洛乐 | 4 |
| | 王洛崐 | 5 |
| | 杜洛欠 | 11.5 |
| | 杜洛刚 | 5 |
| | 杜文玉 | 4 |
| | 王洛景 | 12.6 |
| | 杜二小 | 2 |
| | 杜洛良 | 7.5 |
| | 杜洛体 | 1.5 |
| | 杜洛初 | 2 |
| 大郭村 | 杜洛美 | 1 |
| | 杜洛扶 | 11.5 |
| | 杜烛八 | 3.5 |
| | 高荣 | 8 |
| | 高洛占 | 1 |
| | 高老善 | 2.66 |
| | 周洛于 | 2 |
| | 周老先 | 3 |
| | 周洛科 | 6 |
| | 周开连 | 0.66 |
| | 杜洛董 | 1 |
| | 杨老平 | 2.1 |
| | 王洛尚 | 2 |
| | 陈洛信 | 5 |

续表

| 庄别 | 佃户 | 亩数 |
|---|---|---|
| 大郭村 | 武洛德 | 5.7 |
| | 陈老祥、陈老义 | 1 |
| | 陈老正 | 8.5 |
| | 陈老东 | 4 |
| | 陈老印 | 4.5 |
| | 陈老贤 | 9 |
| | 陈老于 | 5 |
| | 陈老寿 | 2 |
| | 杜老臣 | 13 |
| | 聂老先 | 7 |
| 于底村 | 李连和 | 6 |
| | 李立久 | 9 |
| | 李永连 | 3 |
| | 李老星 | 3 |
| | 李石元 | 5 |
| | 李清景 | 6.5 |
| | 李老和 | 21 |
| | 赵白白 | 5 |
| | 李老书 | 7 |
| | 邓林泉 | 15.5 |
| | 李雷保 | 13.5 |
| | 李根和 | 9.5 |
| | 李老梅 | 2.5 |
| 西简良 | 邓老学 | 3 |
| | 邓老德 | 2 |
| | 邓老厚 | 2 |
| | 李长寿 | 7 |

| 庄别 | 佃户 | 亩数 |
|---|---|---|
| 西简良 | 邓络化 | 22.25 |
| | 任老一 | 3 |
| | 杜老中 | 3 |
| | 邓老有 | 2 |
| | 邓老一 | 5.5 |
| | 邓群和 | 3 |
| 康家庄 | 武正学 | 13 |
| | 武春来 | 10 |
| | 武永子 | 5 |
| | 武山虎 | 5 |
| | 李林保 | 5 |
| | 程洛景 | 5 |
| 东简良 | 崔老广 | 7 |
| | 刘钱喜 | 6.83 |
| | 刘二胖 | 1.33 |
| | 刘牛子 | 5 |
| | 刘永泉 | 6.83 |
| 石桥村 | 韩老同 | 2.66 |
| | 韩怀保 | 2.1 |
| | 刘凤连 | 8 |
| | 韩老爱 | 8 |
| | 韩石头 | 12 |
| | 郭老双 | 3.5 |
| | 韩老振 | 3.5 |
| | 刘老中 | 31.33 |
| | 李老荣 | 16.17 |
| | 刘老万 | 12.83 |

续表

| 庄别 | 佃户 | 亩数 |
|---|---|---|
| 石桥村 | 李老布 | 7 |
| | 王明明 | 13.66 |
| | 李老振、李老瑞 | 8 |
| | 贾连子 | 3.5 |
| | 李喜荣 | 5 |
| | 韩老遭 | 2 |
| | 李洛庆 | 2 |
| | 李老良 | 2 |
| | 李洛春 | 2 |
| | 李玉保 | 5 |
| | 姚文元 | 2 |
| | 刘桂群 | 2.4 |
| | 王小二 | 5 |
| | 王老东 | 5 |
| | 王换和 | 4 |
| | 韩老中 | 16 |
| | 武宽玉 | 5 |
| | 武老宝 | 10 |
| | 武老万 | 2.5 |
| | 武洛寿 | 2 |
| | 武玉英 | 4 |
| | 武心英 | 5 |
| | 侯老君 | 5 |
| | 李林林 | 5 |
| | 李老化 | 5 |
| | 李七子 | 7 |
| | 郭老兰 | 2.67 |

| 庄别 | 佃户 | 亩数 |
|------|------|------|
| 大郭村 | 田老连 | 12 |
| | 匡老同 | 4 |
| | 匡老兰 | 18 |
| | 王凤群 | 5 |
| | 匡老福 | 14.67 |
| | 匡老美 | 30.8 |
| | 匡智 | 6.5 |
| | 高保同 | 2.7 |
| 共计 | | 10 顷 64 亩 4 分 6 厘 5 毫,内有铁路占用地亩庄窠 3 处房 17 间 |

资料来源:《庄头王正祯名下坐落获鹿县皇产地亩》,河北省档案馆藏档案,656-3-1139。参见王立群:《民国时期河北旗地变革研究(1912—1934)》,博士学位论文,首都师范大学历史系,2009年,第 112—115 页。

### 附录2　1927 年获鹿县处分过庄头王正祯承领内务府旗地佃户姓名亩数册

| 庄别 | 佃户 | 亩数 |
|------|------|------|
| 于底村 | 李立久 | 9 |
| | 李荣堂 | 5 |
| | 李保文 | 6 |
| | 李光斗 | 6.5 |
| | 李得志 | 14 |
| | 李安仁 | 7 |
| | 李永连 | 3 |
| | 李月桂 | 3 |
| | 李安祯 | 1.5 |
| | 李安全 | 1.5 |
| | 李清元 | 3.5 |
| | 李德琮 | 7 |

| 庄别 | 佃户 | 亩数 |
|---|---|---|
| 于底村 | 赵天德 | 5 |
| | 李保珍 | 9.5 |
| | 邓林全 | 8.5 |
| | 邓林全 | 7 |
| | 李光前 | 4 |
| | 李光前 | 7 |
| | 李廷章 | 3.5 |
| | 李永年 | 2.5 |
| 大郭村 | 王正祯 | 18 |
| | 王正祯 | 25 |
| | 王正祯 | 12.5 |
| | 王正祯 | 4.35 |
| | 王正祯 | 2 |
| | 王正祯 | 2 |
| | 王正祯 | 3 |
| | 王正祯 | 3.34 |
| | 王正祯 | 4 |
| | 匡琮 | 5 |
| | 匡琮 | 1.5 |
| | 王万和 | 9.6 |
| | 王万和 | 3.5 |
| | 姚降喜 | 4 |
| | 王凤群 | 21 |
| | 王凤群 | 4 |
| | 王凤群 | 62 |
| | 王凤群 | 12 |
| | 匡狗保 | 0.5 |

| 庄别 | 佃户 | 亩数 |
|---|---|---|
| 大郭村 | 匡振龙 | 18 |
| | 匡绍衡 | 0.9 |
| | 匡绍衡 | 17 |
| | 杜镜堂 | 9 |
| | 杜立冬 | 4.5 |
| | 杜立冬 | 2 |
| | 杜明泰 | 2 |
| | 杜双峰 | 11.5 |
| | 高尚林 | 16 |
| | 杜献义 | 10 |
| | 姚书九 | 3 |
| | 聂有礼 | 2 |
| | 陈克顺 | 7 |
| | 陈洛府 | 1 |
| | 周富成 | 6 |
| | 杜双德 | 11 |
| | 陈赵民 | 1.5 |
| | 张立群 | 2 |
| | 杜现谟 | 1.5 |
| | 陈肉妮 | 5.9 |
| | 杜腊八 | 4.5 |
| | 田星保 | 2 |
| | 田二妮 | 1.25 |
| | 高对保 | 2 |
| | 杜文玉 | 4 |
| | 陈克合 | 9 |
| | 姚汉文 | 6 |

续表

| 庄别 | 佃户 | 亩数 |
|---|---|---|
| 大郭村 | 聂喜连 | 6 |
| | 姚宾 | 8.7 |
| | 刘香成 | 3 |
| | 刘安国 | 4 |
| | 匡鸿儒 | 10.5 |
| | 匡鸿儒 | 5 |
| | 匡鸿儒 | 2.2 |
| | 匡鸿儒 | 1.3 |
| | 周洛进 | 2 |
| | 杜保成 | 1 |
| | 张五辈 | 1.5 |
| | 杜献义 | 10 |
| | 杜献义 | 10 |
| | 高贵春 | 2 |
| | 周赶合 | 3 |
| | 陈狗来 | 5 |
| | 陈晚妮 | 1.5 |
| | 杜来玉 | 3.7 |
| | 聂金合 | 13 |
| | 姚正书 | 3.8 |
| | 杜雪明 | 2 |
| | 聂七九 | 3.5 |
| | 聂永全 | 1.5 |
| | 田月保 | 1.25 |
| | 周献珍 | 2 |
| | 刘福祥 | 3 |
| | 杜群山 | 2.5 |

| 庄别 | 佃户 | 亩数 |
|---|---|---|
| 大郭村 | 姚洛务 | 12 |
|  | 杜宪武 | 9 |
|  | 陈富高 | 3 |
|  | 仵正身 | 5.7 |
|  | 姚书德 | 1.5 |
|  | 田群来 | 4 |
|  | 陈洛印 | 3.49 |
|  | 刘相林 | 2.7 |
|  | 刘保平 | 4 |
|  | 高尚仁 | 1 |
|  | 高山群 | 3 |
|  | 周开连 | 5 |
|  | 杜贵云 | 3.5 |
|  | 周克勤 | 10 |
|  | 周玉成 | 10 |
|  | 王洛平 | 2 |
|  | 陈洛浦 | 2 |
|  | 陈满红 | 0.9 |
|  | 杨玉和 | 2.1 |
|  | 匡海云 | 3 |
|  | 匡成群 | 0.5 |
|  | 赵和尚 | 1 |
|  | 匡绍衡 | 7 |
|  | 聂洛掌 | 2.3 |
|  | 匡琮 | 3.5 |
|  | 王正祯 | 1 |
|  | 匡鸿儒 | 11 |
|  | 王喜红 | 5 |

续表

| 庄别 | 佃户 | 亩数 |
|---|---|---|
| 石桥村 | 韩生连 | 2 |
| | 王明生 | 5 |
| | 刘永全 | 5. 15 |
| | 刘不喜 | 5. 15 |
| | 刘秀彦 | 1 |
| | 李登合 | 2 |
| | 李云德 | 5 |
| | 刘凤瑞 | 5 |
| | 刘凤瑞 | 6 |
| | 刘印堂 | 5 |
| | 李玉仁 | 9 |
| | 李东临 | 5 |
| | 李东临 | 5 |
| | 姚起全 | 1 |
| | 王焕文 | 1 |
| | 武全旺 | 2 |
| | 李在行 | 2 |
| | 李在德 | 3 |
| | 李景阳 | 5 |
| | 韩生连 | 3. 7 |
| | 韩生连 | 3. 3 |
| | 韩生连 | 8 |
| | 武修德 | 2.5 |
| | 武锡英 | 2.5 |
| | 韩怀保 | 2.1 |
| | 李喜全 | 2 |
| | 刘彦秀 | 5 |

| 庄别 | 佃户 | 亩数 |
|---|---|---|
| 石桥村 | 武福瑞 | 3. 75 |
| | 侯恭 | 5 |
| | 王来成 | 3 |
| | 刘印堂 | 11 |
| | 武换妮 | 2 |
| | 武俊明 | 1. 25 |
| | 李兴之 | 9 |
| | 刘与周 | 1. 8 |
| | 郭玉琳 | 2 |
| | 李荣林 | 3 |
| | 李顺成 | 1. 5 |
| | 姚春元 | 1 |
| | 李春秋 | 4 |
| | 韩喜贵 | 9. 95 |
| | 刘二了 | 9. 4 |
| | 韩留成 | 2. 9 |
| | 王玉珍 | 7. 8 |
| | 韩喜成 | 13. 4 |
| | 韩喜成、韩喜群、韩喜福 | 9. 42 |
| | 王和庆 | 3. 3 |
| | 武得长 | 5 |
| | 韩洛福 | 4 |
| | 李彦云 | 7 |
| | 韩四妮 | 1. 7 |
| | 王玉珍 | 0. 8 |
| | 刘二了 | 6 |

续表

| 庄别 | 佃户 | 亩数 |
|------|------|------|
| 马村 | 安用中 | 6.33 |
| | 安中和 | 13.83 |
| | 刘贵保 | 7 |
| | 聂印长 | 3.25 |
| | 聂得荣 | 3.33 |
| | 聂香玉 | 3.33 |
| | 聂克勤 | 3.33 |
| | 师殷荣 | 10 |
| | 师向荣 | 8.5 |
| | 安玉昆 | 5 |
| | 师俊福 | 6 |
| | 师殷英 | 8.2 |
| | 师义和 | 7.13 |
| | 刘学纯 | 8 |
| | 刘学文 | 2 |
| | 刘学敏 | 2 |
| | 师庆德 | 3.25 |
| | 师殷华 | 1.625 |
| | 师殷明 | 1.625 |
| 西简良 | 邓德红 | 7 |
| | 杜廷义 | 3 |
| | 李保 | 1 |
| | 杜春德 | 2 |
| | 李荣春 | 1 |
| | 邓进忠 | 2 |
| | 邓玉璧 | 1 |
| | 邓玉田 | 1 |

| 庄别 | 佃户 | 亩数 |
|---|---|---|
| 西简良 | 邓进德 | 1 |
|  | 李长寿 | 3 |
|  | 李金旺 | 2 |
|  | 邓不丑 | 5.5 |
|  | 邓玉德 | 3.4 |
|  | 邓新春 | 3 |
|  | 邓德盛 | 3 |
| 东简良 | 崔荫业 | 2.333 |
|  | 崔世彦 | 2.333 |
|  | 崔世彦 | 1 |
|  | 崔荫梅 | 2.333 |
| 康家庄 | 武士海 | 5 |
|  | 武增光 | 10 |
|  | 武士山 | 5 |
|  | 仵正学 | 13 |
|  | 李敬德 | 5 |
|  | 程洛景 | 3 |
| 大郭村 | 王明堂 | 2 |
|  | 王凤群 | 2 |
| 共计 |  | 11顷27亩4分7厘9毫 |

资料来源:《获鹿县处分过庄头王正祯承领内务府旗地佃户姓名亩数册》,河北省档案馆藏档案,
656-4-395。参见王立群:《民国时期河北旗地变革研究(1912—1934)》,博士学位论文,首
都师范大学历史系,2009年,第115—120页。

### 附录3 管理三旗银两庄头处镶黄旗宝坻县广良墓居住庄头鄂恒呈报家谱图

鄂喜

次子 鄂囤儿　　　长子 鄂景福

四子 鄂欣　三子 鄂湛　次子 鄂爆　长子 鄂勋　　次子 鄂洁　　长子 鄂七儿

三子 鄂麥熊　次子 鄂梦麒　长子 鄂梦麟　三子 鄂成德　次子 鄂成凤　长子 鄂成龙　三子 鄂梦鹏　次子 鄂梦鹃　长子 鄂梦宝　次子 鄂天住　长子 鄂天相　次子 鄂天佑　长子 鄂天保

子 鄂俊　三子 鄂彬　次子 鄂宽　长子 鄂佩　次子 鄂宓　长子 鄂震　三子 鄂寅　次子 鄂珍　长子 鄂平　三子 鄂瑞　次子 鄂翔　长子 鄂惠　三子 鄂翼　次子 鄂恒　长子 鄂琪　子 鄂言　子 鄂绥　子 鄂印　次子 鄂俶　长子 鄂建

子 鄂霄鹏　子 鄂振翰　子 鄂振寰　子 鄂云书　次子 鄂振庆　长子 鄂振财　子 鄂振发　子 鄂振恩　子 鄂振宗　子 鄂振铎　五子 鄂魁鹏　四子 鄂汉鹏　三子 鄂崑鹏　次子 鄂程鹏　长子 鄂振福　次子 鄂会鹏　长子 鄂德鹏　子 鄂振元　次子 鄂振一　长子 鄂振玺

次子 鄂顺　长子 鄂文　子 鄂立义　六子 鄂华　五子 鄂富　四子 鄂荣　三子 鄂礼　次子 鄂达　长子 鄂铎　四子 鄂衔　三子 鄂镇　次子 鄂钺　长子 鄂禄　次子 鄂贵昌泰　长子 鄂昌平　次子 鄂亮　长子 鄂昌明长龄　五子 鄂锦　四子 鄂铃　三子 鄂铜　次子 鄂钰　长子 鄂钧　子 鄂铨志　子 鄂振元　子 鄂昌春寿　子 鄂忠

三子 鄂宝濂　次子 鄂宝河　长子 鄂宝乂　次子 鄂宝举　长子 鄂宝石　三子 鄂宝仲　次子 鄂宝玉　长子 鄂宝珠　次子 鄂宝恒　长子 鄂宝泉　次子 鄂宝存　长子 鄂宝林　次子 鄂宝珍　长子 鄂宝祥　次子 鄂宝仁　长子 鄂宝荣　次子 鄂秉丰　长子 鄂宝仁　次子 鄂宝山　长子 鄂宝堂　次子 鄂伯桂　长子 鄂伯顺　次子 鄂宝善　长子 鄂宝川　次子 鄂宝泽　长子 鄂宝训　次子 鄂宝润　长子 鄂宝涵　四子 鄂小泾　三子 鄂小儒　次子 鄂宝齐　长子 鄂宝铁

资料来源:中国第一历史档案馆,《清代谱牒档案》,人事**7812**。

责任编辑：姜　虹
封面设计：徐　晖
责任校对：陈艳华

**图书在版编目（CIP）数据**

北洋政府时期京直地区八旗土地研究/王立群 著. —北京：人民出版社，
　2021.6
ISBN 978－7－01－023225－6

Ⅰ.①北…　Ⅱ.①王…　Ⅲ.①土地制度-研究-中国-民国　Ⅳ.①F329.06

中国版本图书馆 CIP 数据核字（2021）第 042000 号

**北洋政府时期京直地区八旗土地研究**
BEIYANG ZHENGFU SHIQI JINGZHI DIQU BAQI TUDI YANJIU

王立群　著

人民出版社 出版发行
（100706　北京市东城区隆福寺街 99 号）

中煤（北京）印务有限公司印刷　新华书店经销

2021 年 6 月第 1 版　2021 年 6 月北京第 1 次印刷
开本：710 毫米×1000 毫米 1/16　印张：16.5
字数：235 千字

ISBN 978－7－01－023225－6　定价：66.00 元

邮购地址 100706　北京市东城区隆福寺街 99 号
人民东方图书销售中心　电话（010）65250042　65289539